Y f 2889

A. Constant

OEUVRES
DE MOLIÈRE.

TOME TROISIÈME.

DE L'IMPRIMERIE DE FIRMIN DIDOT,
IMPRIMEUR DU ROI ET DE L'INSTITUT, RUE JACOB, N° 24.

OEUVRES
DE MOLIÈRE,

AVEC UN COMMENTAIRE,
UN DISCOURS PRÉLIMINAIRE, ET UNE VIE DE MOLIÈRE,

Par M. AUGER,
DE L'ACADÉMIE FRANÇOISE.

TOME III.

A PARIS,
CHEZ TH. DESOER, LIBRAIRE,
RUE CHRISTINE, N° 2.

1819.

L'ÉCOLE DES FEMMES,

COMÉDIE EN CINQ ACTES.

1662.

A MADAME.[1]

MADAME,

Je suis le plus embarrassé homme du monde[2], lorsqu'il me faut dédier un livre; et je me trouve si peu fait au style d'épître dédicatoire, que je ne sais par où sortir de celle-ci. Un autre auteur qui

---

(1) MADAME, première femme de MONSIEUR, frère de Louis XIV, étoit cette Henriette d'Angleterre, petite-fille de Henri IV, dont toute la France chérissoit la bonté, l'esprit et les graces; dont la mort soudaine et prématurée fit naître des soupçons d'empoisonnement qui sont loin d'être encore détruits; et dont l'oraison funèbre, prononcée par Bossuet, est un des chefs-d'œuvre de ce grand orateur. Elle mourut à Saint-Cloud, le 30 juin 1670, à l'âge de vingt-six ans. L'histoire confirme toutes les louanges que Molière lui donne dans cette épître dédicatoire.

(2) *Je suis le plus embarrassé homme du monde.*—Il est étonnant que Molière ait commencé son épître par un hiatus si rude à l'oreille, et qu'il lui étoit si facile d'éviter, en disant: *je suis l'homme du monde le plus embarrassé.*

seroit en ma place, trouveroit d'abord cent belles choses à dire de Votre Altesse Royale, sur ce titre de *l'École des Femmes*, et l'offre qu'il vous en feroit. Mais, pour moi, Madame, je vous avoue mon foible [1]. Je ne sais point cet art de trouver des rapports entre des choses si peu proportionnées; et, quelques belles lumières que mes confrères les auteurs me donnent tous les jours sur de pareils sujets, je ne vois point ce que Votre Altesse Royale pourroit avoir à démêler avec la comédie que je lui présente. On n'est pas en peine, sans doute, comment il faut faire pour vous louer*. La matière, Madame, ne saute que trop aux yeux; et, de quelque côté qu'on vous regarde, on rencontre gloire sur gloire, et qualités sur qualités. Vous en avez, Madame,

Variante. * *Comme il faut faire pour vous louer.*

---

(1) *Je vous avoue mon foible.* — On diroit aujourd'hui, *mon insuffisance*. *Foible*, substantif, appliqué aux personnes, ne se prend plus que pour exprimer soit un défaut dominant et habituel, soit une passion, un penchant, un goût auquel on a peine à résister : *c'est son foible que le jeu; en flattant sa vanité, vous le prenez par son foible; il a un grand foible pour cette femme, pour cet enfant.*

du côté du rang et de la naissance, qui vous font respecter de toute la terre. Vous en avez du côté des graces, et de l'esprit, et du corps, qui vous font admirer de toutes les personnes qui vous voient. Vous en avez du côté de l'ame, qui, si l'on ose parler ainsi, vous font aimer de tous ceux qui ont l'honneur d'approcher de vous: je veux dire cette douceur pleine de charmes, dont vous daignez tempérer la fierté des grands titres que vous portez; cette bonté toute obligeante, cette affabilité généreuse que vous faites paroître pour tout le monde. Et ce sont particulièrement ces dernières pour qui je suis, et dont je sens fort bien que je ne me pourrai taire quelque jour. Mais encore une fois, Madame, je ne sais point le biais de faire entrer ici des vérités si éclatantes; et ce sont choses, à mon avis, et d'une trop vaste étendue, et d'un mérite trop relevé, pour les vouloir renfermer dans une épître, et les mêler avec des bagatelles. Tout bien considéré, Madame, je ne vois rien à faire ici pour moi, que de vous dédier simplement ma comédie, et de vous assurer, avec tout le respect qu'il m'est possible, que je suis,

DE VOTRE ALTESSE ROYALE,

MADAME,

Le très-humble, très-obéissant
et très-obligé serviteur,

J.-B. P. Molière.

PRÉFACE.

Bien des gens ont frondé d'abord cette comédie; mais les rieurs ont été pour elle, et tout le mal qu'on en a pu dire, n'a pu faire qu'elle n'ait eu un succès dont je me contente.

Je sais qu'on attend de moi dans cette impression quelque préface qui réponde aux censeurs, et rende raison de mon ouvrage; et sans doute que je suis assez redevable à toutes les personnes qui lui ont donné leur approbation, pour me croire obligé de défendre leur jugement contre celui des autres; mais il se trouve qu'une grande partie des choses que j'aurois à dire sur ce sujet, est déja dans une dissertation que j'ai faite en dialogue, et dont je ne sais encore ce que je ferai.

L'idée de ce dialogue, ou, si l'on veut, de cette petite comédie [1], me vint après les deux ou trois premières représentations de ma pièce.

---

[1] Cette petite comédie est, comme on sait, *la Critique de l'École des Femmes*, jouée le 1er juin 1663, c'est-à-dire un peu plus de cinq mois après *l'École des Femmes*.

Je la dis, cette idée, dans une maison où je me trouvai un soir; et d'abord une personne de qualité, dont l'esprit est assez connu dans le monde, et qui me fait l'honneur de m'aimer, trouva le projet assez à son gré, non-seulement pour me solliciter d'y mettre la main, mais encore pour l'y mettre lui-même [1]; et je fus étonné que deux jours après il me montra toute l'affaire exécutée d'une manière, à la vérité, beaucoup plus galante et plus spirituelle que je ne puis faire, mais où je trouvai des choses trop avantageuses pour moi; et j'eus peur que, si je produisois cet ouvrage sur notre théâtre, on ne m'accusât d'abord d'avoir mendié* les louanges qu'on m'y donnoit. Cependant cela m'empêcha, par quelque considération, d'achever ce que j'avois commencé. Mais tant de gens me pressent tous les jours de le faire, que je ne sais ce qui en sera; et cette incertitude est cause que je ne mets point dans cette préface ce qu'on verra dans la Critique, en cas que je me résolve à la faire paroître. S'il faut que cela soit, je le dis encore, ce sera seulement pour venger le

VARIANTE. * *On ne m'accusât d'avoir mendié.*

---

[1] Voir, pour les éclaircissemens relatifs à ce fait, la Notice historique et littéraire de *la Critique de l'École des Femmes.*

public, du chagrin délicat de certaines gens; car, pour moi, je m'en tiens assez vengé par la réussite de ma comédie; et je souhaite que toutes celles que je pourrai faire, soient traitées par eux comme celle-ci, pourvu que le reste suive de même.*

VARIANTE. * Soit de même.

ACTEURS.

ARNOLPHE, autrement M. DE LA SOUCHE.
AGNÈS [1], jeune fille innocente, élevée par Arnolphe.
HORACE, amant d'Agnès.
ALAIN, paysan, valet d'Arnolphe.
GEORGETTE, paysanne, servante d'Arnolphe.
CHRYSALDE, ami d'Arnolphe.
ENRIQUE [2], beau-frère de Chrysalde.
ORONTE, père d'Horace, et grand ami d'Arnolphe.
UN NOTAIRE.

La scène est dans une place de ville. [3]

---

(1) Le nom propre d'*Agnès* a fait la même fortune que ceux de *Tartuffe*, *Harpagon*, etc.; il a dû à Molière de devenir un nom commun, servant à désigner une fille innocente et ingénue. On dit, *une Agnès; elle fait l'Agnès*.

(2) *Enrique*, de l'italien *Enrico*, qui signifie *Henri*.

(3) Molière, qui sentoit aussi bien que personne ce qu'il y avoit d'invraisemblance à faire converser les gens sur une place publique durant cinq actes, avoit cru rendre ce défaut un peu moins sensible, en laissant supposer que l'action se passoit dans une ville de province, et non pas à Paris. Cependant c'est Paris seulement qu'il peut avoir eu en vue dans la sixième scène du premier acte, où Horace, à qui Arnolphe demande *comment il trouve cette ville*, répond :

Nombreuse en citoyens, superbe en bâtimens,
Et j'en crois merveilleux les divertissemens.

Les ennemis de Molière n'y furent pas trompés, et ils blâmèrent le mauvais choix du lieu de la scène, comme si ce lieu eût été la place Royale, qui étoit alors un des endroits de Paris les plus fréquentés. L'éditeur de 1734 et tous ceux qui l'ont suivi, ont placé la scène *à Paris, dans une place d'un faubourg.*

ARNOLPHE

Tenez. Voyons un peu si vous le lirez bien.

Ecole des Femmes, Acte III, Scène II.

Voulez-vous qu'en ami je vous ouvre mon cœur?
Votre dessein, pour vous, me fait trembler de peur;
Et, de quelque façon que vous tourniez l'affaire,
Prendre femme est à vous un coup bien téméraire.

ARNOLPHE.

Il est vrai, notre ami. Peut-être que, chez vous,
Vous trouvez des sujets de craindre pour chez nous;
Et votre front, je crois, veut que du mariage
Les cornes soient partout l'infaillible apanage. (1)

CHRYSALDE.

Ce sont coups du hasard, dont on n'est point garant;
Et bien sot, ce me semble, est le soin qu'on en prend.
Mais quand je crains pour vous, c'est cette raillerie
Dont cent pauvres maris ont souffert la furie:
Car enfin vous savez qu'il n'est grands, ni petits,
Que de votre critique on ait vus garantis;
Que vos plus grands plaisirs sont, partout où vous êtes,
De faire cent éclats des intrigues secrètes...

ARNOLPHE.

Fort bien. Est-il au monde une autre ville aussi,
Où l'on ait des maris si patiens qu'ici?
Est-ce qu'on n'en voit pas de toutes les espèces,
Qui sont accommodés chez eux de toutes pièces?

---

blement pour but d'excuser le choix d'un tel lieu pour un entretien où vont se traiter des matières délicates qui exigent le secret. Dans le cours de sa pièce, Molière a constamment à lutter contre cette espèce d'inconvénient qui est inhérent au sujet : ne pouvant y remédier, il le pallie de son mieux; peut-être même qu'il y fait trop d'efforts, et qu'on s'apercevroit moins souvent de ce défaut, sans les soins qu'il prend pour le déguiser.

(1) La confiance insolente et l'humeur caustique d'Arnolphe se montrent dès les premiers mots qu'il dit. On devine tout de suite que cet homme sera trompé, et, qui plus est, on le souhaite.

ACTE I, SCÈNE I.

L'un amasse du bien, dont sa femme fait part
A ceux qui prennent soin de le faire cornard :
L'autre un peu plus heureux, mais non pas moins infâme,
Voit faire tous les jours des présens à sa femme,
Et d'aucun soin jaloux n'a l'esprit combattu,
Parce qu'elle lui dit que c'est pour sa vertu. [1]
L'un fait beaucoup de bruit qui ne lui sert de guères ;
L'autre en toute douceur laisse aller les affaires,
Et, voyant arriver chez lui le damoiseau,
Prend fort honnêtement ses gants et son manteau. [2]
L'une, de son galant, en adroite femelle,
Fait fausse confidence à son époux fidèle,
Qui dort en sûreté sur un pareil appas, [3]

---

(1)   Parce qu'elle lui dit que c'est pour sa vertu.

On ne retrouve pas dans ce vers la justesse et la vigueur de sens qui caractérisent Molière. Quelle femme peut dire à son mari que *c'est pour sa vertu* qu'on lui fait des présens ? Et de quel mari une si mauvaise raison peut-elle tranquilliser l'esprit ?

(2)   Prend fort honnêtement ses gants et son manteau.

Les changemens qui s'opèrent dans le costume, et, en général, dans les usages, sont ordinairement constatés par ceux qui s'introduisent dans les façons de parler familières. Aujourd'hui on diroit, *prendre sa canne et son chapeau.*

(3)   L'une, de son galant, en adroite femelle,
        Fait fausse confidence à son époux fidèle,
        Qui dort en sûreté sur un pareil appas.

Faire fausse confidence de son galant n'exprime peut-être pas assez clairement la ruse d'une femme qui dénonce elle-même à son mari l'amour de son galant, pour qu'il n'en prenne pas d'ombrage. — *Dormir en sûreté sur un appas* est une expression qui paroît manquer aussi de justesse et de netteté. *Appas*, qui signifie, charmes, attraits, convient moins bien ici qu'*appât*, qui veut dire proprement, pâture offerte à quelque animal qu'on veut prendre soit au piége, soit à l'hameçon. Originairement ces deux mots n'en faisoient qu'un, venant du latin *pastus, adpastus,* s'é-

Et le plaint, ce galant, des soins qu'il ne perd pas :
L'autre, pour se purger de sa magnificence, (1)
Dit qu'elle gagne au jeu l'argent qu'elle dépense ;
Et le mari benêt, sans songer à quel jeu,
Sur les gains qu'elle fait rend des graces à Dieu.
Enfin, ce sont partout des sujets de satire,
Et, comme spectateur, ne puis-je pas en rire ?
Puis-je pas de nos sots ?...

CHRYSALDE.

Oui : mais qui rit d'autrui,
Doit craindre qu'en revanche on rie aussi de lui. (2)
J'entends parler le monde ; et des gens se délassent
A venir débiter les choses qui se passent ;
Mais, quoi que l'on divulgue aux endroits où je suis,
Jamais on ne m'a vu triompher de ces bruits.
J'y suis assez modeste ; et, bien qu'aux occurrences
Je puisse condamner certaines tolérances,
Que mon dessein ne soit de souffrir nullement
Ce que quelques maris souffrent paisiblement,
Pourtant je n'ai jamais affecté de le dire ;

---

crivant *appât*, et signifiant, au figuré comme au propre, ce qui attire, ce qui allèche; mais, par la suite, l'usage a fait, des deux significations, deux mots distincts, dont l'un, s'écrivant *appas*, est destiné spécialement à exprimer les charmes de la beauté, de la volupté, de la gloire, etc.

(1)   L'autre, pour se purger de sa magnificence,
            Dit qu'elle gagne au jeu l'argent qu'elle dépense.

Pour se purger de sa magnificence; signifiant, pour détruire les soupçons que peut faire naître sa magnificence, est une expression peut-être plus hasardée que hardie.

(2)   Doit craindre qu'en revanche on rie aussi de lui.

Il falloit, *on ne rie aussi de lui.*

Car enfin il faut craindre un revers de satire,
Et l'on ne doit jamais jurer sur de tels cas
De ce qu'on pourra faire, ou bien ne faire pas.
Ainsi, quand à mon front, par un sort qui tout mène,
Il seroit arrivé quelque disgrace humaine,
Après mon procédé, je suis presque certain
Qu'on se contentera de s'en rire sous main :
Et peut-être qu'encor j'aurai cet avantage,
Que quelques bonnes gens diront, que c'est dommage ! *
Mais de vous, cher compère, il en est autrement ;
Je vous le dis encor, vous risquez diablement.
Comme sur les maris accusés de souffrance
De tout temps votre langue a daubé d'importance, (1)
Qu'on vous a vu contre eux un diable déchaîné,
Vous devez marcher droit pour n'être point berné ;
Et, s'il faut que sur vous on ait la moindre prise,
Gare qu'aux carrefours on ne vous tympanise,
Et...

ARNOLPHE.

Mon dieu ! notre ami, ne vous tourmentez point.
Bien huppé qui pourra ** m'attraper sur ce point.
Je sais les tours rusés et les subtiles trames
Dont pour nous en planter savent user les femmes,

VARIANTES. * *Diront que c'est dommage.* — ** *Bien rusé qui pourra.*

---

(1)   Comme sur les maris accusés de souffrance
        De tout temps votre langue a daubé d'importance, etc.

Par *maris accusés de souffrance*, Molière entend ceux qu'on blâme de voir avec trop d'indifférence les déportemens de leurs femmes, et qu'on appelle autrement, *maris d'une humeur trop souffrante. Souffrance* étoit autrefois synonyme de *tolérance*, de patience. Corneille a dit dans *Mélite* :

        C'en est trop : tes dédains épuisent ma souffrance.

2.

Et comme on est dupé par leurs dextérités. (1)
Contre cet accident j'ai pris mes sûretés; *
Et celle que j'épouse a toute l'innocence
Qui peut sauver mon front de maligne influence.

CHRYSALDE.

Et que prétendez-vous qu'une sotte, en un mot... **

ARNOLPHE.

Épouser une sotte, est pour n'être point sot. (2)
Je crois, en bon chrétien, votre moitié fort sage;
Mais une femme habile est un mauvais présage;
Et je sais ce qu'il coûte à de certaines gens
Pour avoir pris les leurs avec trop de talens.
Moi, j'irois me charger d'une spirituelle
Qui ne parleroit rien que cercle et que ruelle;
Qui de prose et de vers feroit de doux écrits, (3)
Et que visiteroient marquis et beaux-esprits,
Tandis que, sous le nom du mari de madame,
Je serois comme un saint que pas un ne réclame!
Non, non, je ne veux point d'un esprit qui soit haut;

VARIANTES. * *Et, comme on est dupé par leurs dextérités;*
Contre cet accident j'ai pris mes sûretés.

— ** *Hé! que prétendez-vous? Qu'une sotte, en un mot...*

---

(1) .   Et comme on est dupé par leurs dextérités.
On ne diroit pas, *une dextérité*, comme on dit, *un tour d'adresse, une ruse, une finesse*, etc.; par conséquent on ne peut pas dire, *des dextérités*.

(2)   Épouser une sotte, est pour n'être point sot.
J'ai déja eu occasion de remarquer que, du temps de Molière, *sot* étoit synonyme de *cocu* : ce vers en fournit la preuve.

(3)   Qui de prose et de vers feroit de doux écrits.
On ne peut pas dire, *des écrits de prose et de vers*, pour, *des écrits en prose et en vers*, par la raison qu'on ne dit pas, *écrire de vers, écrire de prose*, mais, *écrire en vers, en prose*.

ACTE I, SCÈNE I.

Et femme qui compose en sait plus qu'il ne faut.
Je prétends que la mienne, en clartés peu sublime,
Même ne sache pas ce que c'est qu'une rime;
Et, s'il faut qu'avec elle on joue au corbillon,
Et qu'on vienne à lui dire à son tour : Qu'y met-on ?
Je veux qu'elle réponde : Une tarte à la crême; (1)
En un mot, qu'elle soit d'une ignorance extrême;
Et c'est assez pour elle, à vous en bien parler,
De savoir prier Dieu, m'aimer, coudre, et filer.

CHRYSALDE.
Une femme stupide est donc votre marotte ?

ARNOLPHE.
Tant, que j'aimerois mieux une laide bien sotte,
Qu'une femme fort belle avec beaucoup d'esprit. (2)

---

(1) Je veux qu'elle réponde : Une tarte à la crême.

Tarte à la crême, est une des choses qui ont le plus excité les sots dédains et les plates railleries des ennemis de Molière. On est fâché que Voltaire leur ait donné gain de cause sur ce point, en disant que Molière « avoit eu tort de vouloir justifier (dans sa *Critique de l'École des Femmes*) « la *tarte à la crême* et quelques autres bassesses de style qui lui étoient « échappées. » *Tarte à la crême* n'est point une bassesse de style; il n'y a rien d'ignoble dans la chose ni dans le mot, rien dont les honnêtes gens aient droit d'être choqués; et Arnolphe ne pouvoit donner une idée plus vive, plus nette du degré de sottise et d'ignorance qu'il desiroit trouver dans sa femme. On ne blâme point ce vers :

Même ne sache pas ce que c'est qu'une rime.

L'histoire du *corbillon* n'en est que la conséquence, et la conséquence comique.

(2) Molière, pour composer *l'École des Femmes*, a plus pris qu'on ne l'a remarqué jusqu'ici, dans la nouvelle de Scarron, intitulée *la Précaution inutile* : je le prouverai par les citations. Les deux vers que dit Arnolphe ne sont que la traduction de cette phrase de Scarron : « Quoi-« que, à vous dire la vérité, j'en aimasse encore mieux une laide qui fût « fort sotte, qu'une belle qui ne le fût pas. »

CHRYSALDE.

L'esprit et la beauté...

ARNOLPHE.

L'honnêteté suffit.

CHRYSALDE.

Mais comment voulez-vous, après tout, qu'une bête
Puisse jamais savoir ce que c'est qu'être honnête ?
Outre qu'il est assez ennuyeux, que je croi,
D'avoir toute sa vie une bête avec soi,
Pensez-vous le bien prendre, et que sur votre idée
La sûreté d'un front puisse être bien fondée ?
Une femme d'esprit peut trahir son devoir ;
Mais il faut, pour le moins, qu'elle ose le vouloir :
Et la stupide au sien peut manquer d'ordinaire,
Sans en avoir l'envie et sans penser le faire. (1)

ARNOLPHE.

A ce bel argument, à ce discours profond,
Ce que Pantagruel à Panurge répond : (2)
Pressez-moi de me joindre à femme autre que sotte,

---

(1) On va retrouver, dans la prose de Scarron, toutes les idées que Molière met ici en vers dans la bouche de Chrysalde. « Je n'ai jamais « vu d'homme raisonnable qui ne s'ennuie cruellement s'il est seulement « un quart-d'heure avec une idiote... Comment une sotte sera-t-elle hon- « nête femme, si elle ne sait pas ce que c'est que l'honnêteté, et n'est « pas même capable de l'apprendre ?.... Elle manquera à son devoir sans « savoir ce qu'elle fait ; au lieu qu'une femme d'esprit, quand même elle « se défieroit de sa vertu, saura éviter les occasions où elle sera en dan- « ger de la perdre. »

(2)   A ce bel argument, à ce discours profond,
  Ce que Pantagruel à Panurge répond.

Pour compléter la pensée et la phrase, il faut, entre les deux vers, sous-entendre, *je répondrai*.

ACTE I, SCÈNE I.

Prêchez, patrocinez jusqu'à la Pentecôte;⁽¹⁾
Vous serez ébahi, quand vous serez au bout,
Que vous ne m'aurez rien persuadé du tout. ⁽²⁾

CHRYSALDE.

Je ne vous dis plus mot.

ARNOLPHE.

Chacun a sa méthode.
En femme, comme en tout, je veux suivre ma mode :
Je me vois riche assez pour pouvoir, que je croi,
Choisir une moitié qui tienne tout de moi,
Et de qui la soumise et pleine dépendance
N'ait à me reprocher aucun bien ni naissance.
Un air doux et posé, parmi d'autres enfans,
M'inspira de l'amour pour elle dès quatre ans;

---

(1)   Prêchez, patrocinez jusqu'à la Pentecôte.

Patrociner est le mot latin *patrocinari*, francisé par Rabelais. Il vient de *patronus*, avocat, et signifie, plaider. Par ces mots, *prêchez, patrocinez*, Rabelais veut dire, parlez aussi longuement qu'un prédicateur ou un avocat. — *Pentecôte* et *sotte* ne riment pas bien.

(2) Entre Pantagruel et Panurge, il n'est point question de femme ni de mariage, comme on pourroit le conclure du passage de Molière. Panurge, qui a beaucoup de dettes, fait un magnifique éloge des emprunteurs, et sur-tout des prêteurs sans lesquels il prétend qu'il n'y auroit point de société parmi les hommes. Le bon Pantagruel lui répond : « J'entends et me semblez bon topicqueur et affecté à votre cause. Mais « preschez et patrocinez d'ici à la Pentecoste, enfin vous serez esbahi com- « ment rien ne m'aurez persuadé. » *Pantagruel*, liv. 3, chap. 5.

La réponse d'Arnolphe est bien celle d'un homme qui, poussé à bout par de bons argumens, trouve plus commode d'y échapper par une espèce de pantalonnade, que de les combattre sérieusement. C'est ainsi que dans toutes ses scènes de raisonnement, Molière sait opposer aux maximes du bon sens et de l'expérience, les saillies de la passion ou du caractère, afin de les faire ressortir les unes par les autres, et de tout ramener au but de son art, qui est de corriger en égayant.

Sa mère se trouvant de pauvreté pressée,
De la lui demander il me vint en pensée ;
Et la bonne paysanne, apprenant mon desir, (1)
A s'ôter cette charge eut beaucoup de plaisir.
Dans un petit couvent, loin de toute pratique, (2)
Je la fis élever selon ma politique ;
C'est-à-dire, ordonnant quels soins on emploîroit
Pour la rendre idiote autant qu'il se pourroit.
Dieu merci, le succès a suivi mon attente ;
Et grande, je l'ai vue à tel point innocente,
Que j'ai béni le ciel d'avoir trouvé mon fait,
Pour me faire une femme au gré de mon souhait.
Je l'ai donc retirée ; et, comme ma demeure
A cent sortes de monde * est ouverte à toute heure,
Je l'ai mise à l'écart, comme il faut tout prévoir,
Dans cette autre maison où nul ne me vient voir ;
Et, pour ne point gâter sa bonté naturelle,

VARIANTE. * *A cent sortes de gens.*

---

(1)   Et la bonne paysanne, apprenant mon desir.

Anciennement on faisait *paysan* de deux syllabes seulement. On lit dans *l'Heureuse Constance*, tragi-comédie de Rotrou :

Afin qu'une paysanne ait sur vous tant de force.

Molière, qui suit ici l'ancien usage, se conforme à la nouvelle prononciation dans cet autre vers de la même scène :

Je sais un paysan qu'on appeloit Gros-Pierre.

(2)   Dans un petit couvent, loin de toute pratique.

Pratique signifioit alors, fréquentation, commerce. On lit dans la comédie de *la Place Royale*, de Corneille :

Alidor, à mes yeux, sort de chez Angélique,
Comme s'il y gardoit encor quelque pratique.

ACTE I, SCÈNE I.

Je n'y tiens que des gens tout aussi simples qu'elle. (1)
Vous me direz, pourquoi cette narration?
C'est pour vous rendre instruit de ma précaution. (2)
Le résultat de tout est qu'en ami fidèle
Ce soir je vous invite à souper avec elle;
Je veux que vous puissiez un peu l'examiner,
Et voir si de mon choix on me doit condamner.

CHRYSALDE.

J'y consens.

ARNOLPHE.

Vous pourrez, dans cette conférence,

---

(1) Cette idée de ne placer auprès d'Agnès que *des gens tout aussi simples qu'elle*, appartient à Scarron. « Don Pèdre chercha des valets les « plus sots qu'il put trouver, tâcha de trouver des servantes aussi sottes « que Laure, et il eut bien de la peine. »

(2) Vous me direz, pourquoi cette narration?

Molière, mettant ce vers dans la bouche d'Arnolphe, semble s'apercevoir lui-même que le personnage de Chrysalde n'est pas parfaitement choisi pour recevoir les confidences d'Arnolphe, puisqu'il ne doit prendre ni part ni intérêt à l'action, et qu'après s'être remontré une seule fois dans le cours de la pièce, comme pour qu'on ne perde pas tout-à-fait le souvenir de lui, il ne reparoîtra qu'au dénouement pour se trouver le beau-frère de celui dont Agnès est la fille. L'espèce de difficulté que Molière se propose à lui-même, n'est pas très-heureusement résolue par cet autre vers :

C'est pour vous rendre instruit de ma précaution.

Il est clair qu'Arnolphe dit ces choses-là à Chrysalde pour qu'il les sache ; mais pourquoi faut-il que Chrysalde les sache? Voilà la question, et Molière la laisse toute entière. Chrysalde est ce que les anciens nommoient un personnage *protatique*, c'est-à-dire, un personnage dont toute la destination étoit de concourir à l'exposition, soit en faisant, soit en écoutant le récit des faits antérieurs à l'action, et qui, du reste, ne participoient point ou presque point à l'intrigue. Les modernes ont moins fait usage que les anciens de cette espèce de personnage; et le mieux qu'ils puissent faire est de ne s'en pas servir du tout.

Juger de sa personne et de son innocence.

CHRYSALDE.

Pour cet article-là, ce que vous m'avez dit
Ne peut...

ARNOLPHE.

La vérité passe encor mon récit.
Dans ses simplicités à tous coups je l'admire,
Et parfois elle en dit dont je pâme de rire.
L'autre jour, (pourroit-on se le persuader ?)
Elle étoit fort en peine, et me vint demander,
Avec une innocence à nulle autre pareille,
Si les enfans qu'on fait se faisoient par l'oreille. (1)

CHRYSALDE.

Je me réjouis fort, seigneur Arnolphe...

ARNOLPHE.

Bon!
Me voulez-vous toujours appeler de ce nom?

CHRYSALDE.

Ah! malgré que j'en aie, il me vient à la bouche, (2)

---

(1) On juge bien que les *enfans faits par l'oreille* sont aussi un des traits contre lesquels se sont le plus récriées, dans le temps, les prudes et les précieuses, ennemies naturelles de toute franchise, de toute vérité, de toute liberté de langage. Ce trait, que Voltaire désapprouve également comme *indigne de Molière*, ne pourroit être un peu justement repris que comme portant une légère atteinte à la pudeur publique, et arrêtant un moment la pensée du spectateur sur les vraies circonstances du fait dont Agnès se montre si innocemment ignorante. Au théâtre, une jeune fille, qui n'en sauroit pas plus long qu'elle, pourroit en être honteuse et former la résolution de s'instruire, ce qui n'est pas tout-à-fait sans danger.

(2) Ah! malgré que j'en aie, il me vient à la bouche.
Malgré que, ne se dit que dans cette phrase faite, *malgré que j'en aie, malgré qu'il en ait*. Dans tout autre cas, c'est une faute, et l'on doit

Et jamais je ne songe à monsieur de la Souche. ⁽¹⁾
Qui diable vous a fait aussi vous aviser,
A quarante-deux ans, de vous débaptiser,

---

se servir de *quoique*, *bien que*. On dit de même, par exception, *en dépit que j'en aie* ou *qu'il en ait*. Par-tout ailleurs, *en dépit*, ainsi que *malgré*, ne peut régir qu'un nom : *en dépit du sort, malgré sa colère*, etc.

(1) La duplicité de nom, espèce de pivot sur lequel va tourner toute l'intrigue, est fort adroitement jetée dans cette scène d'exposition. Ces sortes de préparations ne sauroient avoir un air trop naturel; il faut qu'elles mettent le spectateur au fait de ce qu'il doit savoir, sans affecter la prétention de l'en instruire. Toutefois comme un trait lancé en passant pourroit ne pas laisser une trace assez profonde et s'effacer de la mémoire, Molière appuie très-habilement sur la circonstance importante du double nom d'Arnolphe, en prêtant à Chrysalde des réflexions aussi justes que piquantes sur la manie de ceux qui quittent le nom de leurs pères pour s'en donner un de leur façon.

Diderot, dans son traité *de la poésie dramatique*, critique le moyen imaginé ici par Molière. « Un vieillard, sottement vain, dit-il, changera « son nom bourgeois d'Arnolphe en celui de M. de la Souche; et cet ex- « pédient ingénieux fondera toute l'intrigue et en amenera le dénouement « d'une manière simple et inattendue; alors nos François s'écrieront : à « merveille! et ils auront raison. Mais si, sans aucune vraisemblance et « cinq ou six fois de suite, on leur montre cet Arnolphe devenu le con- « fident de son rival et la dupe de sa pupille (Agnès n'est point la *pu-* « *pille* d'Arnolphe), allant de Valère à Agnès et retournant d'Agnès à « Valère (l'amant d'Agnès ne se nomme pas *Valère*, mais Horace), ils « diront : ce n'est pas un drame que cela, c'est un conte; et si vous n'avez « pas tout l'esprit, toute la gaîté, tout le génie de Molière, ils vous accu- « seront d'avoir manqué d'invention, et ils répéteront : c'est un conte à « dormir. » Que signifie cette distinction ? N'est-ce pas là proprement approuver un moyen et blâmer en même temps l'emploi qu'on en fait ? Si la méprise qui résulte du changement de nom est aussi naturelle et aussi plaisante que Diderot lui-même paroit l'accorder, pourquoi le poëte n'en tireroit-il pas parti *plusieurs fois de suite* ? Pourquoi ne pourroit-elle pas durer à-peu-près vingt-quatre heures *sans invraisemblance*, lorsque tout concourt à la prolonger ? Il y a bien de la légèreté dans cette critique, où les circonstances même les plus connues de la pièce sont inexactement rapportées.

Et d'un vieux tronc pourri de votre métairie
Vous faire dans le monde un nom de seigneurie?

ARNOLPHE.

Outre que la maison par ce nom se connoît,
La Souche plus qu'Arnolphe à mes oreilles plaît.

CHRYSALDE.

Quel abus de quitter le vrai nom de ses pères,
Pour en vouloir prendre un bâti sur des chimères!
De la plupart des gens c'est la démangeaison;
Et, sans vous embrasser dans la comparaison,
Je sais un paysan qu'on appeloit Gros-Pierre,
Qui, n'ayant pour tout bien qu'un seul quartier de terre,
Y fit tout à l'entour faire un fossé bourbeux,
Et de monsieur de l'Isle en prit le nom pompeux. (1)

ARNOLPHE.

Vous pourriez vous passer d'exemples de la sorte.
Mais enfin de la Souche est le nom que je porte:
J'y vois de la raison, j'y trouve des appas;
Et m'appeler de l'autre est ne m'obliger pas.

CHRYSALDE.

Cependant la plupart ont peine à s'y soumettre,
Et je vois même encor des adresses de lettre... (2)

---

(1) On prétend que ces vers sont un trait satirique contre Thomas Corneille, qui avoit pris, en effet, le surnom de *De l'Isle*, apparemment pour que, dans le monde, on pût le distinguer de son frère autrement que par son nom de baptême *Thomas*, qui pouvoit lui sembler trop vulgaire, ou par l'épithète de *jeune*, qui ne pouvoit pas toujours convenir à son âge.

(2) Ces deux vers, assez oiseux en apparence, sont encore une préparation utile. En nous apprenant que tout le monde ne connoît point encore Arnolphe sous le nouveau nom dont il veut être appelé, ils expliquent et justifient d'avance la méprise d'Horace.

ARNOLPHE.

Je le souffre aisément de qui n'est pas instruit ;
Mais vous...

CHRYSALDE.

Soit : là-dessus nous n'aurons point de bruit ;
Et je prendrai le soin d'accoutumer ma bouche
A ne plus vous nommer que monsieur de la Souche.

ARNOLPHE.

Adieu. Je frappe ici, pour donner le bonjour,
Et dire seulement que je suis de retour.

CHRYSALDE, *à part, en s'en allant.*

Ma foi, je le tiens fou de toutes les manières.

ARNOLPHE, *seul.*

Il est un peu blessé sur certaines matières. [1]
Chose étrange de voir comme, avec passion,
Un chacun est chaussé de son opinion !

(*Il frappe à sa porte.*)

Holà !

SCÈNE II.

ARNOLPHE, ALAIN, GEORGETTE, *dans la maison.*

ALAIN.

Qui heurte ?

---

[1] Boileau a dit quelques années plus tard :

... Il n'est point de fou qui, par belles raisons,
Ne loge son voisin aux Petites-Maisons.

C'est justement l'histoire d'Arnolphe, lequel est d'autant plus fou, qu'il croit moins l'être, et que les autres le sont davantage à ses yeux.

ARNOLPHE.
(à part.)
Ouvrez. On aura, que je pense,
Grande joie à me voir après dix jours d'absence.

ALAIN.
Qui va là?

ARNOLPHE.
Moi.

ALAIN.
Georgette!

GEORGETTE.
Hé bien?

ALAIN.
Ouvre là-bas.

GEORGETTE.
Vas-y, toi.

ALAIN.
Vas-y, toi.

GEORGETTE.
Ma foi, je n'irai pas.

ALAIN.
Je n'irai pas aussi.

ARNOLPHE.
Belle cérémonie
Pour me laisser dehors! Holà! ho! je vous prie.

GEORGETTE.
Qui frappe?

ARNOLPHE.
Votre maître.

ACTE I, SCÈNE II.

GEORGETTE.

Alain !

ALAIN.

Quoi ?

GEORGETTE.

C'est monsieu.
Ouvre vîte.

ALAIN.

Ouvre, toi.

GEORGETTE.

Je souffle notre feu.

ALAIN.

J'empêche, peur du chat, que mon moineau ne sorte.

ARNOLPHE.

Quiconque de vous deux n'ouvrira pas la porte
N'aura point à manger de plus de quatre jours. (1)
Ah !

GEORGETTE.

Par quelle raison y venir, quand j'y cours ?

ALAIN.

Pourquoi plutôt que moi ? Le plaisant strodagême ! * (2)

VARIANTE. * *Le plaisant stratagéme !*

---

(1) Cette menace est si ridicule, qu'elle ne peut être faite qu'à de pauvres idiots, comme Alain et Georgette, qu'elle a, en effet, le pouvoir d'intimider.

(2) *Le plaisant strodagême !* Le mot de *stratagéme* est bien savant et bien difficile à prononcer pour Alain : aussi, il l'applique assez mal, et, de plus, il l'estropie.

GEORGETTE.

Ote-toi donc de là.

ALAIN.

Non, ôte-toi, toi-même.

GEORGETTE.

Je veux ouvrir la porte.

ALAIN.

Et je veux l'ouvrir, moi.

GEORGETTE.

Tu ne l'ouvriras pas.

ALAIN.

Ni toi non plus.

GEORGETTE.

Ni toi.

ARNOLPHE.

Il faut que j'aie ici l'ame bien patiente!

ALAIN, *en entrant.*

Au moins, c'est moi, monsieur.

GEORGETTE, *en entrant.*

Je suis votre servante;
C'est moi.

ALAIN.

Sans le respect de monsieur que voilà,
Je te...

ARNOLPHE, *recevant un coup d'Alain.*

Peste!

ALAIN.

Pardon.

ARNOLPHE.

Voyez ce lourdaud-là!

ALAIN.

C'est elle aussi, monsieur...

ARNOLPHE.

Que tous deux on se taise.
Songez à me répondre, et laissons la fadaise. (1)
Hé bien! Alain, comment se porte-t-on ici?

ALAIN.

Monsieur, nous nous...

(*Arnolphe ôte le chapeau de dessus la tête d'Alain.*)

Monsieur, nous nous por...

(*Arnolphe l'ôte encore.*)

Dieu merci,
Nous nous...

ARNOLPHE, *ôtant le chapeau d'Alain pour la troisième fois, et le jetant par terre.*

Qui vous apprend, impertinente bête,
A parler devant moi, le chapeau sur la tête?

ALAIN.

Vous faites bien, j'ai tort.

---

(1) Ce débat entre Alain et Georgette, d'abord pour ne point aller ouvrir, ensuite pour y aller, fait rire de bon cœur, et ce seroit déja une suffisante raison pour l'avoir placé dans une comédie; mais Molière se borne rarement à égayer le spectateur par des jeux de théâtre inutiles au développement de l'intrigue ou des caractères. Arnolphe nous a appris qu'il tenoit auprès d'Agnès *des gens tout aussi simples qu'elle*; et Molière, la première fois qu'il les met en scène, songe à établir, par l'action même, leur caractère, dont il a donné d'avance une idée par le récit. Nous verrons incessamment de bien autres preuves de leur simplicité.

ARNOLPHE, *à Alain.*

Faites descendre Agnès. [1]

SCÈNE III.

ARNOLPHE, GEORGETTE.

ARNOLPHE.

Lorsque je m'en allai, fut-elle triste après?

GEORGETTE.

Triste? Non.

ARNOLPHE.

Non!

GEORGETTE.

Si fait.

ARNOLPHE.

Pourquoi donc?...

GEORGETTE.

Oui, je meure.
Elle vous croyoit voir de retour à toute heure;
Et nous n'oyions jamais passer devant chez nous,

---

[1] On n'a pas manqué d'observer, du temps de Molière et depuis, qu'Arnolphe, de retour d'un voyage qui a duré dix jours, ne doit rien avoir de plus pressé que de rentrer dans sa maison, et que, d'ailleurs, il est peu naturel qu'il fasse descendre dans la rue, pour lui parler, cette Agnès qu'il dérobe avec tant de soin à tous les regards. Cette critique étoit aussi facile à faire qu'elle est fondée. Sans doute le choix d'une place publique pour le lieu de la scène, occasionne plusieurs invraisemblances dans cette comédie; mais si cette comédie n'a pu se faire, comme il paroît, qu'au prix de ces invraisemblances, il faut bien se résigner, pour jouir de l'une, à passer par-dessus les autres, et c'est le parti qu'en général on a pris.

Cheval, âne, ou mulet, qu'elle ne prît pour vous. (1)

SCÈNE IV.

ARNOLPHE, AGNÈS, ALAIN, GEORGETTE.

ARNOLPHE.

La besogne à la main! c'est un bon témoignage.
Hé bien! Agnès, je suis de retour du voyage :
En êtes-vous bien aise?

AGNÈS.

Oui, monsieur, dieu merci.

ARNOLPHE.

Et moi de vous revoir je suis bien aise aussi.
Vous vous êtes toujours, comme on voit, bien portée?

AGNÈS.

Hors les puces, qui m'ont la nuit inquiétée. (2)

---

(1) Arnolphe n'a-t-il pas bien lieu de s'applaudir déja du soin qu'il a pris de ne choisir que des valets imbécilles? Il attend un quart-d'heure à sa porte, parce qu'ils disputent entre eux à qui ne lui ouvrira pas, et puis à qui lui ouvrira; il reçoit un soufflet que ce butor d'Alain destinoit à Georgette; et celle-ci, quand il s'informe si Agnès a été triste après son départ, lui dit obligeamment qu'elle l'a été de la crainte de le voir revenir à tout moment. On ne peut entrer plus vite et plus naturellement dans le fond et dans la moralité de son sujet. La naïveté du cheval, de l'âne ou du mulet qu'on prenoit pour Arnolphe, est imitée de ces quatre vers de J. Bouchet, épître IV, *d'une Fiancée à son Fiancé absent* :

> Et m'est avis, quand j'ois quelque cheval,
> Qui marche fier, qui fait les saults, et rue,
> Que c'est le vôtre; alors je sors en rue,
> Hâtivement, cuidant que ce soit vous.

(2) Hors les puces, qui m'ont la nuit inquiétée.
Ces *puces* ont inspiré de fort méchantes plaisanteries à Boursault dans son *Portrait du peintre*. A voir comme les détracteurs de Molière se sont

ARNOLPHE.

Ah! vous aurez dans peu quelqu'un pour les chasser.

AGNÈS.

Vous me ferez plaisir.

ARNOLPHE.

Je le puis bien penser.
Que faites-vous donc là?

AGNÈS.

Je me fais des cornettes.
Vos chemises de nuit et vos coîffes sont faites.

ARNOLPHE.

Ah! voilà qui va bien! Allez, montez là-haut:
Ne vous ennuyez point, je reviendrai tantôt,
Et je vous parlerai d'affaires importantes.

SCÈNE V.

ARNOLPHE, *seul*.

Héroïnes du temps, mesdames les savantes,
Pousseuses de tendresse et de beaux sentimens,
Je défie à la fois tous vos vers, vos romans,
Vos lettres, billets-doux, toute votre science,
De valoir cette honnête et pudique ignorance.

---

attachés à critiquer certains détails du rôle d'Agnès, on diroit vraiment qu'ils ont pris, pour autant de sottises et d'impertinences échappées à l'auteur, les traits de naïveté quelquefois un peu niaise prêtés par lui au personnage. Ces traits pourtant vont droit à son but, et aucun ne le passe; aucun n'excède le degré d'ignorance et de simplicité qui peut se trouver dans la tête d'une jeune fille qu'on a élevée de manière à *la rendre idiote autant qu'il se pourroit.*

Ce n'est point par le bien qu'il faut être ébloui ;
Et pourvu que l'honneur soit... (1)

SCÈNE VI.

HORACE, ARNOLPHE.

ARNOLPHE.

Que vois-je ? Est-ce ?... Oui. (2)
Je me trompe. Nenni. Si fait. Non, c'est lui-même,
Hor...

HORACE.

Seigneur Ar...

ARNOLPHE.

Horace.

HORACE.

Arnolphe.

ARNOLPHE.

Ah ! joie extrême !
Et depuis quand ici ?

---

(1) Arnolphe choisit bien son moment pour se tant féliciter du succès de ses précautions. Molière excelle dans l'art de préparer les situations en ménageant des contrastes, des oppositions piquantes entre ce que dit un personnage et ce qui va lui arriver. Cette observation qu'on pourroit faire à chaque instant, s'applique aussi à la *joie extrême* qu'Arnolphe fait éclater au commencement de la scène suivante, en voyant Horace, et qui doit se changer bientôt en un chagrin cuisant, dont ce même jeune homme sera la cause.

(2) Deux fois dans cette scène Molière place le monosyllabe *oui* après un *e* muet, sans que cette voyelle soit élidée, et comme si *oui* commençoit par une *h* aspirée. Il seroit d'autant plus injuste de reprocher à un poëte cette liberté, qu'on la prend même dans la prose, lorsqu'on dit *le oui et le non. Onze* et *onzième* sont dans le même cas.

HORACE.

Depuis neuf jours.

ARNOLPHE.

Vraiment?

HORACE.

Je fus d'abord chez vous, mais inutilement.

ARNOLPHE.

J'étois à la campagne.

HORACE.

Oui, depuis dix journées.

ARNOLPHE.

Oh! comme les enfans croissent en peu d'années!
J'admire de le voir au point où le voilà,
Après que je l'ai vu pas plus grand que cela. (1)

HORACE.

Vous voyez.

ARNOLPHE.

Mais, de grace, Oronte votre père,
Mon bon et cher ami, que j'estime et révère,

---

(1)   J'admire de le voir au point où le voilà,
    Après que je l'ai vu pas plus grand que cela.

Il y a peu de gens d'un certain âge qui, revoyant homme fait celui qu'ils n'ont vu qu'enfant, ne laissent échapper le même mouvement de surprise. Cette différence si frappante entre ce que leur mémoire se retrace et ce que leurs yeux aperçoivent, est pour eux le témoignage le plus sensible de la rapidité avec laquelle le temps fuit et des changemens qu'il opère. Nombre de comiques ont employé, d'après Molière, ce trait si naturel ; entre autres, Gresset qui, dans *le Méchant*, fait dire à Géronte revoyant Valère :

    Comme le voilà grand! Parbleu! je l'ai vu là,
    Je m'en souviens toujours, pas plus haut que cela ;
    C'étoit hier, je crois... Comme passe notre âge!

ACTE I, SCÈNE VI.

Que fait-il? que dit-il*? Est-il toujours gaillard?
A tout ce qui le touche, il sait que je prends part:
Nous ne nous sommes vus depuis quatre ans ensemble,
Ni, qui plus est, écrit l'un à l'autre, me semble. (1)

HORACE.

Il est, seigneur Arnolphe, encor plus gai que nous:
Et j'avois de sa part une lettre pour vous;
Mais depuis, par une autre, il m'apprend sa venue,
Et la raison encor ne m'en est pas connue.
Savez-vous qui peut être un de vos citoyens,
Qui retourne en ces lieux avec beaucoup de biens, (2)

VARIANTE. * *Que fait-il à présent?*

---

(1) Nous ne nous sommes vus depuis quatre ans ensemble,
Ni, qui plus est, écrit l'un à l'autre, me semble.

Le second *nous*, exprimé une seule fois, ne peut servir en même temps pour le verbe *voir* et pour le verbe *écrire*, parce que ces deux verbes le régissent d'une manière différente. Avec le premier, il est régime direct: *nous ne nous sommes pas vus*, c'est-à-dire, *nous n'avons pas vu nous*; avec le second, il est régime indirect: *nous ne nous sommes pas écrit*, c'est-à-dire, *nous n'avons pas écrit à nous*.

(2) Qui retourne en ces lieux avec beaucoup de biens.

On *revient* au lieu d'où l'on est parti, on *retourne* au lieu où l'on est allé; on *revient* dans sa patrie, on *retourne* dans son exil. Du reste, l'emploi de ces deux verbes dépend non-seulement de la personne qui en est le sujet, mais aussi de la personne qui s'en sert à l'égard d'une autre. On emploie, en parlant d'un autre, le verbe *revenir*, si l'on est soi-même réellement ou par supposition au point du retour, et le verbe *retourner*, si l'on n'y est pas. Exemple: *il devoit revenir chez moi, mais il est retourné chez lui*. C'est l'inverse de ce que diroit la personne dont on parle, rendant compte de la même action: *je devois retourner chez lui, mais je suis revenu chez moi*. De même, deux personnes se rencontrant dans la rue, l'une dit, *venez-vous chez moi?* Et l'autre répond, *j'y vais*, et non pas, *j'y viens*. Comme il ne dépendoit que de Molière de mettre, *qui revient dans ces lieux*, au lieu de *qui retourne*, il paroît que la distinction entre les deux mots n'étoit pas encore formellement établie de son temps.

Qu'il s'est en quatorze ans acquis dans l'Amérique?

ARNOLPHE.

Non. Vous a-t-on point dit* comme on le nomme?

HORACE.

Enrique.

ARNOLPHE.

Non.

HORACE.

Mon père m'en parle, et qu'il est revenu, ⁽¹⁾
Comme s'il devoit m'être entièrement connu,
Et m'écrit qu'en chemin ensemble ils se vont mettre
Pour un fait important que ne dit point sa lettre. ⁽²⁾

(*Horace remet la lettre d'Oronte à Arnolphe.*)

ARNOLPHE.

J'aurai certainement grande joie à le voir,
Et pour le régaler je ferai mon pouvoir.

(*après avoir lu la lettre.*)

Il faut pour des amis** des lettres moins civiles,
Et tous ces complimens sont choses inutiles.
Sans qu'il prît le souci de m'en écrire rien,
Vous pouvez librement disposer de mon bien.

HORACE.

Je suis homme à saisir les gens par leurs paroles,
Et j'ai présentement besoin de cent pistoles.

VARIANTES. * *Non. Mais vous a-t-on dit.* — ** *Il faut pour les amis.*

---

(1) *Mon père m'en parle, et qu'il est revenu*, sembleroit trop négligé, dans la conversation même.

(2) Plusieurs des dénouemens de Molière ont été blâmés justement. Celui de *l'École des Femmes* est du nombre. Il faut cependant admirer l'art avec lequel Molière le prépare de loin dans cette scène.

ACTE I, SCÈNE VI.

ARNOLPHE.

Ma foi, c'est m'obliger que d'en user ainsi,
Et je me réjouis de les avoir ici.
Gardez aussi la bourse. [1]

HORACE.
Il faut...

ARNOLPHE.
Laissons ce style. [2]
Hé bien! comment encor trouvez-vous cette ville?

HORACE.
Nombreuse en citoyens, superbe en bâtimens;
Et j'en crois merveilleux les divertissemens. [3]

ARNOLPHE.
Chacun a ses plaisirs qu'il se fait à sa guise;

---

(1) Tous les critiques du temps, c'est-à-dire, tous les petits auteurs, jaloux du mérite ou plutôt des succès de Molière, se sont accordés à blâmer, comme excessive et invraisemblable, la facilité avec laquelle Arnolphe prête ces cent pistoles à Horace. Molière a daigné s'apercevoir de cette ridicule censure et y répondre dans sa *Critique de l'École des Femmes*.

(2) . . . . Il faut... — Laissons ce style.

Il n'est pas aisé de suppléer ce que vouloit dire Horace, interrompu par Arnolphe après ces simples mots, *il faut...* Il est probable que, dans la pensée de Molière, il commençoit un remercîment ou alloit proposer un reçu de la somme. Du moins Arnolphe paroît l'entendre de l'une ou de l'autre manière, lorsqu'il lui dit, *laissons ce style*.

(3) Nombreuse en citoyens, superbe en bâtimens;
Et j'en crois merveilleux les divertissemens.

Les comiques du temps ne laissoient guère échapper l'occasion de vanter les embellissemens que Paris recevoit alors, et que nous avons vus prodigieusement surpassés de nos jours. Corneille disoit, dans *le Menteur*, vingt ans avant Molière :

Que l'ordre est rare et beau de ces grands bâtimens!
Paris semble à mes yeux un pays de romans.

Mais pour ceux que du nom de galans on baptise,
Ils ont en ce pays de quoi se contenter,
Car les femmes y sont faites à coqueter :
On trouve d'humeur douce et la brune et la blonde,
Et les maris aussi les plus bénins du monde;
C'est un plaisir de prince ; et des tours que je voi
Je me donne souvent la comédie à moi.
Peut-être en avez-vous déja féru quelqu'une. (1)
Vous est-il point encore arrivé de fortune ? (2)
Les gens faits comme vous font plus que les écus,
Et vous êtes de taille à faire des cocus. (3)

HORACE.

A ne vous rien cacher de la vérité pure,
J'ai d'amour en ces lieux eu certaine aventure,
Et l'amitié m'oblige à vous en faire part.

ARNOLPHE, *à part.*

Bon ! Voici de nouveau quelque conte gaillard;

---

(1)   Peut-être en avez-vous déja féru quelqu'une.

Féru, du vieux verbe *férir*, frapper. L'infinitif et le participe passé sont seuls restés en usage et dans ces seules phrases, *sans coup férir; il est féru d'elle*, pour dire, il est amoureux d'elle.

(2)   Vous est-il point encore arrivé de fortune ?

Ce que Molière appelle simplement *fortune*, se nomme *bonne fortune* aujourd'hui.

(3) On ne peut pas mieux disposer les choses pour sa propre confusion, et se préparer à soi-même une disgrace plus ridicule. Arnolphe, se réjouissant de voir dans le jeune Horace un fléau pour l'honneur des maris, et le poussant aux galantes entreprises, lorsqu'il va être, lorsqu'il est déja sa première victime, a peut-être inspiré à Boissy l'idée de la scène la plus piquante des *Dehors trompeurs*, de celle où le baron lève tous les scrupules du marquis, qui hésitoit à lui enlever sa maîtresse, et lui donne impérieusement le conseil de tromper en pareil cas son meilleur ami.

Et ce sera de quoi mettre sur mes tablettes.

HORACE.

Mais, de grace, qu'au moins ces choses soient secrètes.

ARNOLPHE.

Oh!

HORACE.

Vous n'ignorez pas qu'en ces occasions
Un secret éventé rompt nos prétentions.
Je vous avoûrai donc avec pleine franchise
Qu'ici d'une beauté mon ame s'est éprise.
Mes petits soins d'abord ont eu tant de succès,
Que je me suis chez elle ouvert un doux accès;
Et, sans trop me vanter ni lui faire une injure,
Mes affaires y sont en fort bonne posture.

ARNOLPHE, *en riant.*

Et c'est?

HORACE, *lui montrant le logis d'Agnès.*

Un jeune objet qui loge en ce logis [1]
Dont vous voyez d'ici que les murs sont rougis;
Simple, à la vérité, par l'erreur sans seconde
D'un homme qui la cache au commerce du monde,
Mais qui, dans l'ignorance où l'on veut l'asservir,
Fait briller des attraits capables de ravir;
Un air tout engageant, je ne sais quoi de tendre
Dont il n'est point de cœur qui se puisse défendre.
Mais peut-être il n'est pas que vous n'ayez bien vu
Ce jeune astre d'amour de tant d'attraits pourvu:
C'est Agnès qu'on l'appelle.

---

(1) *Qui loge en ce logis,* est une négligence un peu choquante.

ARNOLPHE, *à part.*

Ah! je crève!

HORACE.

Pour l'homme,
C'est, je crois, de la Zousse, ou Source, qu'on le nomme;
Je ne me suis pas fort arrêté sur le nom :
Riche, à ce qu'on m'a dit, mais des plus sensés, non;
Et l'on m'en a parlé comme d'un ridicule. (1)
Le connoissez-vous point?

ARNOLPHE, *à part.*

La fâcheuse pilule!

HORACE.

Hé! vous ne dites mot?

ARNOLPHE.

Eh! oui, je le connoi.

HORACE.

C'est un fou, n'est-ce pas?

ARNOLPHE.

Hé...

HORACE.

Qu'en dites-vous? Quoi? (2)

---

(1)   Et l'on m'en a parlé comme d'un ridicule.
Le dictionnaire de l'Académie observe que *ridicule*, pris substantivement pour signifier une personne ridicule, a vieilli. L'usage a sans doute aboli cette acception, pour prévenir la confusion des deux sens, personne ridicule et chose ridicule.

(2) *Quoi* rime ici avec *connoi*. Anciennement la diphthongue *oi* se prononçoit dans tous les mots, comme elle se prononce encore aujourd'hui dans *envoi*, *emploi*, etc. Anciennement aussi la première personne du singulier des verbes ne prenoit point d'*s* à la fin. L'usage ensuite ayant voulu qu'elle en prît une, les poëtes la retranchent quelquefois par licence, comme fait Molière en cet endroit.

ACTE I, SCÈNE VI.

Hé! c'est-à-dire, oui (1)? Jaloux à faire rire?
Sot? Je vois qu'il en est ce que l'on m'a pu dire. (2)
Enfin l'aimable Agnès a su m'assujétir.
C'est un joli bijou, pour ne vous point mentir;
Et ce seroit péché qu'une beauté si rare
Fût laissée au pouvoir de cet homme bizarre.
Pour moi, tous mes efforts, tous mes vœux les plus doux
Vont à m'en rendre maître en dépit du jaloux;
Et l'argent que de vous j'emprunte avec franchise,
N'est que pour mettre à bout cette juste entreprise. (3)
Vous savez mieux que moi, quels que soient nos efforts,
Que l'argent est la clef de tous les grands ressorts,
Et que ce doux métal qui frappe tant de têtes,
En amour, comme en guerre, avance les conquêtes. (4)
Vous me semblez chagrin! Seroit-ce qu'en effet

---

(1) Voici la seconde fois que, dans cette scène, l'*e* muet ne s'élide pas devant *oui*, comme si ce monosyllabe s'aspiroit.

(2) ... Je vois qu'il en est ce que l'on m'a pu dire.

La construction de ce vers est peu françoise. Du reste, il est bien plaisant qu'Horace croie voir dans ce *Hé*, si péniblement arraché à Arnolphe, la confirmation de tout le mal qu'on lui a dit du personnage.

(3) Arnolphe vient d'être presque obligé d'avouer qu'il est un *sot*, un *fou*, un *ridicule*; il ne lui manquoit plus que de s'entendre dire que l'argent qu'il a prêté doit être employé contre lui-même. Jamais homme fut-il plus malencontreux et pourtant moins digne d'être plaint?

(4)   Et que ce doux métal qui frappe tant de têtes,
En amour, comme en guerre, avance les conquêtes.

Ce trait a été fort heureusement imité par Regnard dans ses *Folies amoureuses;* Crispin dit en parlant de l'argent:

C'est le nerf de la guerre ainsi que des amours.

Vous désapprouveriez le dessein que j'ai fait ? (1)

ARNOLPHE.

Non, c'est que je songeois...

HORACE.

Cet entretien vous lasse.
Adieu. J'irai chez vous tantôt vous rendre grace.

ARNOLPHE, *se croyant seul.*

Ah ! faut-il !...

HORACE, *revenant.*

Derechef, veuillez être discret ;
Et n'allez pas, de grace, éventer mon secret.

ARNOLPHE, *se croyant seul.*

Que je sens dans mon ame !...

HORACE, *revenant.*

Et surtout à mon père,
Qui s'en feroit peut-être un sujet de colère.

ARNOLPHE, *croyant qu'Horace revient encore.*

Oh !... (2)

---

(1) Vous désapprouveriez le dessein que j'ai fait ?
Faire un dessein ne se dit plus, quoique autorisé par le dictionnaire de l'Académie. On dit, *former un dessein.* Comme *faire un dessein* signifioit à la fois projeter et dessiner, c'est sans doute pour prévenir la confusion, que l'usage a fait le changement que je viens d'indiquer.

(2) Il y a dans le conte de La Fontaine, intitulé *le Maître en droit*, un personnage (c'est le docteur lui-même) qui a de grands rapports avec Arnolphe. Comme lui, raillant impitoyablement les maris trompés, il endoctrine, comme lui, un jeune étudiant qui, ne profitant que trop bien de ses leçons, se fait aimer de sa femme qu'il ne connoît pas pour telle, et n'a rien de plus pressé que d'aller s'en vanter à lui. Comme Arnolphe encore, le docteur veut tirer parti de cette confidence, pour empêcher au moins que la chose ne continue ; mais ses mesures n'aboutissent qu'à

SCÈNE VII.

ARNOLPHE, *seul.*

Oh! que j'ai souffert durant cet entretien!
Jamais trouble d'esprit ne fut égal au mien.
Avec quelle imprudence et quelle hâte extrême
Il m'est venu conter cette affaire à moi-même!
Bien que mon autre nom le tienne dans l'erreur,
Étourdi montra-t-il jamais tant de fureur?
Mais, ayant tant souffert, je devois me contraindre
Jusques à m'éclaircir de ce que je dois craindre,
A pousser jusqu'au bout son caquet indiscret,

---

favoriser le commerce des deux amans, et à le couvrir lui-même de confusion.

Molière et La Fontaine paroissent avoir puisé l'un et l'autre l'idée de ces confidences faites par un galant au mari même de sa maîtresse, dans Strapparole, auteur italien du seizième siècle, qui a donné un recueil de contes à la manière de Boccace, intitulé *le Piacevoli Notti* (*les Nuits facétieuses*). Dans la fable IV de la quatrième nuit, Nérin, fils d'un roi de Portugal, envoyé à Padoue pour y faire ses études, obtient les faveurs d'une femme qu'il ne sait pas être celle de Raimon, son maître de physique, et va conter en détail sa bonne fortune à celui-ci qui, informé d'avance de chaque rendez-vous par Nérin, ne peut pas, quoi qu'il fasse, venir à bout de surprendre les amans ensemble. Une fois la femme enferme son galant dans un coffre, une autre fois dans une armoire à mettre les habits. Agnès enferme de même Horace dans une *grande armoire*; et, dans *la Précaution inutile*, de Scarron, il y a aussi une *grande armoire*, qui sert au même usage. Enfin Strapparole, Scarron, Molière et La Fontaine ont mis en jeu une *vieille* qui porte les messages du galant à la belle ou de la belle au galant. C'en est assez pour prouver que les quatre auteurs se sont imités les uns les autres. Le plus ancien des quatre, Strapparole, n'est pas même l'inventeur du sujet; il l'a puisé dans le *Pecorone* de Ser Giovanni, autre conteur italien de la fin du quatorzième siècle.

Et savoir pleinement leur commerce secret. (1)
Tâchons à le rejoindre *; il n'est pas loin, je pense :
Tirons-en de ce fait l'entière confidence.
Je tremble du malheur qui m'en peut arriver,
Et l'on cherche souvent plus qu'on ne veut trouver. (2)

VARIANTE. * *Tâchons de le rejoindre.*

---

(1) Molière prévient ici une objection qu'on n'eût pas manqué de lui faire, s'il ne se la fût pas faite à lui-même, en la mettant dans la bouche d'Arnolphe. Sans doute il étoit dans la nature qu'Arnolphe desirât savoir dans le plus grand détail ce qui s'étoit passé entre Agnès et Horace, et qu'il questionnât celui-ci en conséquence; mais Molière préféroit avec raison que ce récit fût fait par Agnès, dont la naïveté devoit le rendre infiniment plus piquant; et si, dans cette occasion, il semble avoir quelque peu sacrifié les intérêts de la vérité à ceux de l'art, on ne peut nier qu'il ne l'ait fait avec beaucoup d'adresse et de manière à ne pas choquer au moins la vraisemblance. Si Arnolphe n'a point donné cours avec Horace à cette curiosité fatale qui nous fait si ardemment souhaiter de connoître les choses mêmes qui doivent nous causer le plus de chagrin, c'est que ce mouvement de l'ame étoit suspendu et comme absorbé chez lui par un sentiment douloureux qui le privoit presque de toutes ses facultés. *Qu'il a souffert durant cet entretien! Jamais trouble d'esprit ne fut égal au sien.* On conçoit qu'un homme dont la sécurité étoit si profonde, a dû être atterré, abasourdi par une si fâcheuse nouvelle.

(2) La pensée si vraie, si juste, qui termine cet acte, est exprimée en d'autres termes dans *Amphitryon* :

> La foiblesse humaine est d'avoir
> Des curiosités d'apprendre
> Ce qu'on ne voudroit pas savoir.

Comme l'action de la pièce est déja entamée fortement à la fin de ce premier acte! Le dernier monologue d'Arnolphe et celui-ci sont séparés par une seule scène; et notre personnage, avant cette scène, si rempli de confiance et de joie, si tranquille sur Agnès et sur lui-même, est maintenant plein de trouble et de terreur : la métamorphose est complète.

FIN DU PREMIER ACTE.

ACTE II.

SCÈNE PREMIÈRE.

ARNOLPHE.

Il m'est, lorsque j'y pense, avantageux, sans doute,
D'avoir perdu mes pas, et pu manquer sa route :
Car enfin de mon cœur le trouble impérieux
N'eût pu se renfermer tout entier à ses yeux ;
Il eût fait éclater l'ennui qui me dévore,
Et je ne voudrois pas qu'il sût ce qu'il ignore. (1)
Mais je ne suis pas homme à gober le morceau,
Et laisser un champ libre aux vœux du damoiseau. *

Variante. * *Aux yeux d'un damoiseau.*

---

(1) Ceci est une suite du parti que Molière a pris de faire raconter par Agnès les circonstances de ses entrevues avec Horace. On vient de voir comment Arnolphe se reproche et s'excuse en même temps de ne pas avoir tiré ces détails de la bouche d'Horace lui-même. Ayant terminé le premier acte, en disant qu'il alloit tâcher de le rejoindre, il commence le second, en nous apprenant qu'il n'a pu le trouver, et il est presque tenté de s'en féliciter, en pensant qu'il lui eût été impossible de ne pas se trahir par son trouble aux yeux d'Horace. Cette réflexion est assez juste et ce mouvement assez vraisemblable ; mais on voit dans quelles démarches inutiles et dans quelles explications étrangères au but de l'action, Molière est obligé d'engager son personnage, pour s'être écarté tant soit peu de la ligne de la vérité. On ne peut que l'approuver toutefois d'avoir réservé pour le rôle d'Agnès, ce récit auquel son ingénuité doit prêter tant de charmes, et qui va faire presque seul toute la matière de ce second acte.

J'en veux rompre le cours, et, sans tarder, apprendre
Jusqu'où l'intelligence entre eux a pu s'étendre :
J'y prends pour mon honneur un notable intérêt ;
Je la regarde en femme aux termes qu'elle en est ; (1)
Elle n'a pu faillir sans me couvrir de honte,
Et tout ce qu'elle a fait* enfin est sur mon compte.
Éloignement fatal ! voyage malheureux !

(*Il frappe à sa porte.*)

SCÈNE II.

ARNOLPHE, ALAIN, GEORGETTE.

ALAIN.

Ah ! monsieur, cette fois... (2)

ARNOLPHE.

      Paix. Venez çà, tous deux.
Passez là, passez là. Venez là, venez, dis-je.

GEORGETTE.

Ah ! vous me faites peur, et tout mon sang se fige.

ARNOLPHE.

C'est donc ainsi qu'absent vous m'avez obéi ?
Et, tous deux de concert, vous m'avez donc trahi ?

VARIANTE. * *Et tout ce qu'elle fait.*

---

(1)   Je la regarde en femme, aux termes qu'elle en est.
Aux termes qu'elle en est, se disoit autrefois, témoin ce vers de la tragi-comédie de *Laure persécutée*, par Rotrou :
 Que cette affaire donc reste *aux termes qu'elle est.*
On diroit aujourd'hui, *aux termes où elle est, où elle en est.*

(2) Il est plaisant de voir *cette fois* Alain et Georgette venir ouvrir tous deux avec empressement et s'en vanter, quand ils ne viennent que pour recevoir une épouvantable semonce.

ACTE II, SCÈNE II.

GEORGETTE, *tombant aux genoux d'Arnolphe.*

Hé! ne me mangez pas, monsieur, je vous conjure. (1)

ALAIN, *à part.*

Quelque chien enragé l'a mordu, je m'assure.

ARNOLPHE, *à part.*

Ouf! Je ne puis parler, tant je suis prévenu; (2)
Je suffoque, et voudrois me pouvoir mettre nu.

(*à Alain et à Georgette.*)

Vous avez donc souffert, ô canaille maudite!

(*à Alain qui veut s'enfuir.*)

Qu'un homme soit venu?... Tu veux prendre la fuite!

(*à Georgette.*)

Il faut que sur le champ... Si tu bouges... Je veux

(*à Alain.*)

Que vous me disiez... Euh! oui, je veux que tous deux...*

(*Alain et Georgette se lèvent et veulent encore s'enfuir.*)

Quiconque remûra, par la mort! je l'assomme.

VARIANTE. *Que vous me disiez... Hé! oui, je veux que tous deux...*

---

(1) Hé! ne me mangez pas, monsieur, je vous conjure.

Il est bien digne de la simplicité de Georgette de craindre que son maître ne la *mange*. On voit que la pauvre fille a entendu raconter des histoires d'ogre, et qu'elle y croit de la meilleure foi du monde. Alain, un peu moins foible d'esprit, imagine plus naturellement qu'Arnolphe a été mordu d'un chien enragé. Les deux opinions donnent une idée de l'horrible figure qu'Arnolphe a dans ce moment.

(2) Ouf! Je ne puis parler, tant je suis prévenu.

Prévenu est là sans doute pour, préoccupé, tourmenté intérieurement. L'expression peut paroître foible, vague et presque impropre.

4.

Comme est-ce que chez moi s'est introduit cet homme? [1]
Hé! parlez. Dépêchez, vîte, promptement, tôt,
Sans rêver. Veut-on dire?

   ALAIN ET GEORGETTE.

     Ah! ah!

  GEORGETTE, *retombant aux genoux d'Arnolphe.*

         Le cœur me faut.

  ALAIN, *retombant aux genoux d'Arnolphe.*

Je meurs.

   ARNOLPHE, *à part.*

  Je suis en eau : prenons un peu d'haleine; [2]
Il faut que je m'évente et que je me promène.
Aurois-je deviné, quand je l'ai vu petit,
Qu'il croîtroit pour cela [3]? Ciel! que mon cœur pâtit!

---

(1) Comme est-ce que chez moi s'est introduit cet homme?

Aujourd'hui *comme*, signifiant, de quelle manière, ne s'emploie plus dans les phrases interrogatives. On se sert de *comment*.

(2) *Prenons un peu d'haleine.* Prendre haleine, est un verbe en deux mots, qui est l'équivalent de *respirer*. Quand on veut modifier l'idée qu'il représente, ce n'est pas au substantif *haleine*, mais au verbe *prendre*, que le modificatif doit s'attacher. Ainsi l'on dit, prendre un peu haleine, et non pas, un peu d'haleine. Ce n'est pas la gêne de la versification qui a contraint Molière à s'exprimer ainsi; car il a dit de même, dans la prose du *Médecin malgré lui*, prenons un peu d'haleine. Ce n'étoit pas une faute anciennement : on trouve cette façon de parler plusieurs fois dans Rotrou.

(3) Aurois-je deviné, quand je l'ai vu petit,
    Qu'il croîtroit pour cela?

Cette exclamation d'Arnolphe est, suivant La Harpe, *une de ces saillies si frappantes de vérité, qu'elles paroissent très-faciles à trouver, et en même temps si originales et si gaies, qu'on félicite l'auteur de les avoir rencontrées.* « Assurément, ajoute-t-il, tout autre qu'Arnolphe trou-
« veroit fort simple ce qui lui paroît si extraordinaire, et c'est ce qui

Je pense qu'il vaut mieux que de sa propre bouche
Je tire avec douceur l'affaire qui me touche. (1)
Tâchons à modérer notre ressentiment.
Patience, mon cœur, doucement, doucement.

(*à Alain et à Georgette.*)

Levez-vous, et, rentrant, faites qu'Agnès descende.

(*à part.*)

Arrêtez. Sa surprise en deviendroit moins grande :
Du chagrin qui me trouble ils iroient l'avertir,
Et moi-même je veux l'aller faire sortir. (2)

(*à Alain et à Georgette.*)

Que l'on m'attende ici.

« rend ce mot si comique. Arnolphe est vivement affecté, et ce qu'il y
« a de plus commun lui paroît monstrueux. C'est la nature prise sur le
« fait; et cette expression si naïve, *qu'il croîtroit pour cela?....* est d'un
« bonheur! Qu'on juge ce que c'est qu'un écrivain dont presque tous les
« vers (dans ses bonnes pièces) analysés ainsi, occasionneroient les
« mêmes exclamations. »

(1) Il est à remarquer qu'Arnolphe, en disant, *aurois-je deviné, quand je l'ai vu petit,* etc., ne nomme point Horace qui est le sujet de cette plaisante exclamation, et que tout de suite après, il dit, *je pense qu'il vaut mieux que de sa propre bouche,* etc., sans nommer davantage Agnès, que cette autre phrase concerne. Dans toute autre circonstance, ce seroit un tort de la part de l'auteur, qui auroit omis de désigner ceux dont il parle, au risque de laisser quelque incertitude dans l'esprit du spectateur. Ici c'est un trait de vérité dans la bouche du personnage qui, fortement agité par sa passion et s'entretenant avec lui-même, n'a ni la présence d'esprit ni le besoin de distinguer les deux objets de son désespoir et de sa fureur.

(2) La sortie d'Arnolphe n'est vraiment nécessaire que pour laisser à Alain et à Georgette la liberté de s'expliquer à leur façon sur les étranges procédés de leur maître; mais Arnolphe lui-même en donne un motif fort plausible, pris dans son propre intérêt.

SCÈNE III.

ALAIN, GEORGETTE.

GEORGETTE.

Mon dieu! qu'il est terrible!
Ses regards m'ont fait peur, mais une peur horrible;
Et jamais je ne vis un plus hideux chrétien.

ALAIN.

Ce monsieur l'a fâché; je te le disois bien.

GEORGETTE.

Mais que diantre est-ce là, qu'avec tant de rudesse
Il nous fait au logis garder notre maîtresse?
D'où vient qu'à tout le monde il veut tant la cacher,
Et qu'il ne sauroit voir personne en approcher?

ALAIN.

C'est que cette action le met en jalousie.

GEORGETTE.

Mais d'où vient qu'il est pris de cette fantaisie?

ALAIN.

Cela vient... Cela vient de ce qu'il est jaloux.

GEORGETTE.

Oui; mais pourquoi l'est-il? Et pourquoi ce courroux?

ALAIN.

C'est que la jalousie... entends-tu bien, Georgette,
Est une chose... là... qui fait qu'on s'inquiète...
Et qui chasse les gens d'autour d'une maison. (1)

---

(1) Je ne crois pouvoir mieux faire que de transcrire les réflexions de La Harpe sur ce passage. « Le pauvre Alain, dit-il, ne doit pas être bien

Je m'en vais te bailler une comparaison,
Afin de concevoir la chose davantage.
Dis-moi, n'est-il pas vrai, quand tu tiens ton potage,
Que, si quelque affamé venoit pour en manger,
Tu serois en colère, et voudrois le charger ?

GEORGETTE.

Oui, je comprends cela.

ALAIN.

C'est justement tout comme.
La femme est en effet le potage de l'homme ;
Et quand un homme voit d'autres hommes par fois
Qui veulent dans sa soupe aller tremper leurs doigts,
Il en montre aussitôt une colère extrême. [1]

« fort sur les définitions morales; cependant la jalousie ne lui est pas
« inconnue; et, n'en sachant pas assez pour en expliquer le principe, il
« se jette au moins sur les effets qu'il en a vus, et, comme le plus sen-
« sible de tous, c'est qu'un jaloux écarte tout le monde autant qu'il peut;
« ce qui lui vient d'abord à l'esprit, après qu'il a bien cherché, c'est
« cette idée dont on ne peut s'empêcher de rire par réflexion, que la
« jalousie est une chose qui chasse les gens d'autour d'une maison, ce
« qui est très-vrai en soi-même, pas mal trouvé pour Alain; et fort bien
« exprimé à sa manière. »

[1] La Harpe n'a pas jugé à propos de donner son avis sur cette comparaison du *potage* : elle en valoit cependant la peine, ne fût-ce qu'à cause du soulèvement qu'elle excita dans la nouveauté de la pièce, et de la diversité d'opinion dont elle pourroit être encore aujourd'hui l'objet. Toutes les *critiques* de *l'École des Femmes*, et celle même qu'en a faite Molière, parlent de ce malheureux *potage*. On y voit que ce potage *faisoit vomir*, qu'*on ne pouvoit digérer* ce potage, et autres gentillesses semblables. Ne nous en moquons point; nous jugerions aujourd'hui de même et nous dirions des choses pareilles, si quelque poëte comique avoit, comme Molière, le mauvais goût de prêter à un paysan grossier une comparaison qui, comme celle du potage, convint parfaitement et au personnage qui compare et à la chose comparée. Au demeurant, cette comparaison est de Rabelais. Panurge, ayant consulté les sorts virgiliens

GEORGETTE.

Oui ; mais pourquoi chacun n'en fait-il pas de même,
Et que nous en voyons qui paroissent joyeux
Lorsque leurs femmes sont avec les biaux monsieux ?*

ALAIN.

C'est que chacun n'a pas cette amitié goulue
Qui n'en veut que pour soi.

GEORGETTE.

Si je n'ai la berlue,
Je le vois qui revient.

ALAIN.

Tes yeux sont bons, c'est lui.

GEORGETTE.

Vois comme il est chagrin.

ALAIN.

C'est qu'il a de l'ennui.

SCÈNE IV.

ARNOLPHE, ALAIN, GEORGETTE.

ARNOLPHE, *à part.*

Un certain Grec disoit à l'empereur Auguste,
Comme une instruction utile autant que juste,
Que, lorsqu'une aventure en colère nous met,
Nous devons, avant tout, dire notre alphabet,

VARIANTE. * *Avec les beaux monsieux.*

---

pour savoir ce qui adviendroit du mariage qu'il projetoit, dit : « Ce sort
« dénote que ma femme sera preude, pudicque et loyalle, non mie ar-
« mée, rebousse, n'écervelée et extraicte de cervelle, comme Pallas, et
« ne me sera corrival ce beau Jupin, et *jà ne saulcera son pain en ma*
« *souppe,* quand ensemble serions à table. » *Pantagruel,* liv. 3, chap. 12.

Afin que dans ce temps la bile se tempère,
Et qu'on ne fasse rien que l'on ne doive faire. (1)
J'ai suivi sa leçon sur le sujet d'Agnès,
Et je la fais venir dans ce lieu tout exprès,
Sous prétexte d'y faire un tour de promenade,
Afin que les soupçons de mon esprit malade
Puissent sur le discours la mettre adroitement,
Et, lui sondant le cœur, s'éclaircir doucement. (2)

SCÈNE V.
ARNOLPHE, AGNÈS, ALAIN, GEORGETTE.

ARNOLPHE.

Venez, Agnès.
(à Alain et Georgette.)
Rentrez.

---

(1) Ménage prétend que Molière a pris ce trait dans une comédie de Bernardino Pino da Cagli, intitulée gl' *Ingiusti Sdegni*. C'est un pédant qui parle : *Ho detto già una volta l'alfabeto greco per temperar l'ira* (atto III, sc. V). « J'ai déja dit une fois l'alphabet grec, pour donner à « ma colère le temps de s'apaiser. » Ménage se trompe : c'est à Plutarque que Molière a emprunté l'anecdote. La voici, telle qu'Amyot l'a traduite : « Athenodorus le philosophe estant fort vieil luy (à Auguste) « demanda congé de se pouvoir retirer en sa maison pour sa vieillesse. Il « luy donna ; mais en luy disant adieu, Athenodorus luy dit : Quand tu « te sentiras courroucé, sire, ne dy ni ne fais rien, que premièrement « tu n'ayes récité les vingt et quatre lettres de l'alphabet en toy mesme. « Cæsar ayant ouy cest advertissement, le prit par la main et luy dit: « J'ay encore affaire de ta présence : et le reteint encore tout un an, en « luy disant :
« Sans péril est le loyer de silence. »
Apophthegmes des Romains.

(2) Le *tour de promenade* est un *prétexte* suffisant pour Agnès, mais non pas pour le spectateur, qui est toujours un peu étonné qu'Arnolphe *la fasse venir dans ce lieu tout exprès*, lorsqu'il seroit au moins aussi bien dans la maison, pour avoir avec elle cet éclaircissement qu'il desire.

SCÈNE VI.
ARNOLPHE, AGNÈS.

ARNOLPHE.
La promenade est belle.

AGNÈS.
Fort belle.

ARNOLPHE.
Le beau jour!

AGNÈS.
Fort beau.

ARNOLPHE.
Quelle nouvelle?

AGNÈS.
Le petit chat est mort.

ARNOLPHE.
C'est dommage; mais quoi!
Nous sommes tous mortels, et chacun est pour soi. [1]
Lorsque j'étois aux champs, n'a-t-il point fait de pluie?

AGNÈS.
Non.

ARNOLPHE.
Vous ennuyoit-il? [2]

---

(1) Arnolphe, dont le soin constant est d'entretenir Agnès dans sa simplicité niaise, se garde bien de rire à la nouvelle de la mort du petit chat, ou seulement de s'y montrer trop indifférent. Ce n'est pas pour se moquer d'Agnès, c'est pour se mettre à sa portée, qu'il fait de sérieuses réflexions sur ce triste événement.

(2) *Vous ennuyoit-il?* On disoit autrefois impersonnellement et abso-

ACTE II, SCÈNE VI.

AGNÈS.

Jamais je ne m'ennuie.

ARNOLPHE.

Qu'avez-vous fait encor ces neuf ou dix jours-ci?

AGNÈS.

Six chemises, je pense, et six coiffes aussi.

ARNOLPHE, *après avoir un peu rêvé.*

Le monde, chère Agnès, est une étrange chose! [1]
Voyez la médisance, et comme chacun cause!
Quelques voisins m'ont dit qu'un jeune homme inconnu
Étoit en mon absence à la maison venu;
Que vous aviez souffert sa vue et ses harangues;
Mais je n'ai point pris foi sur ces méchantes langues, [2]
Et j'ai voulu gager que c'étoit faussement...

AGNÈS.

Mon dieu! ne gagez pas, vous perdriez vraiment.

ARNOLPHE.

Quoi! c'est la vérité qu'un homme?...

AGNÈS.

Chose sûre.
Il n'a presque bougé de chez nous, je vous jure.

---

lument, *il m'ennuie,* pour, *je m'ennuie, comme le prouve, entre autres exemples, cet hémistiche de la Place royale, comédie de Corneille : Ne crains pas qu'il m'ennuie, signifiant, que je m'ennuie.*

(1) Le monde, chère Agnès, est une étrange chose!
Vers devenu proverbe.

(2) Mais je n'ai point pris foi sur ces méchantes langues.
On *a foi à quelqu'un,* on *ajoute foi à quelque chose,* mais on ne *prend pas foi sur quelqu'un,* ou *sur quelque chose.*

ARNOLPHE, *bas, à part.*

Cet aveu qu'elle fait avec sincérité
Me marque pour le moins son ingénuité.

(*haut.*)

Mais il me semble, Agnès, si ma mémoire est bonne,
Que j'avois défendu que vous vissiez personne.

AGNÈS.

Oui; mais, quand je l'ai vu, vous ignorez pourquoi; *(1)
Et vous en auriez fait, sans doute, autant que moi.

ARNOLPHE.

Peut-être. Mais enfin contez-moi cette histoire.

AGNÈS.

Elle est fort étonnante, et difficile à croire.
J'étois sur le balcon à travailler au frais,
Lorsque je vis passer sous les arbres d'auprès
Un jeune homme bien fait, qui, rencontrant ma vue,
D'une humble révérence aussitôt me salue :
Moi, pour ne point manquer à la civilité,
Je fis la révérence aussi de mon côté.
Soudain il me refait une autre révérence;
Moi, j'en refais de même une autre en diligence;
Et lui d'une troisième aussitôt repartant,
D'une troisième aussi j'y repars à l'instant.
Il passe, vient, repasse, et toujours, de plus belle,

VARIANTE. * *Vous ignoriez pourquoi.*

---

(1)   Oui; mais, quand je l'ai vu, vous ignorez pourquoi.
C'est-à-dire, vous ignorez pourquoi je l'ai vu. La phrase est vicieuse. *Quand je l'ai vu, vous ignorez...* ces deux temps de verbes ne se répondent pas. Des éditeurs posthumes ont imaginé de substituer *vous ignoriez :* ce changement ne sert qu'à rendre le vers encore plus obscur.

Me fait à chaque fois révérence nouvelle;
Et moi, qui tous ces tours fixement regardois,
Nouvelle révérence aussi je lui rendois :
Tant que, si sur ce point la nuit ne fût venue,
Toujours comme cela je me serois tenue,
Ne voulant point céder, et recevoir l'ennui *
Qu'il me pût estimer moins civile que lui. (1)

ARNOLPHE.

Fort bien.

AGNÈS.

Le lendemain, étant sur notre porte,
Une vieille m'aborde, en parlant de la sorte :
« Mon enfant, le bon Dieu puisse-t-il vous bénir, (2)
« Et dans tous vos attraits long-temps vous maintenir!
« Il ne vous a pas faite une belle personne
« Afin de mal user des choses qu'il vous donne;
« Et vous devez savoir que vous avez blessé
« Un cœur qui de s'en plaindre est aujourd'hui forcé. »

VARIANTE. * *Ni recevoir l'ennui.*

---

(1) A ce charmant récit, Arpolphe dit, *fort bien*, mais avec une ironie amère et en enrageant. C'est de bonne foi et en riant que nous devons le dire, nous autres. Il est impossible de narrer avec une ingénuité plus amusante cet interminable assaut de révérences, que la nuit seule a pu interrompre.

(2)   Mon enfant, le bon Dieu puisse-t-il vous bénir!
La vieille entremetteuse *Macette*, qui donne son nom à la treizième satire de Regnier, aborde de la même manière une jeune fille qu'elle veut corrompre :

Ma fille, Dieu vous garde et vous veuille bénir!

Il y a, dans la suite du discours de Macette, quelques autres traits dont Molière s'est approprié l'idée plus que l'expression, tels que ceux-ci :

Vous ne pouvez savoir tous les coups que vous faites,
Et les traits de vos yeux, haut et bas élancés,
Belle, ne voyent pas tous ceux que vous blessez.

ARNOLPHE, *à part.*
Ah! suppôt de satan! exécrable damnée!
AGNÈS.
Moi, j'ai blessé quelqu'un! fis-je tout étonnée.
« Oui, dit-elle, blessé, mais blessé tout de bon;
« Et c'est l'homme qu'hier vous vîtes du balcon. »
Hélas! qui pourroit, dis-je, en avoir été cause?
Sur lui, sans y penser, fis-je choir quelque chose?
« Non, dit-elle, vos yeux ont fait ce coup fatal,
« Et c'est de leurs regards qu'est venu tout son mal. »
Hé! mon dieu! ma surprise est, fis-je, sans seconde;
Mes yeux ont-ils du mal, pour en donner au monde?
« Oui, fit-elle, vos yeux, pour causer le trépas,
« Ma fille, ont un venin que vous ne savez pas. (1)
« En un mot, il languit le pauvre misérable;
« Et, s'il faut, poursuivit la vieille charitable,
« Que votre cruauté lui refuse un secours,
« C'est un homme à porter en terre dans deux jours. »
Mon dieu! j'en aurois, dis-je, une douleur bien grande.
Mais pour le secourir qu'est-ce qu'il me demande?
« Mon enfant, me dit-elle, il ne veut obtenir
« Que le bien de vous voir et vous entretenir;
« Vos yeux peuvent eux seuls empêcher sa ruine,
« Et du mal qu'ils ont fait être la médecine. »
Hélas! volontiers, dis-je; et, puisqu'il est ainsi,
Il peut, tant qu'il voudra, me venir voir ici. (2)

---

(1) Benserade a dit de même, en parlant à une jeune fille de ses appas:
Ils causent bien des maux que vous ne savez pas.

(2) Dans *la Précaution inutile*, de Scarron, la *vieille damnée* qui s'introduit auprès de *l'innocente Laure*, lui parle du beau gentilhomme *qui passe si souvent sous ses fenêtres*, et lui dit qu'*il a une forte passion de*

ACTE II, SCÈNE VI.

ARNOLPHE, *à part.*

Ah! sorcière maudite, empoisonneuse d'ames,
Puisse l'enfer payer tes charitables trames!

AGNÈS.

Voilà comme il me vit, et reçut guérison.
Vous-même, à votre avis, n'ai-je pas eu raison?
Et pouvois-je, après tout, avoir la conscience
De le laisser mourir faute d'une assistance?
Moi qui compâtis tant aux gens qu'on fait souffrir,
Et ne puis, sans pleurer, voir un poulet mourir!

ARNOLPHE, *bas, à part.*

Tout cela n'est parti que d'une ame innocente;
Et j'en dois accuser mon absence imprudente,

---

la servir, si elle le trouve bon. « En vérité, je lui en suis fort obligée, ré-
« pondit Laure, et j'aurois son service pour agréable; mais la maison est
« pleine de valets; et jusqu'à tant que quelqu'un d'eux s'en aille, je n'o-
« serois le recevoir en l'absence de mon mari. Je lui en écrirai si ce gen-
« tilhomme le souhaite, et je ne doute point que je n'en obtienne tout ce
« que je lui demanderai... La vieille, ayant fait entendre à Laure le mieux
« qu'il lui fut possible de quelle manière ce gentilhomme vouloit la servir,
« et l'ayant déterminée à le recevoir la nuit suivante, lui prit les mains, et
« les lui baisa cent fois, lui disant qu'elle alloit donner la vie à ce pauvre
« gentilhomme qu'elle avoit laissé demi-mort. Et pourquoi, s'écria Laure
« toute effrayée? C'est vous qui l'avez tué, lui dit alors la vieille. Laure
« devint pâle comme si on l'eût convaincue d'un meurtre, et alloit pro-
« tester de son innocence, si la méchante femme, qui ne jugea pas à
« propos d'éprouver davantage son ignorance, ne se fût séparée d'elle,
« lui jetant les bras au cou, et l'assurant que le malade n'en mourroit
« pas. » Il est aisé de voir que Molière a tiré grand parti, pour sa scène,
de ce passage de la nouvelle de Scarron: les personnages sont semblables,
leur situation respective est la même, et leurs discours sont presque pareils. Notre délicatesse, je n'ose pas dire notre pruderie actuelle, s'offen-
seroit certainement de voir une entremetteuse figurer, même en récit,
dans une comédie.

64 L'ÉCOLE DES FEMMES.
Qui sans guide a laissé cette bonté de mœurs
Exposée aux aguets des rusés séducteurs.
Je crains que le pendard, dans ses vœux téméraires,
Un peu plus fort que jeu n'ait poussé les affaires.

AGNÈS.

Qu'avez-vous? Vous grondez, ce me semble, un petit? (1)
Est-ce que c'est mal fait ce que je vous ai dit?

ARNOLPHE.

Non. Mais de cette vue apprenez-moi les suites,
Et comme le jeune homme a passé ses visites.

AGNÈS.

Hélas! si vous saviez comme il étoit ravi,
Comme il perdit son mal sitôt que je le vi, (2)
Le présent qu'il m'a fait d'une belle cassette,
Et l'argent qu'en ont eu notre Alain et Georgette,
Vous l'aimeriez sans doute, et diriez comme nous... (3)

---

(1) Qu'avez-vous? Vous grondez, ce me semble, un petit.
On disoit alors, dans le style familier, *un petit*, pour, *un peu*. On trouve dans *la Belle Plaideuse*, comédie de Boisrobert :

Vous deviez les lui faire un petit davantage.

pour, *un peu davantage*.

(2) Comme il perdit son mal sitôt que je le vi.
Je le vis, sans *s*, pour rimer avec *ravi*. C'est une bien plus grande licence de retrancher l's finale de la première personne du prétérit indéfini, que celle de la première personne du présent de l'indicatif. Cette licence peut même passer pour une faute. Toutefois Malherbe, qui a presque fixé toutes les lois de notre versification et les a si exactement observées, n'a pas craint de faire rimer *je couvri* avec *Ivry*.

(3) Dans *la Précaution inutile*, de Scarron, don Pèdre a, comme Arnolphe, le crève-cœur d'entendre Laure lui raconter à lui-même le plus naïvement du monde tout ce qui s'est passé en son absence, et

ACTE II, SCÈNE VI.

ARNOLPHE.

Oui. Mais que faisoit-il étant seul avec vous?

AGNÈS.

Il juroit qu'il m'aimoit* d'une amour sans seconde,
Et me disoit des mots les plus gentils du monde,
Des choses que jamais rien ne peut égaler,
Et dont, toutes les fois que je l'entends parler,
La douceur me chatouille, et là-dedans remue
Certain je ne sais quoi dont je suis toute émue.

ARNOLPHE, *bas, à part.*

O fâcheux examen d'un mystère fatal,
Où l'examinateur souffre seul tout le mal!

(*haut.*)

Outre tous ces discours, toutes ces gentillesses,
Ne vous faisoit-il point aussi quelques caresses?

AGNÈS.

Oh tant! il me prenoit et les mains et les bras,
Et de me les baiser il n'étoit jamais las.

ARNOLPHE.

Ne vous a-t-il point pris, Agnès, quelque autre chose?

(*la voyant interdite.*)

Ouf!

VARIANTE. * *Il disoit qu'il m'aimoit.*

---

lui vanter la bonne grace, les manières charmantes du *jeune homme.*
« Ah! vraiment, lui dit-elle, je sais bien une autre façon de passer la
« nuit avec son mari, que m'a enseignée un autre mari que vous. Vous
« avez un autre mari! lui répliqua don Pèdre. Oui, lui dit-elle, si beau
« et si bien fait, que vous serez ravi de le voir. »

AGNÈS.

Hé ! il m'a...

ARNOLPHE.

Quoi ?

AGNÈS.

Pris...

ARNOLPHE.

Euh !*

AGNÈS.

Le...

ARNOLPHE.

Plaît-il ?

AGNÈS.

Je n'ose,
Et vous vous fâcherez peut-être contre moi.

ARNOLPHE.

Non.

AGNÈS.

Si fait.

ARNOLPHE.

Mon dieu ! non.

AGNÈS.

Jurez donc votre foi.

ARNOLPHE.

Ma foi, soit.

AGNÈS.

Il m'a pris... Vous serez en colère.

VARIANTE. * Hé !

ACTE II, SCÈNE VI.

ARNOLPHE.

Non.

AGNÈS.

Si.

ARNOLPHE.

Non, non, non, non. Diantre! que de mystère!
Qu'est-ce qu'il vous a pris?

AGNÈS.

Il...

ARNOLPHE, *à part.*

Je souffre en damné.

AGNÈS.

Il m'a pris le ruban que vous m'aviez donné. (1)
A vous dire le vrai, je n'ai pu m'en défendre.

---

(1) Ce *le,* qu'Horace a pris à Agnès, qui met Arnolphe en transe, et qui finit par n'être qu'un ruban, fut regardé, dans le temps, comme le comble de l'*obscénité* (le mot étoit nouveau alors, et l'on ne crut pas pouvoir en faire une plus juste application). Molière essaya de prouver, dans sa *Critique de l'École des Femmes,* que cet endroit ne blessoit pas la pudeur. Oserai-je dire que son apologie me semble insuffisante? La voici toute entière: « Agnès ne dit pas un mot qui de soi ne soit fort « honnête; et si vous voulez entendre dessous quelque autre chose, c'est « vous qui faites l'ordure, et non pas elle, puisqu'elle parle seulement « du ruban qu'on lui a pris. » Ne pourroit-on pas répondre à Molière? Non, sans doute, ce n'est pas Agnès qui *fait l'ordure;* c'est nous, comme vous dites, qui la faisons; mais c'est vous qui nous la faites faire et qui avez voulu que nous la fissions; il n'y a pas moyen que nous ne la fassions pas, vous y avez compté vous-même, et c'est de cela précisément qu'on vous accuse.

Relativement à ce *le,* les ennemis de Molière ne se bornoient pas au reproche d'indécence, ils y joignoient celui de plagiat; ils disoient que Molière avoit pris dans une vieille chanson ce *le,* qui, de leur aveu, faisoit courir tout Paris à la pièce.

ARNOLPHE, *reprenant haleine.*

Passe pour le ruban. Mais je voulois apprendre
S'il ne vous a rien fait que vous baiser les bras.

AGNÈS.

Comment! est-ce qu'on fait d'autres choses?

ARNOLPHE.

Non pas. (1)
Mais, pour guérir du mal qu'il dit qui le possède,
N'a-t-il point exigé de vous d'autre remède?

AGNÈS.

Non. Vous pouvez juger, s'il en eût demandé,
Que pour le secourir j'aurois tout accordé. (2)

ARNOLPHE, *bas, à part.*

Grace aux bontés du ciel, j'en suis quitte à bon compte:
Si j'y retombe plus, je veux bien qu'on m'affronte. (3)

---

(1) Voici la troisième fois qu'Arnolphe répond par un mensonge aux questions ingénues d'Agnès. Il n'ose s'expliquer franchement ni sur les choses dont il enrage, ni sur celles qu'il redoute, de peur d'éclairer en quoi que ce soit cette précieuse ignorance qu'il regarde comme le palladium de son honneur, et qui doit en causer la ruine: situation vraiment comique et fertile en leçons morales.

(2) « Ce dernier trait, dit La Harpe, est le plus fort de vérité et de
« morale; car, quoique Agnès dise la chose la plus étrange dans la
« bouche d'une jeune fille, on sent qu'il est impossible qu'elle réponde
« autrement. Tout ce rôle d'Agnès, ajoute-t-il, est soutenu d'un bout à
« l'autre avec la même perfection. Il n'y a pas un mot qui ne soit de la
« plus grande ingénuité, et en même temps de l'effet le plus saillant; tout
« est à la fois de caractère et de situation, et cette réunion est le comble
« de l'art. »

(3) *Je veux bien qu'on m'affronte,* c'est-à-dire, je veux bien qu'on me trompe, je consens à être dupe.

(*haut.*)
Chut. De votre innocence, Agnès, c'est un effet;
Je ne vous en dis mot. Ce qui s'est fait est fait.
Je sais qu'en vous flattant le galant ne desire
Que de vous abuser, et puis après s'en rire.

AGNÈS.

Oh! point. Il me l'a dit plus de vingt fois à moi.

ARNOLPHE.

Ah! vous ne savez pas ce que c'est que sa foi.
Mais enfin apprenez, qu'accepter des cassettes,
Et de ces beaux blondins écouter les sornettes;
Que se laisser par eux, à force de langueur,
Baiser ainsi les mains et chatouiller le cœur,
Est un péché mortel des plus gros qu'il se fasse.

AGNÈS.

Un péché, dites-vous? Et la raison, de grâce?

ARNOLPHE.

La raison? La raison est l'arrêt prononcé
Que par ces actions le ciel est courroucé.

AGNÈS.

Courroucé! Mais pourquoi faut-il qu'il s'en courrouce?
C'est une chose, hélas! si plaisante et si douce.
J'admire quelle joie on goûte à tout cela;
Et je ne savois point encor ces choses-là.

ARNOLPHE.

Oui, c'est un grand plaisir que toutes ces tendresses,
Ces propos si gentils et ces douces caresses;
Mais il faut le goûter en toute honnêteté,
Et qu'en se mariant, le crime en soit ôté.

AGNÈS.

N'est-ce plus un péché lorsque l'on se marie?

ARNOLPHE.

Non.

AGNÈS.

Mariez-moi donc promptement, je vous prie.

ARNOLPHE.

Si vous le souhaitez, je le souhaite aussi,
Et pour vous marier on me revoit ici.

AGNÈS.

Est-il possible?

ARNOLPHE.

Oui.

AGNÈS.

Que vous me ferez aise!

ARNOLPHE.

Oui, je ne doute point que l'hymen ne vous plaise.

AGNÈS.

Vous nous voulez, nous deux...

ARNOLPHE.

Rien de plus assuré.

AGNÈS.

Que, si cela se fait, je vous caresserai!

ARNOLPHE.

Hé! la chose sera de ma part réciproque.

AGNÈS.

Je ne reconnois point, pour moi, quand on se moque.
Parlez-vous tout de bon?

ARNOLPHE.

Oui, vous le pourrez voir.

ACTE II, SCÈNE VI.

AGNÈS.

Nous serons mariés?

ARNOLPHE.

Oui.

AGNÈS.

Mais quand?

ARNOLPHE.

Dès ce soir.

AGNÈS, *riant*.

Dès ce soir?

ARNOLPHE.

Dès ce soir. Cela vous fait donc rire?

AGNÈS.

Oui.

ARNOLPHE.

Vous voir bien contente est ce que je desire.

AGNÈS.

Hélas! que je vous ai grande obligation,
Et qu'avec lui j'aurai de satisfaction! [1]

ARNOLPHE.

Avec qui?

AGNÈS.

Avec... Là... [2]

---

(1) C'est dans cette scène qu'on peut apprendre avec quel art un quiproquo doit être filé, pour être à la fois naturel et plaisant. Arnolphe et Agnès, qui se parlent et se répondent dix fois de suite sans s'entendre, ne disent pas un seul mot qui puisse les éclairer sur leur méprise mutuelle, et chacun d'eux pourtant ne dit pas un seul mot qu'il ne doive ou ne puisse dire en obéissant à sa pensée. Jusqu'à ce qu'il entende le fatal *avec lui*, Arnolphe doit être dupe.

(2) Avec qui? — Avec... là. — Là... là n'est pas mon compte.
L'hiatus de *qui avec* est des plus caractérisés; mais ce qui le rend peu

ARNOLPHE.

Là... Là n'est pas mon compte.
A choisir un mari vous êtes un peu prompte.
C'est un autre, en un mot, que je vous tiens tout prêt.
Et quant au monsieur là, je prétends, s'il vous plaît,
Dût le mettre au tombeau le mal dont il vous berce,
Qu'avec lui désormais vous rompiez tout commerce;
Que, venant au logis, pour votre compliment,
Vous lui fermiez au nez la porte honnêtement; (1)
Et, lui jetant, s'il heurte, un grès par la fenêtre,
L'obligiez tout de bon à ne plus y paroître. (2)
M'entendez-vous, Agnès? Moi, caché dans un coin,
De votre procédé je serai le témoin.

AGNÈS.

Las! il est si bien fait! C'est...

ARNOLPHE.

Ah! que de langage!

---

sensible, c'est qu'il y a changement d'interlocuteur entre les deux mots. D'ailleurs, l'impossibilité d'écrire autrement ce dialogue sans en altérer l'admirable simplicité, rend peut-être la faute excusable. — *Là n'est pas mon compte*, est un des traits les plus naturellement comiques que Molière ait imaginés.

(1) Que, venant au logis, pour votre compliment,
Vous lui fermiez au nez la porte honnêtement.

Cette incise, cette espèce d'ablatif absolu, *venant au logis*, qui se rapporte à Horace, sembleroit être, d'après les règles de notre construction, un participe dépendant du sujet de la proposition, qui est Agnès. Le sens n'est point équivoque, mais la phrase n'est pas conforme au génie de notre langue.

(2) L'ordre donné par Arnolphe à Agnès de jeter à Horace *un grès* par la fenêtre, est bien bizarre; mais il va produire des effets bien comiques.

ACTE II, SCÈNE VI.

AGNÈS.

Je n'aurai pas le cœur...

ARNOLPHE.

Point de bruit davantage.

Montez là-haut.

AGNÈS.

Mais quoi! voulez-vous...

ARNOLPHE.

C'est assez.

Je suis maître, je parle; allez, obéissez. [1]

---

[1] Voici un acte bien plein, et, à vrai dire, il n'a qu'une seule scène. Cette scène est une des plus longues qui soient au théâtre, et elle semble courte à la représentation de même qu'à la lecture. Ce sont de ces illusions qu'il n'est donné qu'au génie de produire.

FIN DU SECOND ACTE.

ACTE III.

SCÈNE PREMIÈRE.

ARNOLPHE, AGNÈS, ALAIN, GEORGETTE.

ARNOLPHE.

Oui, tout a bien été, ma joie est sans pareille :
Vous avez là suivi mes ordres à merveille,
Confondu de tout point le blondin séducteur;
Et voilà de quoi sert un sage directeur.
Votre innocence, Agnès, avoit été surprise :
Voyez, sans y penser, où vous vous étiez mise.
Vous enfiliez tout droit, sans mon instruction,
Le grand chemin d'enfer et de perdition.
De tous ces damoiseaux on sait trop les coutumes :
Ils ont de beaux canons (1), force rubans et plumes,
Grands cheveux, belles dents, et des propos fort doux;
Mais, comme je vous dis, la griffe est là-dessous ;
Et ce sont vrais satans, dont la gueule altérée
De l'honneur féminin cherche à faire curée;
Mais, encore une fois, grace au soin apporté,
Vous en êtes sortie avec honnêteté.
L'air dont je vous ai vu lui jeter cette pierre,
Qui de tous ses desseins a mis l'espoir par terre,

---

(1) Pour l'explication du mot *canons*, voir *les Précieuses ridicules*, page 48, note 2.

Me confirme encor mieux à ne point différer
Les noces où je dis * qu'il vous faut préparer. (1)
Mais, avant toute chose, il est bon de vous faire
Quelque petit discours qui vous soit salutaire.

(*à Georgette et à Alain.*)

Un siége au frais ici (2). Vous, si jamais en rien...

GEORGETTE.

De toutes vos leçons nous nous souviendrons bien.
Cet autre monsieur-là nous en faisoit accroire;
Mais...

ALAIN.

S'il entre jamais, je veux jamais ne boire.
Aussi-bien est-ce un sot; il nous a l'autre fois
Donné deux écus d'or qui n'étoient pas de poids. (3)

Variante. * *Les noces où j'ai dit.*

---

(1) Arnolphe a été si content de l'air dont il a vu qu'Agnès jetoit cette pierre à Horace, qu'il croit devoir l'en récompenser, en l'épousant au plutôt. C'est là le sens de ses paroles.

(2) Nous avons vu Arnolphe faire descendre Agnès sous prétexte *d'un tour de promenade;* maintenant, c'est pour prendre *le frais,* qu'il veut avoir avec elle, devant la porte, un entretien qu'il seroit plus naturel d'avoir dans la maison. Il est juste d'observer que, du temps de Molière, un tel lieu pouvoit paroître moins mal choisi qu'il ne le semble aujourd'hui. La ville moins peuplée, moins de carosses dans les rues, point de cabriolets, et surtout une plus grande simplicité de mœurs dans la bourgeoisie, permettoient aux gens de cette classe de s'asseoir devant leur maison, comme cela se pratique encore dans les petites villes, et même dans quelques quartiers reculés et tranquilles de Paris. D'ailleurs, Arnolph ne demeure pas précisément dans une rue; il demeure sur une place, où les passans, plus éloignés des maisons, laissent à ceux qui les habitent plus de liberté d'agir et de parler devant leur porte.

(3) Les rogneurs d'espèces étoient fort nombreux dans ce temps-là.

ARNOLPHE.

Ayez donc pour souper tout ce que je desire;
Et pour notre contrat, comme je viens de dire,
Faites venir ici, l'un ou l'autre, au retour,
Le notaire qui loge au coin de ce carfour. *⁽¹⁾

SCÈNE II.

ARNOLPHE, AGNÈS.

ARNOLPHE, *assis.*

Agnès, pour m'écouter, laissez là votre ouvrage :
Levez un peu la tête, et tournez le visage :

(*mettant le doigt sur son front.*)

Là, regardez-moi là durant cet entretien;
Et, jusqu'au moindre mot, imprimez-le vous bien.
Je vous épouse, Agnès; et, cent fois la journée,

VARIANTE. * *Au coin du carrefour.*

L'*écu d'or*, autrement nommé *écu au soleil*, qui avoit cours depuis le règne de Charles IX, pesoit 63 grains, un peu plus de la moitié de notre pièce actuelle de 20 francs. Il comptoit, en 1662, pour 5 livres 4 sous, le marc d'or valant alors 26 francs. En monnoie d'aujourd'hui, il compteroit pour 10 francs 50 centimes.

(1)   Le notaire qui loge au coin de ce carfour.

Molière écrit ici *carfour*, et plus haut, acte I, scène I, il a écrit *carrefour :*

    Gare qu'aux carrefours on ne vous tympanise.

Vaugelas nous apprend que de son temps on l'écrivoit des deux manières. Corneille a dit, dans *Mélite :*

    ... De ce carfour j'ai vu venir Philandre.

ACTE III, SCÈNE II.

Vous devez bénir l'heur de votre destinée, (1)
Contempler la bassesse où vous avez été,
Et dans le même temps admirer ma bonté,
Qui, de ce vil état de pauvre villageoise,
Vous fait monter au rang d'honorable bourgeoise,
Et jouir de la couche et des embrassemens
D'un homme qui fuyoit tous ces engagemens,
Et dont à vingt partis, fort capables de plaire,
Le cœur a refusé l'honneur qu'il vous veut faire.
Vous devez toujours, dis-je, avoir devant les yeux
Le peu que vous étiez sans ce nœud glorieux,
Afin que cet objet d'autant mieux vous instruise
A mériter l'état où je vous aurai mise,
A toujours vous connoître, et faire qu'à jamais
Je puisse me louer de l'acte que je fais. (2)
Le mariage, Agnès, n'est pas un badinage :

---

(1) Vous devez bénir l'heur de votre destinée.
Heur, pour, *bonheur. Heur* et ses composés viennent du latin *hora*, heure. Leur signification est fondée sur l'astrologie judiciaire, suivant laquelle le sort des hommes est prédéterminé par l'heure, favorable ou contraire, de leur nativité : de là le nom d'*horoscope*, donné à l'observation de l'état du ciel au point de la naissance de quelqu'un, et, par extension, à toute conjecture sur la destinée des hommes ou sur le succès des événemens.

(2) Arnolphe, voulant élever Agnès à l'honneur de sa couche, croit imprimer dans son ame une reconnoissance plus vive et plus durable, en lui rappelant *la bassesse* de son origine et *l'état vil* d'où il l'a tirée. Il ne sait pas, avec tout son esprit, que les bienfaiteurs exigeans font les obligés ingrats ; que la reconnoissance veut naître d'elle-même, et que la demander impérieusement est le plus sûr moyen de ne pas l'obtenir ; surtout qu'humilier ceux à qui l'on rend service, c'est empoisonner le bienfait, l'anéantir, le changer en outrage, et mériter encore plus de haine qu'on ne croyoit mériter d'affection. Molière, toujours vrai et toujours profond, ne pouvoit manquer de donner ce tort à Arnolphe, afin de rendre sa disgrace plus juste et la conduite d'Agnès plus légitime.

A d'austères devoirs le rang de femme engage;
Et vous n'y montez pas, à ce que je prétends,
Pour être libertine et prendre du bon temps.
Votre sexe n'est là que pour la dépendance :
Du côté de la barbe est la toute-puissance. (1)
Bien qu'on soit deux moitiés de la société,
Ces deux moitiés pourtant n'ont point d'égalité :
L'une est moitié suprême, et l'autre subalterne; (2)
L'une en tout est soumise à l'autre qui gouverne;
Et ce que le soldat, dans son devoir instruit,
Montre d'obéissance au chef qui le conduit;
Le valet à son maître, un enfant à son père,
A son supérieur le moindre petit frère, (3)
N'approche point encor de la docilité,

---

(1) Du côté de la barbe est la toute-puissance.
Vers devenu proverbe, et souvent cité en plaisanterie.

(2) L'une est moitié suprême, et l'autre subalterne.
Les beaux-esprits qui trouvoient mille défauts dans *l'École des Femmes*, et qui n'auroient pas été capables d'en écrire dix vers de suite, ont repris ces mots de *moitié suprême* et de *moitié subalterne*, comme n'étant pas à la portée d'Agnès. Sans vouloir admirer tout dans Molière, comme ils y vouloient tout blâmer, ne peut-on pas dire que, le discours d'Arnolphe étant en général intelligible pour Agnès, quelques expressions moins claires pour elle que le reste, loin d'y être un défaut, y sont peut-être une finesse de l'art, puisqu'un des plus sûrs moyens de ceux qui veulent faire impression sur les esprits simples et bornés, est d'employer quelques-uns de ces grands mots qui imposent d'autant plus qu'ils sont moins compris?

(3) A son supérieur le moindre petit frère.
L'abolition des ordres monastiques, en France, datant déjà de plus d'un quart de siècle, il n'est peut-être pas inutile de dire, pour la plus jeune partie de la génération actuelle, ce que Molière entend ici par un *petit frère*. C'est ce qu'on appeloit jadis plus familièrement un *moinillon*, c'est-à-dire, soit un *novice*, soit un *frère lai*, ou *convers* : ces derniers étoient chargés des œuvres manuelles et serviles de la communauté.

Et de l'obéissance, et de l'humilité,
Et du profond respect où la femme doit être
Pour son mari, son chef, son seigneur et son maître. ⁽¹⁾
Lorsqu'il jette sur elle un regard sérieux,
Son devoir aussitôt est de baisser les yeux,
Et de n'oser jamais le regarder en face,
Que quand d'un doux regard il lui veut faire grace. ⁽²⁾
C'est ce qu'entendent mal les femmes d'aujourd'hui ;
Mais ne vous gâtez pas sur l'exemple d'autrui.
Gardez-vous d'imiter ces coquettes vilaines
Dont par toute la ville on chante les fredaines,
Et de vous laisser prendre aux assauts du malin,
C'est-à-dire d'ouïr aucun jeune blondin.
Songez qu'en vous faisant moitié de ma personne,
C'est mon honneur, Agnès, que je vous abandonne ;
Que cet honneur est tendre, et se blesse de peu ;
Que sur un tel sujet il ne faut point de jeu ;
Et qu'il est aux enfers des chaudières bouillantes

---

(1)   Pour son mari, son chef, son seigneur et son maître.

Charron, *de la Sagesse*, livre 3, chap. 12 du *devoir des mariés*, dit : « Les devoirs de la femme sont de rendre honneur, révérence et respect « à son mari, comme à son maître et bon seigneur. » Charron dit aussi, dans un autre endroit : « Qu'au mariage il y a deux choses qui lui sont « essentielles, et semblent contraires, mais ne le sont pas, savoir, une « égalité, comme sociale et entre pareils, et une inégalité, c'est-à-dire « supériorité et infériorité. » Arnolphe va plus loin que le bon théologal de Condom ; car il ne reconnoît d'*égalité* d'aucune espèce entre les deux moitiés de la société, *l'une suprême et l'autre subalterne.*

(2)   Que quand d'un doux regard il lui veut faire grace.

Faire grace, n'est pas la même chose que *faire la grace*. Ce dernier a pour complément un verbe, et signifie, accorder une faveur : *faites-moi la grace de me parler*. L'autre régit un nom et veut dire, exempter, dispenser d'une chose : *faites-moi grace de vos remontrances*.

Où l'on plonge à jamais les femmes mal vivantes.
Ce que je vous dis là ne sont pas des chansons;
Et vous devez du cœur dévorer ces leçons.
Si votre ame les suit, et fuit d'être coquette, [1]
Elle sera toujours, comme un lys, blanche et nette;
Mais s'il faut qu'à l'honneur elle fasse un faux bond,
Elle deviendra lors noire comme un charbon;
Vous paroîtrez à tous un objet effroyable,
Et vous irez un jour, vrai partage du diable,
Bouillir dans les enfers à toute éternité,
Dont vous veuille garder la céleste bonté! [2]

---

(1)   Si votre ame les suit, et fuit d'être coquette.

On disoit autrefois, *fuir d'être* ou *de faire quelque chose*, comme on dit aujourd'hui, *éviter d'être, de faire*. Entre autres exemples, je citerai un vers du *Galant doublé*, comédie de Th. Corneille :

         Ne peut *fuir d'être ingrat* sans servir mon amour.

(2) Molière a été de bonne heure accusé d'irréligion. A l'occasion de *l'École des Femmes*, ses ennemis ont préludé à ces accusations d'impiété, que *le Festin de Pierre* et surtout *le Tartuffe* leur ont donné lieu de faire éclater avec tant de fureur par la suite. Le ton que prend Arnolphe, en parlant à Agnès des devoirs du mariage, les menaces de damnation éternelle qu'il mêle à ses instructions, surtout la fin de son discours qui semble être une parodie de la *déprécation* par laquelle les prédicateurs terminent ordinairement les leurs, justifient jusqu'à certain point le nom de *sermon*, qu'ils ont donné malignement à ce discours; mais ils ont été plus loin, ils ont prétendu que les mots d'*enfer*, de *diable* et de *chaudières bouillantes*, étoient une profanation, une dérision de nos saints mystères, et ils ont même étendu ce reproche aux *Maximes du mariage*, où il ne se trouve pas un seul terme dogmatique. Ce zèle hypocrite pour la religion, cette fureur de vouloir l'intéresser dans des choses qui ne la touchent point, ne mérite que le mépris des honnêtes gens; et tous les gens de goût applaudissent à ces mêmes passages dont les ennemis de Molière feignoient d'être scandalisés. Arnolphe, qui vouloit retenir Agnès dans le devoir par l'effroi, ne pouvoit employer un langage qui convînt mieux à ses fins, en parlant à une jenne fille qu'il avoit fait élever *dans*

Faites la révérence. Ainsi qu'une novice
Par cœur dans le couvent doit savoir son office,
Entrant au mariage il en faut faire autant ;
Et voici dans ma poche un écrit important,
Qui vous enseignera l'office de la femme.
J'en ignore l'auteur : mais c'est quelque bonne ame ;
Et je veux que ce soit votre unique entretien.
   (*Il se lève.*)
Tenez. Voyons un peu si vous le lirez bien.

---

un *petit couvent*, et à qui l'on avoit sûrement fait grand' peur du diable et de l'enfer.

 Un passage de *la Précaution inutile*, de Scarron, a certainement donné à Molière l'idée du discours d'Arnolphe à Agnès. Voici ce passage : « Don « Pèdre se mit dans une chaise, fit tenir sa femme debout, et lui dit ces « paroles, ou d'autres encore plus impertinentes : Vous êtes ma femme, « dont j'espère que j'aurai sujet de louer Dieu, tant que nous vivrons « ensemble. Mettez-vous bien dans l'esprit ce que je m'en vais vous dire, « et l'observez exactement tant que vous vivrez, et de peur d'offenser « Dieu, et de peur de me déplaire. A toutes ces paroles dorées, l'inno- « cente Laure faisoit de grandes révérences à propos ou non, et regar- « doit son mari entre deux yeux, aussi timidement qu'un écolier nouveau « fait un pédant impérieux. Savez-vous, continua don Pèdre, la vie que « doivent mener les personnes mariées ? Je ne la sais pas, lui répondit « Laure, faisant une révérence plus basse que toutes les autres ; mais « apprenez-la-moi et je la retiendrai comme *Ave Maria* ; et puis autre « révérence. » Il est impossible de méconnoître ici l'attitude des deux personnages de Molière, le germe du discours d'Arnolphe, et la pensée même de quelques vers. On y retrouve jusqu'aux *révérences* d'Agnès, et celles qu'elle fait à Arnolphe par obéissance, et celles qu'elle faisoit tantôt à Horace par politesse.

 Le sermon d'Arnolphe est un peu long, et, à la scène, on l'abrège de quelques vers dans le commencement ; mais il est excellent en ce qu'il nous montre le faux système d'Arnolphe sous une face nouvelle et des plus comiques. Effaroucher, épouvanter une jeune fille qu'il falloit apprivoiser, captiver, séduire ; lui faire peur du mariage, lorsque le mari n'est déja pas trop fait pour lui plaire, étoit assurément le meilleur moyen d'avancer les affaires d'Horace, et ce moyen réussit complétement.

AGNÈS *lit.*

LES MAXIMES DU MARIAGE,

OU

LES DEVOIRS DE LA FEMME MARIÉE,

AVEC SON EXERCICE JOURNALIER. (1)

Première maxime.

Celle qu'un lien honnête
Fait entrer au lit d'autrui,
Doit se mettre dans la tête,
Malgré le train d'aujourd'hui,
Que l'homme qui la prend, ne la prend que pour lui. (2)

---

(1) Molière a probablement pris l'idée de ces *Maximes du mariage*, ou *Devoirs de la femme mariée*, dans *l'Asinaire*, de Plaute, acte IV, scène I. Un certain Diabole, amoureux d'une courtisane nommée Philénie, doit donner vingt mines pour en être le possesseur pendant une année entière. Un parasite, qui a rédigé les clauses du marché, telles qu'elles devront être observées par Philénie, les lit à Diabole, qui approuve la rédaction. La qualité et la situation des deux personnages, dont l'un fait la lecture et dont l'autre l'entend, sont sans doute fort différentes dans Plaute et dans Molière; et le marché par écrit d'un jeune libertin avec une prostituée, sembleroit n'avoir que fort peu de rapport avec les graves instructions données par un barbon à sa future épouse. Mais les ressemblances de détail, les traits communs aux deux écrits sont assez nombreux et assez frappans, pour qu'il soit permis de croire à une imitation qui paroît d'abord peu vraisemblable. Les lecteurs en jugeront.

(2) Que l'homme qui la prend, ne la prend que pour lui.
Le premier article du contrat dressé par le parasite, est que Philénie passera, pendant tout un an, les jours et les nuits avec Diabole. Celui-ci ajoute : *et non avec quelque autre que ce soit.*

Philenium ut secum esset noctes et dies
Hunc annum totum.

DIABOLUS.

Neque cum quiquam alio quidem.

ACTE III, SCÈNE II.

ARNOLPHE.

Je vous expliquerai ce que cela veut dire ; [1]
Mais pour l'heure présente il ne faut rien que lire.

AGNÈS *poursuit.*

Deuxième maxime.

Elle ne se doit parer
Qu'autant que peut desirer
Le mari qui la possède :
C'est lui que touche seul le soin de sa beauté ;
Et pour rien doit être compté
Que les autres la trouvent laide.

Troisième maxime.

Loin ces études d'œillades,
Ces eaux, ces blancs, ces pommades,
Et mille ingrédiens qui font des teints fleuris :
A l'honneur, tous les jours, ce sont drogues mortelles ;
Et les soins de paroître belles
Se prennent peu pour les maris.

Quatrième maxime.

Sous sa coiffe en sortant, comme l'honneur l'ordonne,
Il faut que de ses yeux elle étouffe les coups ;

---

(1) Arnolphe diffère toujours les *explications* avec Agnès, parce que, dans son système, il faut qu'elle ne sache rien pour se conduire honnêtement ; en d'autres termes, qu'elle ignore son devoir pour le bien remplir.

Car, pour bien plaire à son époux,
Elle ne doit plaire à personne. (1)

Cinquième maxime.

Hors ceux dont au mari la visite se rend,
La bonne règle défend
De recevoir aucune ame : (2)
Ceux qui de galante humeur
N'ont affaire qu'à madame,
N'accommodent pas monsieur.

Sixième maxime.

Il faut des présens des hommes
Qu'elle se défende bien ;
Car, dans le siècle où nous sommes,
On ne donne rien pour rien.

---

(1) Sous sa coiffe en sortant, comme l'honneur l'ordonne,
Il faut que de ses yeux elle étouffe les coups ;
Car pour bien plaire à son époux,
Elle ne doit plaire à personne.

Les stipulations rédigées par le parasite portent de même, en plusieurs endroits, que Philénie s'abstiendra, envers tout homme, d'œillades, de signes de tête et de manières agaçantes :

Neque illa ulli homini nutet, nictet, annuat...
Ad eorum ne quem oculos adjiciat suos.

(2) Hors ceux dont au mari la visite se rend,
La bonne règle défend
De recevoir aucune ame.

Alienum hominem intromittat neminem.

« Qu'elle ne reçoive aucun autre homme que son amant. »

Septième maxime.

Dans ses meubles, dût-elle en avoir de l'ennui,
Il ne faut écritoire, encre, papier, ni plumes : ⁽¹⁾
    Le mari doit, dans les bonnes coutumes,
    Écrire tout ce qui s'écrit chez lui.

Huitième maxime.

    Ces sociétés déréglées,
    Qu'on nomme belles assemblées,
Des femmes tous les jours corrompent les esprits :
En bonne politique on les doit interdire ;
    Car c'est là que l'on conspire
    Contre les pauvres maris.

Neuvième maxime.

Toute femme qui veut à l'honneur se vouer
    Doit se défendre de jouer ;
    Comme d'une chose funeste : ⁽²⁾
    Car le jeu, fort décevant,

---

(1)   Dans ses meubles, dût-elle en avoir de l'ennui,
    Il ne faut écritoire, encre, papier, ni plumes.

Ne illi sit cera, ubi facere possit litteras.

« Qu'elle n'ait point de tablettes enduites de cire, sur lesquelles elle
« puisse écrire. »

(2)   Toute femme qui veut à l'honneur se vouer,
    Doit se défendre de jouer,
    Comme d'une chose funeste.

Talos ne cuiquam homini admoveat, nisi tibi.

« Qu'elle ne présente les dés à personne, excepté à son amant. »

Pousse une femme souvent
A jouer de tout son reste.

Dixième maxime.

Des promenades du temps,
Ou repas qu'on donne aux champs,
Il ne faut point qu'elle essaie.
Selon les prudens cerveaux,
Le mari dans ces cadeaux
Est toujours celui qui paie. (1)

Onzième maxime.....

ARNOLPHE.

Vous acheverez seule; et, pas à pas, tantôt
Je vous expliquerai ces choses comme il faut.
Je me suis souvenu d'une petite affaire :
Je n'ai qu'un mot à dire, et ne tarderai guère. (2)

---

(1)   Le mari dans ces cadeaux
     Est toujours celui qui paie.

J'ai déja fait observer ailleurs que, du temps de Molière, *cadeau* ne signifioit pas indistinctement, comme aujourd'hui, don, présent, mais seulement, repas et surtout repas donné à des femmes. Cette dixième maxime en fournit la preuve. Molière, après avoir parlé des *repas qu'on donne aux champs,* ajoute, *ces cadeaux.* — Ces dix maximes, quoique en général elles soient fort piquantes par leur naïveté affectée, sont une lecture un peu longue à faire devant le spectateur; elles suspendent trop long-temps l'action : aussi, à la représentation se borne-t-on à en lire deux ou trois. C'est peut-être pousser un peu trop loin le sacrifice.

(2) Cette *petite affaire* dont Arnolphe se souvient, et dont il ne sera plus question, est un prétexte dont l'auteur a cru avoir besoin pour renvoyer Agnès dans son appartement. Il semble que ce moyen est superflu, et qu'il suffisoit qu'Arnolphe dît à Agnès : *Rentrez.* Au théâtre, si un personnage donne un prétexte, il faut que le public sache que ce n'est qu'un prétexte; autrement, toute chose annoncée doit avoir un résultat.

Rentrez ; et conservez ce livre chèrement.
Si le notaire vient, qu'il m'attende un moment.

SCÈNE III.

ARNOLPHE, seul.

Je ne puis faire mieux que d'en faire ma femme.
Ainsi que je voudrai, je tournerai cette ame ;
Comme un morceau de cire entre mes mains elle est,
Et je lui puis donner la forme qui me plaît.
Il s'en est peu fallu que, durant mon absence,
On ne m'ait attrapé par son trop d'innocence ;
Mais il vaut beaucoup mieux, à dire vérité,
Que la femme qu'on a pèche de ce côté.
De ces sortes d'erreurs le remède est facile.
Toute personne simple aux leçons est docile ;
Et, si du bon chemin on l'a fait écarter, *
Deux mots incontinent l'y peuvent rejeter.
Mais une femme habile est bien une autre bête :
Notre sort ne dépend que de sa seule tête,
De ce qu'elle s'y met, rien ne la fait gauchir ; (1)
Et nos enseignemens ne font là que blanchir :
Son bel esprit lui sert à railler nos maximes,
A se faire souvent des vertus de ses crimes,
Et trouver, pour venir à ses coupables fins,

VARIANTE. * *On la fait écarter.*

―――――――――――――――――――――――

(1) De ce qu'elle s'y met, rien ne la fait gauchir.
On ne dit pas, *gauchir d'une chose*, mais *gauchir*, absolument. D'ailleurs, *gauchir*, au figuré, a toujours un sens défavorable que Molière ne lui donne point ici.

Des détours à duper l'adresse des plus fins.
Pour se parer du coup en vain on se fatigue :
Une femme d'esprit est un diable en intrigue ;
Et, dès que son caprice a prononcé tout bas
L'arrêt de notre honneur, il faut passer le pas :
Beaucoup d'honnêtes gens en pourroient bien que dire. [1]
Enfin mon étourdi n'aura pas lieu d'en rire ;
Par son trop de caquet il a ce qu'il lui faut.
Voilà de nos François l'ordinaire défaut :
Dans la possession d'une bonne fortune,
Le secret est toujours ce qui les importune ;
Et la vanité sotte a pour eux tant d'appas,
Qu'ils se pendroient plutôt que de ne causer pas.
Oh! que les femmes sont du diable bien tentées
Lorsqu'elles vont choisir ces têtes éventées !
Et que... Mais le voici... Cachons-nous toujours bien,
Et découvrons un peu quel chagrin est le sien. [2]

---

(1) Beaucoup d'honnêtes gens en pourroient bien que dire. On préféreroit aujourd'hui et avec raison, ce semble, *en sauroient bien que dire*. *Savoir bien que dire*, ou *quelle chose dire*, est une phrase régulière : *pouvoir bien que dire*, ou *quelle chose dire*, est une phrase inexplicable, même par l'ellipse. Dans le style familier, on dit, *je n'y puis que faire*, et même, *je ne puis que vous dire*, pour, *je ne sais que vous dire* ; mais cette phrase, qui est négative, est un gallicisme fort usité ; au lieu qu'on ne dit jamais affirmativement, *je puis que faire*, et encore moins, *je puis que dire à cela*. En général, le verbe *pouvoir* s'allie mieux avec le verbe *faire*, et le verbe *savoir* avec le verbe *dire* : ce sont des analogies fondées sur la nature des choses et faciles à saisir.

(2) Ce monologue, dans sa totalité, ne tient pas aussi bien à l'action, au sujet, que celui qui termine le premier acte et celui qui commence le second. Ici, Molière semble s'attacher à faire la satire des femmes d'esprit, plus qu'à peindre le fond du cœur d'Arnolphe. A la représentation, on retranche une partie des traits lancés contre la *femme habile*.

SCÈNE IV.

HORACE, ARNOLPHE.

HORACE.

Je reviens de chez vous, et le destin me montre
Qu'il n'a pas résolu que je vous y rencontre. (1)
Mais j'irai tant de fois, qu'enfin quelque moment...

ARNOLPHE.

Hé! mon dieu! n'entrons point dans ce vain compliment:
Rien ne me fâche tant que ces cérémonies;
Et, si l'on m'en croyoit, elles seroient bannies.
C'est un maudit usage; et la plupart des gens
Y perdent sottement les deux tiers de leur temps.

(*Il se couvre.*)

Mettons donc sans façon (2). Hé bien! vos amourettes?

---

(1) Ici, le but de Molière est de justifier, autant qu'il se peut, ces rencontres d'Horace et d'Arnolphe, qui se font toujours dans la rue. Horace est empressé de rendre une visite de politesse à Arnolphe, de qui il a reçu un bon accueil et un bon office; Arnolphe n'ayant pas mis les pieds dans sa propre maison depuis son retour, Horace, qui s'y est présenté plusieurs fois pour le voir, n'a pu l'y trouver. D'après cela, il est assez naturel qu'il le rencontre plusieurs fois de suite dans le voisinage de sa demeure et tout près de celle d'Agnès, c'est-à-dire dans un lieu où Arnolphe se tient presque toujours, et où Horace lui-même peut être attiré par l'espérance d'apercevoir celle qu'il aime.

(2) *Mettons donc sans façon.* Autrefois, pour inviter quelqu'un à mettre son chapeau sur sa tête, on lui disoit simplement, *mettez*, ou *mettez dessus;* on dit aujourd'hui, *couvrez-vous.* — C'est beaucoup de cinq vers pour engager Horace à mettre son chapeau. Il semble qu'Arnolphe, dans sa situation et avec son caractère, devroit en venir tout de suite au fait, et commencer par ces mots: *eh bien! vos amourettes?*

Puis-je, seigneur Horace, apprendre où vous en êtes?
J'étois tantôt distrait par quelque vision;
Mais depuis là-dessus j'ai fait réflexion.
De vos premiers progrès j'admire la vîtesse,
Et dans l'événement mon ame s'intéresse. (1)

HORACE.

Ma foi, depuis qu'à vous s'est découvert mon cœur,
Il est à mon-amour arrivé du malheur.

ARNOLPHE.

Oh! oh! comment cela?

HORACE.

La fortune cruelle
A ramené des champs le patron de la belle.

ARNOLPHE.

Quel malheur!

HORACE.

Et de plus, à mon très-grand regret,
Il a su de nous deux le commerce secret.

ARNOLPHE.

D'où diantre a-t-il sitôt appris cette aventure?

---

(1) Arnolphe, qui tremble toujours que son secret ne se découvre, et qui se reproche sans doute l'humeur impatiente et brusque qu'il n'a pu s'empêcher de laisser apercevoir à Horace, lors de sa première confidence, cherche ici à détourner les soupçons qu'elle a pu lui faire concevoir, en l'attribuant à quelque *vision* qui le préoccupoit. D'ailleurs, il attend une confidence nouvelle qu'il espère bien devoir être aussi pénible à faire pour Horace, que douce à recevoir pour lui-même; et, dans la crainte que ce double sujet de joie ne lui échappe, il cajole Horace, il lui témoigne de l'intérêt, afin de vaincre la répugnance qu'il pourroit avoir à raconter sa déconvenue. Quelle variété, quelle justesse d'intentions dans tout ce rôle d'Arnolphe, disons mieux, dans tous les rôles de cette excellente comédie!

ACTE III, SCÈNE IV.

HORACE.

Je ne sais ; mais enfin c'est une chose sûre.
Je pensois aller rendre, à mon heure à-peu-près ;
Ma petite visite à ses jeunes attraits,
Lorsque, changeant pour moi de ton et de visage,
Et servante et valet m'ont bouché le passage,
Et d'un, « Retirez-vous, vous nous importunez, »
M'ont assez rudement fermé la porte au nez.

ARNOLPHE.

La porte au nez !

HORACE.

Au nez.

ARNOLPHE.

La chose est un peu forte.

HORACE.

J'ai voulu leur parler au travers de la porte ;
Mais à tous mes propos ce qu'ils ont répondu,
C'est, « Vous n'entrerez point, monsieur l'a défendu. »

ARNOLPHE.

Ils n'ont donc point ouvert ?

HORACE.

Non. Et de la fenêtre
Agnès m'a confirmé le retour de ce maître,
En me chassant de là d'un ton plein de fierté,
Accompagné d'un grès que sa main a jeté.

ARNOLPHE.

Comment ! d'un grès ?

HORACE.

D'un grès de taille non petite,
Dont on a par ses mains régalé ma visite.

ARNOLPHE.

Diantre! ce ne sont pas des prunes que cela!
Et je trouve fâcheux l'état où vous voilà.

HORACE.

Il est vrai, je suis mal par ce retour funeste.

ARNOLPHE.

Certes, j'en suis fâché pour vous, je vous proteste.

HORACE.

Cet homme me rompt tout. (1)

ARNOLPHE.

Oui; mais cela n'est rien;
Et de vous raccrocher vous trouverez moyen.

HORACE.

Il faut bien essayer, par quelque intelligence,
De vaincre du jaloux l'exacte vigilance.

ARNOLPHE.

Cela vous est facile; et la fille, après tout,
Vous aime.

HORACE.

Assurément.

---

(1) *Cet homme me rompt tout*, pour, *rompt toutes mes mesures*, ne semble pas très-heureusement exprimé. Du reste, on disoit autrefois, *rompre quelqu'un*, pour dire, l'interrompre, comme dans ce passage de la *Mélite*, de Corneille :

> Tu n'es pas supportable
> De me rompre sitôt.

On disoit même, absolument, *rompre*, dans le sens de s'interrompre soi-même, témoin ce passage d'une autre comédie de Corneille, *la Galerie du Palais* :

> Ne rompez pas pour moi;
> Craignez-vous qu'un ami sache de vos nouvelles?

ACTE III, SCÈNE IV.

ARNOLPHE.

Vous en viendrez à bout.

HORACE.

Je l'espère.

ARNOLPHE.

Le grès vous a mis en déroute;
Mais cela ne doit pas vous étonner. (1)

HORACE.

Sans doute;
Et j'ai compris d'abord que mon homme étoit là,
Qui, sans se faire voir, conduisoit tout cela.
Mais ce qui m'a surpris, et qui va vous surprendre,
C'est un autre incident que vous allez entendre;
Un trait hardi qu'a fait cette jeune beauté,
Et qu'on n'attendroit point de sa simplicité.
Il le faut avouer, l'amour est un grand maître :
Ce qu'on ne fut jamais il nous enseigne à l'être; (2)
Et souvent de nos mœurs l'absolu changement
Devient par ses leçons l'ouvrage d'un moment.
De la nature en nous il force les obstacles,
Et ses effets soudains ont de l'air des miracles.

---

(1) Comme Arnolphe, si abattu, si consterné, quand la chance lui est contraire, triomphe insolemment, dès qu'il croit qu'elle lui est favorable! Quelle ironie maligne et cruelle dans toutes ces fausses marques d'intérêt qu'il prodigue à Horace! Ceci est à la fois de caractère et de situation. Par ses airs avantageux et insultans, il nous dispose d'autant mieux à rire des contorsions et des grimaces douloureuses, que va lui arracher la suite d'un récit, qui a si bien commencé pour lui, et qui doit finir si mal.

(2)   Il le faut avouer, l'amour est un grand maître :
    Ce qu'on ne fut jamais il nous enseigne à l'être.

Corneille a dit, dans *la Suite du Menteur :*

    L'amour est un grand maître, il instruit tout d'un coup.

D'un avare à l'instant il fait un libéral,
Un vaillant d'un poltron, un civil d'un brutal;
Il rend agile à tout l'ame la plus pesante, (1)
Et donne de l'esprit à la plus innocente. (2)
Oui, ce dernier miracle éclate dans Agnès;
Car, tranchant avec moi par ces termes exprès :
« Retirez-vous, mon ame aux visites renonce,
« Je sais tous vos discours, et voilà ma réponse, »
Cette pierre ou ce grès dont vous vous étonniez
Avec un mot de lettre est tombée à mes pieds; (3)
Et j'admire de voir cette lettre ajustée
Avec le sens des mots, et la pierre jetée. (4)

---

(1) Il rend agile à tout l'ame la plus pesante.
On ne dit pas ordinairement, *être agile à quelque chose*. *Agile* ne s'emploie guère qu'absolument.

(2) Cette charmante tirade sur les changemens soudains que l'amour opère en nous, étoit nécessaire pour nous préparer à voir Agnès, cette Agnès jusque-là si simple et si ingénue, tromper si adroitement l'homme défiant et rusé qui se croit le maître absolu de ses actions et même de ses pensées. Cette précaution de l'auteur n'a pu prévenir les reproches des inflexibles censeurs de son ouvrage. Ils ont mis tout leur esprit à prouver qu'Agnès ne devoit pas en montrer tant, après en avoir montré si peu; et, pour mieux fonder leur critique, ils ont représenté faussement l'Agnès des deux premiers actes comme une idiote, une imbécille. Ignorante et naïve, voilà tout ce qu'elle est : son éducation l'a privée de lumières; mais la nature ne l'a pas rendue inhabile à en recevoir, et elle est de celles que l'amour doit éclairer en très-peu d'instans.

(3) Cette pierre, ou ce grès, dont vous vous étonniez,
Avec un mot de lettre est tombée à mes pieds.
Ce grès étant le dernier substantif exprimé, c'est à lui que se rapporte le participe, et avec lui qu'il devroit s'accorder; il faudroit, *tombé*, et non pas, *tombée*. C'est une légère faute.

(4) Et j'admire de voir cette lettre ajustée
Avec le sens des mots, et la pierre jetée.
Ces deux vers n'ont pas toute la clarté desirable, et cela vient sans doute

D'une telle action n'êtes-vous pas surpris?
L'amour sait-il pas l'art d'aiguiser les esprits?(1)
Et peut-on me nier que ses flammes puissantes
Ne fassent dans un cœur des choses étonnantes?
Que dites-vous du tour et de ce mot d'écrit?
Euh! n'admirez-vous point cette adresse d'esprit?
Trouvez-vous pas plaisant de voir quel personnage
A joué mon jaloux dans tout ce badinage?
Dites.

ARNOLPHE.

Oui, fort plaisant.

HORACE.

Riez-en donc un peu.

(*Arnolphe rit d'un air forcé.*)

Cet homme, gendarmé d'abord contre mon feu,
Qui chez lui se retranche, et de grès fait parade,
Comme si j'y voulois entrer par escalade; *
Qui, pour me repousser, dans son bizarre effroi,
Anime du dedans tous ses gens contre moi;
Et qu'abuse à ses yeux, par sa machine même,
Celle qu'il veut tenir dans l'ignorance extrême!
Pour moi, je vous l'avoue, encor que son retour

VARIANTE. * *Monter par escalade.*

---

de ce mot *ajustée*, qui sert à exprimer deux choses fort différentes, l'une, que l'envoi de la lettre *s'accordoit* avec ce qu'a dit Agnès en la jetant; l'autre, que la lettre *étoit attachée* à la pierre.

(1)   L'amour sait-il pas l'art d'aiguiser les esprits?
Sait-il pas, pour, *ne sait-il pas?* Trois vers au-dessous: *trouvez-vous pas plaisant?* Je ne remarquerai plus cette licence, du moins dans cette pièce.

En un grand embarras jette ici mon amour,
Je tiens cela plaisant, autant qu'on sauroit dire :
Je ne puis y songer sans de bon cœur en rire ;
Et vous n'en riez pas assez, à mon avis.

   ARNOLPHE, *avec un ris forcé.*

Pardonnez-moi, j'en ris tout autant que je puis. (1)

   HORACE.

Mais il faut qu'en ami je vous montre la lettre. *
Tout ce que son cœur sent, sa main a su l'y mettre, (2)
Mais en termes touchans et tout pleins de bonté,
De tendresse innocente et d'ingénuité,
De la manière enfin que la pure nature
Exprime de l'amour la première blessure.

   ARNOLPHE, *bas, à part.*

Voilà, friponne, à quoi l'écriture te sert ;
Et, contre mon dessein, l'art t'en fut découvert. (3)

VARIANTE. * *Je vous montre sa lettre.*

---

(1) Tout ce qu'une passion folle et une situation ridicule peuvent faire souffrir à un homme, Arnolphe le souffre en ce moment : c'est une véritable torture. Sans le savoir, Horace est son bourreau ; et, quand il ne fait que détailler, avec une gaité fort innocente, tout ce qu'il sait et tout ce qu'il suppose de l'aventure, on diroit qu'il se plait à varier et à prolonger le supplice du malheureux Arnolphe, qui, loin d'oser se plaindre, est forcé de rire ou d'en faire semblant. Quel tableau ! quelle leçon !

(2)   Tout ce que son cœur sent, sa main a su l'y mettre.
Ce vers, tout de monosyllabes, et où l'on trouve *ce, son, sent, sa, su,* est un vers bien sifflant.

(3) Il est certain que l'écriture devoit être exclue du système d'éducation qu'Arnolphe avoit prescrit pour Agnès, et il fait très-bien de nous apprendre ici que c'est *contre son dessein* qu'on la lui a enseignée. De Vil-

ACTE III, SCÈNE IV.

HORACE *lit.*

Je veux vous écrire, et je suis bien en peine par où je m'y prendrai. J'ai des pensées que je desirerois que vous sussiez; mais je ne sais comment faire pour vous les dire, et je me défie de mes paroles. Comme je commence à connoître qu'on m'a toujours tenue dans l'ignorance, j'ai peur de mettre quelque chose qui ne soit pas bien, et d'en dire plus que je ne devrois. En vérité, je ne sais ce que vous m'avez fait; mais je sens que je suis fâchée à mourir de ce qu'on me fait faire contre vous, que j'aurai toutes les peines du monde à me passer de vous, et que je serois bien aise d'être à vous. Peut-être qu'il y a du mal à dire cela; mais enfin je ne puis m'empêcher de le dire, et je voudrois que cela se pût faire sans qu'il y en eût. On me dit fort que tous les jeunes hommes sont des trompeurs, qu'il ne les faut point écouter, et que tout ce que vous me dites, n'est que pour m'abuser; mais je vous assure que je n'ai pu encore me figurer cela de vous, et je suis si touchée de vos paroles, que je ne saurois croire qu'elles soient menteuses. Dites-moi franchement ce qui en est; car enfin, comme je suis sans malice, vous auriez le plus

---

liers, l'auteur d'une critique de *l'École des Femmes*, intitulée *Zélinde*, prétend qu'Arnolphe n'en doit pas être quitte pour dire cela. « Il n'est « pas vraisemblable, dit-il, qu'on lui eût appris à écrire sans qu'il le sût; « et, comme il la faisoit élever à ses dépens, il devoit savoir si on lui comp- « toit les mois d'un maître écrivain ou d'une maîtresse; car ces sortes de « gens ne laissent point passer plusieurs années sans demander de l'ar- « gent. » J'ai cru qu'on ne seroit pas fâché de voir ce petit échantillon de la solidité et de la finesse des critiques de ces messieurs.

3. 7

*grand tort du monde, si vous me trompiez; et je pense
que j'en mourrois de déplaisir.* (1)

ARNOLPHE, *à part.*

Hon! chienne!

HORACE.

Qu'avez-vous?

ARNOLPHE.

Moi? rien. C'est que je tousse.

HORACE.

Avez-vous jamais vu d'expression plus douce?
Malgré les soins maudits d'un injuste pouvoir,
Un plus beau naturel peut-il se faire voir?
Et n'est-ce pas sans doute un crime punissable,
De gâter méchamment ce fond d'ame admirable;
D'avoir, dans l'ignorance et la stupidité,
Voulu de cet esprit étouffer la clarté?
L'amour a commencé d'en déchirer le voile;
Et si, par la faveur de quelque bonne étoile,
Je puis, comme j'espère, à ce franc animal,
Ce traître, ce bourreau, ce faquin, ce brutal...

ARNOLPHE.

Adieu.

---

(1) Je me plais à citer, dans l'examen de cette pièce, le jugement de La Harpe, qui en a parfaitement senti et développé le mérite. « La lettre « qu'Agnès écrit à Horace, dit-il, est admirable; ce n'est autre chose « que le premier instinct, le premier aperçu d'une ame neuve et sensible, « et la manière dont elle parle de son ignorance, fait voir que cette igno- « rance n'est chez elle qu'un défaut d'éducation, et nullement un défaut « d'esprit, et que, si on ne lui a rien appris, on n'a pas pu du moins « en faire une sotte. »

ACTE III, SCÈNE IV.

HORACE.

Comment! si vîte?

ARNOLPHE.

Il m'est dans la pensée
Venu tout maintenant une affaire pressée.

HORACE.

Mais ne sauriez-vous point, comme on la tient de près,
Qui dans cette maison pourroit avoir accès?
J'en use sans scrupule; et ce n'est pas merveille
Qu'on se puisse, entre amis, servir à la pareille. (1)
Je n'ai plus là-dedans que gens pour m'observer;
Et servante et valet, que je viens de trouver,
N'ont jamais, de quelque air que je m'y sois pu prendre, (2)
Adouci leur rudesse à me vouloir entendre.
J'avois pour de tels coups certaine vieille en main,
D'un génie, à vrai dire, au-dessus de l'humain:
Elle m'a dans l'abord servi de bonne sorte;
Mais, depuis quatre jours, la pauvre femme est morte.
Ne me pourriez-vous point ouvrir quelque moyen?

---

(1) Qu'on se puisse, entre amis, servir à la pareille.
On ne dit pas ordinairement, *servir à la pareille*, pour dire, servir à la charge d'autant, à charge de revanche. *A la pareille*, s'emploie absolument, pour signifier, je vous rendrai la pareille, comme dans cette phrase: *si vous me faites ce plaisir, à la pareille*.

(2) N'ont jamais, de quelque air que je m'y sois pu prendre.
Que je m'y sois pu prendre, est un barbarisme. *S'y prendre*, comme verbe pronominal réfléchi, a pour auxiliaire le verbe *être*; ainsi l'on dit, *je m'y suis pris de cette façon; de quelque façon que je m'y sois pris*. Mais l'auxiliaire nécessaire du verbe *pouvoir* étant le verbe *avoir*, on ne doit pas dire: *je m'y suis pu prendre*, pour, *j'ai pu m'y prendre*, ni, par conséquent, *que je m'y sois pu prendre*, au lieu de, *que j'aie pu m'y prendre*.

7.

ARNOLPHE.

Non, vraiment; et sans moi vous en trouverez bien.

HORACE.

Adieu donc. Vous voyez ce que je vous confie. (1)

SCÈNE V.

ARNOLPHE, *seul.*

Comme il faut devant lui que je me mortifie!
Quelle peine à cacher mon déplaisir cuisant!
Quoi! pour une innocente un esprit si présent!
Elle a feint d'être telle à mes yeux, la traîtresse,
Ou le diable à son ame a soufflé cette adresse.
Enfin me voilà mort par ce funeste écrit.
Je vois qu'il a, le traître, empaumé son esprit,
Qu'à ma suppression il s'est ancré chez elle; (2)
Et c'est mon désespoir et ma peine mortelle.

---

(1) Nous venons de lire dans cette scène le deuxième récit qu'Horace fait à Arnolphe, et il doit lui en faire deux encore. Ajoutons qu'Agnès lui en a fait aussi un de son côté. On ne pouvoit pas manquer de dire, d'après cela, que la pièce étoit sans action, et que tout s'y passoit en récits. On peut voir, dans *la Critique de l'École des Femmes*, comment Molière, après avoir rabattu de ce reproche ce qu'il a d'exagéré, non-seulement se justifie de ce qui en reste, mais encore y trouve un juste sujet d'éloge pour lui-même.

(2)   Qu'à ma suppression il s'est ancré chez elle.

A ma suppression, pour dire, en me supplantant: l'expression n'est rien moins qu'heureuse. Molière eût pu mettre, *à mon exclusion*, façon de parler qui étoit en usage de son temps, comme le prouvent ces deux vers de *Don Bernard de Cabrère*, tragi-comédie de Rotrou:

  Vous pouvez, amiral, je vous le dis encor,
  A mon exclusion, prétendre à Léonor.

ACTE III, SCÈNE V.

Je souffre doublement dans le vol de son cœur ;
Et l'amour y pâtit aussi-bien que l'honneur.
J'enrage de trouver cette place usurpée,
Et j'enrage de voir ma prudence trompée.
Je sais que, pour punir son amour libertin,
Je n'ai qu'à laisser faire à son mauvais destin,
Que je serai vengé d'elle par elle-même :
Mais il est bien fâcheux de perdre ce qu'on aime.
Ciel ! puisque pour un choix j'ai tant philosophé,
Faut-il de ses appas m'être si fort coiffé !
Elle n'a ni parens, ni support, ni richesse ;
Elle trahit mes soins, mes bontés, ma tendresse :
Et cependant je l'aime, après ce lâche tour,
Jusqu'à ne me pouvoir passer de cet amour.
Sot, n'as-tu point de honte ? Ah ! je crève, j'enrage,
Et je souffletterois mille fois mon visage.
Je veux entrer un peu, mais seulement pour voir
Quelle est sa contenance après un trait si noir.
Ciel, faites que mon front soit exempt de disgrace ;
Ou bien, s'il est écrit qu'il faille que j'y passe,
Donnez-moi tout au moins, pour de tels accidens,
La constance qu'on voit à de certaines gens ! (1)

---

(1) Ce monologue est fort préférable à celui qui précède ; il est beaucoup plus en situation. Ici, Arnolphe est bien passionné, bien souffrant ; il est en proie à tous les tourmens que font endurer l'amour et l'orgueil offensés.

Arnolphe a jusqu'à huit monologues, qui, presque tous, sont d'une longueur considérable : celui-ci est de trente-un vers, et il y en a un de trente-quatre dans l'acte suivant. D'après la constitution de cette singulière comédie, les monologues étoient inévitables. Puisque Arnolphe a successivement pour interlocuteurs des personnages qui ne doivent pas se rencontrer ensemble, il faut bien qu'un intervalle quelconque, rempli par lui seul, sépare sa conversation avec celui-ci de son entretien avec celui-là. D'un autre côté, il est assez naturel qu'un homme, agité, comme il l'est, par une violente passion et par des contrariétés sans cesse renaissantes, exhale tout haut, quand il est seul, les sentimens dont son ame est oppressée. Mais cet effet d'une préoccupation profonde, ne doit consister qu'en exclamations, tout au plus en quelques phrases vives, courtes et, s'il se peut, décousues. On peut donc reprocher à Molière d'avoir donné trop d'étendue et de suite aux nombreux monologues de *l'École des Femmes*. Les à-parté d'Arnolphe sont encore plus fréquens que ses monologues, et le sont par une cause qui tient de même à la constitution du sujet. Arnolphe étant toujours obligé de cacher ses vrais sentimens à ses principaux interlocuteurs, tels qu'Horace et Agnès, souvent le public ne pourroit que les supposer, s'il ne les lui faisoit connoître par des à-parté. Les à-parté sont, en général, beaucoup moins vraisemblables que les monologues : ils sont une véritable concession faite à l'art aux dépens de la nature. Dans un monologue, le personnage occupant seul la scène, rien n'empêche qu'il n'énonce à haute voix ses pensées les plus secrètes; mais, dans un à-parté, il les profère en présence des autres personnages, sous la condition purement fictive qu'elles ne seront pas entendues par eux, tandis qu'elles le seront par le public. On ne doit donc user d'un pareil moyen qu'avec une extrême sobriété, et les à-parté, plus encore que les monologues, doivent être courts et rapides. Cependant Arnolphe en a de six, de huit et même de douze vers.

FIN DU TROISIÈME ACTE.

ACTE IV.

SCÈNE PREMIÈRE.

ARNOLPHE.

J'ai peine, je l'avoue, à demeurer en place,
Et de mille soucis mon esprit s'embarrasse,
Pour pouvoir mettre un ordre et dedans et dehors,
Qui du godelureau rompe tous les efforts.
De quel œil la traîtresse a soutenu ma vue !
De tout ce qu'elle a fait elle n'est point émue ;
Et, bien qu'elle me mette à deux doigts du trépas,
On diroit, à la voir, qu'elle n'y touche pas.
Plus, en la regardant, je la voyois tranquille,
Plus je sentois en moi s'échauffer une bile ; (1)
Et ces bouillans transports, dont s'enflammoit mon cœur,
Y sembloient redoubler mon amoureuse ardeur.
J'étois aigri, fâché, désespéré contre elle ;
Et cependant jamais je ne la vis si belle,

---

(1).   Plus je sentois en moi s'échauffer une bile.
On ne doit pas plus dire, *je sentois une bile s'échauffer en moi*, que *je sentois un sang s'allumer, bouillonner dans mes veines.* On dit, *mon sang, ma bile.*

Jamais ses yeux aux miens n'ont paru si perçans, (1)
Jamais je n'eus pour eux des desirs si pressans;
Et je sens là-dedans qu'il faudra que je crève,
Si de mon triste sort la disgrace s'achève.
Quoi! j'aurai dirigé son éducation
Avec tant de tendresse et de précaution;
Je l'aurai fait passer chez moi dès son enfance,
Et j'en aurai chéri la plus tendre espérance; (2)
Mon cœur aura bâti sur ses attraits naissans,
Et cru la mitonner pour moi durant treize ans,
Afin qu'un jeune fou dont elle s'amourache
Me la vienne enlever jusque sur la moustache, (3)
Lorsqu'elle est avec moi mariée à demi!
Non, parbleu! non, parbleu! Petit sot, mon ami,
Vous aurez beau tourner, ou j'y perdrai mes peines,
Ou je rendrai, ma foi, vos espérances vaines,

---

(1)   Et cependant jamais je ne la vis si belle,
          Jamais ses yeux aux miens n'ont paru si perçans.

Jamais je ne la vis... et jamais ses yeux n'ont paru... Ce changement de prétérit est une légère incorrection.

(2)   Et j'en aurai chéri la plus tendre espérance.

Ce vers sent un peu le jargon; il n'est pas exempt d'obscurité et de prétention. On peut demander ce que c'est que *chérir la plus tendre espérance d'une chose*. Cette chose d'ailleurs n'est point exprimée, et *en* ne se rapporte à rien.

(3)   Me la vienne enlever jusque sur la moustache.

Beaucoup de personnes disent, *sous la moustache*, et elles ont tort; elles dénaturent ou du moins affoiblissent le sens de cette expression proverbiale. La moustache étant très-voisine de l'œil, prendre quelque chose à quelqu'un sur sa moustache, c'est prendre ce qui est placé immédiatement sous ses yeux. On dit, dans le même sens, mais moins énergiquement, *faire* ou *prendre quelque chose à la barbe de quelqu'un*.

Et de moi tout-à-fait vous ne vous rirez point. (1)

SCÈNE II.

UN NOTAIRE, ARNOLPHE.

LE NOTAIRE.

Ah! le voilà! Bonjour. Me voici tout à point
Pour dresser le contrat que vous souhaitez faire.

ARNOLPHE, *se croyant seul, et sans voir ni entendre le notaire.*

Comment faire?

LE NOTAIRE.

Il le faut dans la forme ordinaire.

ARNOLPHE, *se croyant seul.*

A mes précautions je veux songer de près.

LE NOTAIRE.

Je ne passerai rien contre vos intérêts.

ARNOLPHE, *se croyant seul.*

Il se faut garantir de toutes les surprises.

LE NOTAIRE.

Suffit qu'entre mes mains vos affaires soient mises.
Il ne vous faudra point, de peur d'être déçu,
Quittancer le contrat que vous n'ayez reçu.

---

(1) Ce monologue est encore supérieur à celui qui termine le troisième acte. La passion d'Arnolphe s'accroît à chaque contrariété, à chaque disgrace nouvelle. Il avoit quitté la scène, *seulement pour voir quelle contenance avoit Agnès après un trait si noir; il revient pour dire que jamais il ne la vit si belle.* Le pauvre Arnolphe n'a plus qu'un pas à faire pour en être au délire, et nous l'y verrons bientôt arriver.

ARNOLPHE, *se croyant seul.*

J'ai peur, si je vais faire éclater quelque chose,
Que de cet incident par la ville on ne cause.

LE NOTAIRE.

Hé bien! il est aisé d'empêcher cet éclat,
Et l'on peut en secret faire votre contrat.

ARNOLPHE, *se croyant seul.*

Mais comment faudra-t-il qu'avec elle j'en sorte?

LE NOTAIRE.

Le douaire se règle au bien qu'on vous apporte. (1)

ARNOLPHE, *se croyant seul.*

Je l'aime, et cet amour est mon grand embarras.

LE NOTAIRE.

On peut avantager une femme en ce cas.

ARNOLPHE, *se croyant seul.*

Quel traitement lui faire en pareille aventure?

LE NOTAIRE.

L'ordre est que le futur doit douer la future
Du tiers du dot qu'elle a * (2) ; mais cet ordre n'est rien,

VARIANTE. * *Du tiers de dot qu'elle a.*

---

(1) Le douaire se règle au bien qu'on vous apporte.
On disoit anciennement, *se régler à une chose, régler une chose à une autre.* Voir *Don Garcie de Navarre*, tome 2, page 154, note 1. On dit aujourd'hui, *régler, se régler sur.*

(2) L'ordre est que le futur doit douer la future
Du tiers du dot qu'elle a.
Thomas Corneille, dans ses notes sur les *Remarques* de Vaugelas, nous apprend que beaucoup de personnes, se fondant sur l'autorité de Perrot d'Ablancourt et de Vaugelas lui-même, disoient, *un dot,* pour, *une dot.*

Et l'on va plus avant lorsque l'on le veut bien.

ARNOLPHE, *se croyant seul.*

Si...

(*Il aperçoit le notaire.*)

LE NOTAIRE.

Pour le préciput, il les regarde ensemble. (1)
Je dis que le futur peut, comme bon lui semble,
Douer la future.

ARNOLPHE.

Hé?

LE NOTAIRE.

Il peut l'avantager
Lorsqu'il l'aime beaucoup et qu'il veut l'obliger;
Et cela par douaire, ou préfix qu'on appelle,
Qui demeure perdu par le trépas d'icelle;
Ou sans retour, qui va de ladite à ses hoirs;
Ou coutumier, selon les différens vouloirs;
Ou par donation dans le contrat formelle,

Depuis long-temps, c'est un barbarisme. L'éditeur de 1734, voulant le corriger, a mis, *du tiers de dot qu'elle a*: c'étoit substituer à une espèce d'archaïsme une faute véritable. *Que* ne pouvant se rapporter qu'au nom qui est précédé de l'article défini, c'est-à-dire au mot *tiers; le tiers de dot qu'elle a*, signifieroit qu'elle a un tiers de dot, tandis que l'auteur veut dire qu'elle a une dot dont le tiers lui sera donné en douaire. Il falloit nécessairement, *du tiers de la dot qu'elle a.*

(1) Le *préciput* est un avantage que l'on stipule, par le contrat de mariage, en faveur du survivant des conjoints, et qui se prend sur la communauté, avant le partage des biens, comme l'indique le mot, qui vient de *præcipere*, prendre d'avance.

Qu'on fait ou pure et simple*, ou qu'on fait mutuelle. (1)
Pourquoi hausser le dos ? Est-ce qu'on parle en fat,
Et que l'on ne sait pas les formes d'un contrat ?
Qui me les apprendra ? Personne, je présume.
Sais-je pas qu'étant joints on est par la coutume
Communs en meubles, biens, immeubles et conquêts,
A moins que par un acte on y renonce exprès ? ** (2)
Sais-je pas que le tiers du bien de la future
Entre en communauté pour ?...

VARIANTES. * *Qu'on fait ou pure ou simple.* — ** *On n'y renonce exprès.*

---

(1)   Et cela par douaire, ou préfix qu'on appelle,
        Qui demeure perdu par le trépas d'icelle,
        Ou sans retour, qui va de ladite à ses hoirs,
        Ou coutumier, selon les différens vouloirs,
        Ou par donation dans le contrat formelle,
        Qu'on fait ou pure et simple, ou qu'on fait mutuelle.

Molière exprime, dans ces six vers, avec une précision et une clarté admirable, tout ce que les lois alors en vigueur autorisoient concernant les douaires et les donations entre époux. Le *douaire préfix* étoit celui qu'on avoit réglé d'avance par une convention, suivant laquelle il devoit revenir au mari en cas de mort de la femme, autrement *demeurer perdu par le trépas d'icelle*, ou bien ne pas revenir au mari, ce qu'expriment les mots *sans retour*, et *aller de ladite à ses hoirs*, c'est-à-dire passer aux héritiers de la femme. Le *douaire coutumier* étoit celui qui étoit déterminé par la coutume à défaut de convention. La donation par contrat étoit *pure et simple* ou *mutuelle*, c'est-à-dire qu'elle n'étoit stipulée qu'en faveur d'un seul des deux époux, soit le mari, soit la femme, ou qu'elle l'étoit au profit de celui des deux, quel qu'il fût, qui survivoit à l'autre.

Qu'on fait ou pure et simple, ou qu'on fait mutuelle.

L'exactitude grammaticale vouloit que Molière écrivît, *qu'on fait pure et simple, ou qu'on fait mutuelle*, ou bien, *qu'on fait ou pure et simple ou mutuelle*. L'une des deux conjonctions alternatives, ou l'un des deux verbes est évidemment de trop.

(2)   A moins que par un acte on y renonce exprès.
Voir *le Dépit amoureux*, page 181, note 3.

ACTE IV, SCÈNE II.

ARNOLPHE.
                    Oui, c'est chose sûre,
Vous savez tout cela; mais qui vous en dit mot?

LE NOTAIRE.
Vous, qui me prétendez faire passer pour sot,
En me haussant l'épaule et faisant la grimace.

ARNOLPHE.
La peste soit fait l'homme *, et sa chienne de face! (1)
Adieu. C'est le moyen de vous faire finir.

LE NOTAIRE.
Pour dresser un contrat m'a-t-on pas fait venir?

ARNOLPHE.
Oui, je vous ai mandé; mais la chose est remise,
Et l'on vous mandera quand l'heure sera prise.
Voyez quel diable d'homme avec son entretien!

LE NOTAIRE, *seul.*
Je pense qu'il en tient; et je crois penser bien. (2)

VARIANTE. * *La peste soit de l'homme.*

---

(1)   La peste soit fait l'homme, et sa chienne de face.
On diroit aujourd'hui, *la peste soit de l'homme.* L'éditeur de 1734 s'est permis de faire cette correction; mais il a laissé le second hémistiche tel qu'il est dans Molière, et il en résulte une faute. Il faudroit, grammaticalement, *la peste soit de l'homme et de sa chienne de face!*

(2) A juger rigoureusement cette scène, on peut lui reprocher à la fois de pécher contre la vraisemblance, et d'être un véritable hors-d'œuvre. Le notaire n'arrive que pour être renvoyé, et il s'en va pour ne plus reparoître. C'est un de ces personnages inutiles à l'action, dont les auteurs n'ont que trop souvent besoin. Molière semble avoir manqué de matière pour son quatrième acte. La seule scène qui, dans cet acte, tienne réellement au sujet, c'est celle où Horace vient, pour la troisième fois, faire ses confidences à Arnolphe, et malheureusement la combinaison de l'intrigue ne permet pas que ce troisième récit soit aussi long, aussi riche que les autres en détails comiques. Pour remplir cet acte si vide, Molière

SCÈNE III.

LE NOTAIRE, ALAIN, GEORGETTE.

LE NOTAIRE, *allant au-devant d'Alain et de Georgette.* M'êtes-vous pas venu querir pour votre maître ?

---

n'a rien imaginé de mieux que de faire venir d'abord le notaire, à qui Arnolphe dit que le contrat pour lequel il l'a mandé, est remis, et ensuite Chrysalde, à qui il dit que le souper auquel il l'a invité, n'aura pas lieu. Ces deux scènes, dont le fond est si uniforme et si borné, eussent été d'une bien foible ressource, si Molière n'eût trouvé dans l'admirable fécondité de son génie de quoi les diversifier et les étendre : ne pouvant tirer d'elles-mêmes des développemens dont elles ne renfermoient pas le germe, il les a du moins enrichies de jeux de théâtre ou de détails accessoires qui en déguisent la nullité. Il reste à examiner si la vérité dramatique n'est pas trop blessée par ce singulier dialogue qui commence la scène entre Arnolphe et le notaire. Les censeurs de la pièce condamnoient la scène, en disant qu'*Arnolphe n'entend pas ce qu'on lui dit*, et que *le notaire répond à ce qu'il n'entend pas*. La seconde partie de cette critique est fausse ; il n'est pas vrai, comme ils le prétendoient, qu'Arnolphe *parle en lui-même;* ses phrases ne sont point des à-parté, elles sont une suite de son monologue ; il se croit toujours seul, et continue de parler haut. Mais, comme le notaire aussi parle haut et long-temps, il est, en effet, extraordinaire qu'Arnolphe ne l'entende pas. Il est plus extraordinaire encore que, ne l'entendant pas, il reprenne justement la parole quand le notaire a cessé de parler, et cela sept ou huit fois de suite. Enfin, il est inconcevable que ses discours cadrent autant de fois avec ceux du notaire, de manière à paroître alternativement des questions et des réponses, comme dans une conversation où les deux interlocuteurs s'entendroient. Ce jeu de théâtre, emprunté par Molière aux comiques italiens, a été fort perfectionné par lui sans doute ; mais trop d'invraisemblances, on pourroit dire trop d'impossibilités, y sont rassemblées, pour qu'il puisse produire la moindre illusion. Tel est cependant, au théâtre, le charme de tout ce qui est méprise, quiproquo, que la scène d'Arnolphe et du notaire étoit une de celles qui, dans la nouveauté, excitoient le plus l'affluence et l'admiration des spectateurs.

ACTE IV, SCÈNE IV.

ALAIN.

Oui.

LE NOTAIRE.

J'ignore pour qui vous le pouvez connoître; *(1)
Mais allez de ma part lui dire de ce pas,
Que c'est un fou fieffé.

GEORGETTE.

Nous n'y manquerons pas.

SCÈNE IV.

ARNOLPHE, ALAIN, GEORGETTE.

ALAIN.

Monsieur...

ARNOLPHE.

Approchez-vous; vous êtes mes fidèles,
Mes bons, mes vrais amis, et j'en sais des nouvelles.

ALAIN.

Le notaire...

VARIANTE. * *J'ignore pour qui; vous le pouvez connoîtres*

---

(1)   ... J'ignore pour qui vous le pouvez connoître.
L'édition de Bret et toutes celles qui ont paru depuis, ponctuent le vers de cette manière :

... J'ignore pour qui; vous le pouvez connoître.

Suivant cette leçon, *j'ignore pour qui*, signifieroit, d'après ce qui précède, j'ignore pour qui vous m'êtes venu quérir, ce qui n'a pas de sens, puisque le notaire sait bien et dit lui-même qu'Alain et Georgette sont venus le chercher pour leur maître, et que, d'ailleurs, on l'a vu, au commencement de la scène précédente, aborder Arnolphe en homme qui le connoît parfaitement. Le vers, tel que je l'ai rétabli, a un sens clair et tout-à-fait raisonnable.

ARNOLPHE.

Laissons, c'est pour quelque autre jour.
On veut à mon honneur jouer d'un mauvais tour;
Et quel affront pour vous, mes enfans, pourroit-ce être,
Si l'on avoit ôté l'honneur à votre maître!
Vous n'oseriez après paroître en nul endroit;
Et chacun, vous voyant, vous montreroit au doigt.
Donc, puisqu'autant que moi l'affaire vous regarde,
Il faut de votre part faire une telle garde,
Que ce galant ne puisse en aucune façon... (1)

GEORGETTE.

Vous nous avez tantôt montré notre leçon.

ARNOLPHE.

Mais à ses beaux discours gardez bien de vous rendre.

ALAIN.

Oh vraiment!...

GEORGETTE.

Nous savons comme il faut s'en défendre.

ARNOLPHE.

S'il venoit doucement : Alain, mon pauvre cœur,
Par un peu de secours soulage ma langueur!

ALAIN.

Vous êtes un sot.

---

(1) N'est-il pas bien plaisant qu'Arnolphe veuille persuader à ces pauvres paysans, qu'il y va de leur honneur à ce qu'Agnès reste en son pouvoir, et que *l'affaire les regarde autant que lui?* Juste conséquence et première punition d'une passion extravagante, qui vous condamne à ne plus dire que des mensonges ou des absurdités! Ce rôle d'Arnolphe est, d'un bout à l'autre, une admirable création.

ACTE IV, SCÈNE IV.

ARNOLPHE.

(à Georgette.)

Bon. Georgette, ma mignonne,
Tu me parois si douce et si bonne personne.

GEORGETTE.

Vous êtes un nigaud.

ARNOLPHE.

(à Alain.)

Bon. Quel mal trouves-tu
Dans un dessein honnête et tout plein de vertu ?

ALAIN.

Vous êtes un fripon.

ARNOLPHE.

(à Georgette.)

Fort bien. Ma mort est sûre,
Si tu ne prends pitié des peines que j'endure.

GEORGETTE.

Vous êtes un bénêt, un impudent.

ARNOLPHE.

Fort bien.

(à Alain.)

Je ne suis pas un homme à vouloir rien pour rien ;
Je sais, quand on me sert, en garder la mémoire :
Cependant, par avance, Alain, voilà pour boire ;
Et voilà pour t'avoir, Georgette, un cotillon.

(Ils tendent tous deux la main, et prennent l'argent.)

Ce n'est de mes bienfaits qu'un simple échantillon.

Toute la courtoisie enfin dont je vous presse, (1)
C'est que je puisse voir votre belle maîtresse.

GEORGETTE, *le poussant.*

A d'autres.

ARNOLPHE.

Bon cela.

ALAIN, *le poussant.*

Hors d'ici.

ARNOLPHE.

Bon.

GEORGETTE, *le poussant.*

Mais tôt.

ARNOLPHE.

Bon. Holà! c'est assez.

GEORGETTE.

Fais-je pas comme il faut?

ALAIN.

Est-ce de la façon que vous voulez l'entendre?

ARNOLPHE.

Oui, fort bien, hors l'argent qu'il ne falloit pas prendre. (2)

---

(1) Toute la courtoisie enfin dont je vous presse.
C'est-à-dire, tout le service que je vous presse de me rendre, toute la faveur que je sollicite de vous; c'est une expression négligée et peu claire qu'Alain et Georgette pourroient bien ne pas comprendre.

(2) Dans une farce italienne, intitulée *Pantalon jaloux*, Pantalon ordonne à ses valets de fermer sa porte au Docteur, et même de le battre, s'il persiste à vouloir entrer. Pour voir comme ils s'en acquitteront, il leur dit de supposer qu'il est le Docteur. La supposition va si loin que, lorsqu'il fait mine de forcer le passage, ils lui donnent tout de bon des

GEORGETTE.

Nous ne nous sommes pas souvenus de ce point.

ALAIN.

Voulez-vous qu'à l'instant nous recommencions?

ARNOLPHE.

Point:
Suffit. Rentrez tous deux.

ALAIN.

Vous n'avez rien qu'à dire. (1)

ARNOLPHE.

Non, vous dis-je; rentrez, puisque je le desire.

---

coups de bâton, qu'il reçoit avec joie, en s'applaudissant d'avoir des serviteurs si zélés. Molière, qui a imité cette scène, en a retranché ce que la charge italienne y avoit mis d'ignoble et d'outré. Alain et Georgette se bornent à pousser un peu rudement leur maître, qui est plus que satisfait de cette démonstration, et qui leur crie : *Holà! c'est assez.*

Dans cette plaisante répétition, il n'est peut-être pas très-naturel qu'Arnolphe tire réellement de l'argent de sa poche et le présente à ses valets, puisqu'il n'entend pas qu'ils le prennent : en pareil cas, il suffisoit du geste et de la parole. Cependant la chose n'a rien d'absolument déraisonnable, et ce charmant vers qu'elle amène :

Oui, fort bien, hors l'argent qu'il ne falloit pas prendre,

est bien fait pour racheter une si légère invraisemblance.

(1) *Vous n'avez rien qu'à dire. Rien* est de trop. Je remarque cette faute, parce que je la crois de l'auteur, et non du personnage, c'est-à-dire, parce qu'il me semble que Molière ne l'a pas mise à dessein dans la bouche d'Alain. En général, Molière ne fait pas jargonner gratuitement les personnages d'une classe inférieure. Il ne leur prête des fautes que quand elles sont caractéristiques, qu'elles appartiennent essentiellement à leur manière de parler, comme ces mots du valet d'Alceste, *avec du d'or dessus*, ou bien quand elles doivent donner lieu à des incidens comiques, comme les *vices d'oraison* de Martine, qui mettent si fort en colère ses savantes maîtresses.

8.

Je vous laisse l'argent. Allez : je vous rejoins.
Ayez bien l'œil à tout, et secondez mes soins. (1)

SCÈNE V.

ARNOLPHE, seul.

Je veux, pour espion qui soit d'exacte vue, (2)
Prendre le savetier du coin de notre rue.
Dans la maison toujours je prétends la tenir,
Y faire bonne garde, et sur-tout en bannir
Vendeuses de rubans, perruquières, coîffeuses,
Faiseuses de mouchoirs, gantières, revendeuses,
Tous ces gens qui sous main travaillent chaque jour
A faire réussir les mystères d'amour. (3)
Enfin j'ai vu le monde, et j'en sais les finesses.

---

(1) Cette scène de pure bouffonnerie est charmante sans doute, mais elle est inutile ; elle ne fait pas faire un seul pas à l'action. De même que la scène du notaire, que nous venons de voir, et celle d'Arnolphe avec Chrysalde, que nous verrons tout-à-l'heure, elle ne peut être attribuée qu'à la nécessité où s'est vu Molière de réunir plusieurs épisodes pour former un quatrième acte dont il ne trouvoit pas la matière dans son sujet.

(2)   Je veux, pour espion qui soit d'exacte vue.
Espion d'exacte-vue, pour, *espion clairvoyant et attentif*, est du style le plus négligé.

(3) Scarron, dans sa nouvelle de *la Précaution inutile*, fait ainsi le portrait d'une de ces femmes dont parle ici Molière : « Elle étoit femme « d'intrigue, et sa principale profession étoit d'être conciliatrice des vo- « lontés, possédant éminemment toutes les conditions requises à celles « qui veulent s'en acquitter, comme d'être perruquière, revendeuse, dis- « tillatrice, d'avoir quantité de secrets pour l'embellissement du corps « humain ; et surtout elle étoit un peu soupçonnée d'être sorcière. » Il est permis de croire que Molière s'est souvenu de ce passage.

Il faudra que mon homme ait de grandes adresses, (1)
Si message ou poulet de sa part peut entrer.

SCÈNE VI.

HORACE, ARNOLPHE.

HORACE.

La place m'est heureuse à vous y rencontrer. (2)
Je viens de l'échapper bien belle, je vous jure.
Au sortir d'avec vous, sans prévoir l'aventure,
Seule dans son balcon j'ai vu paroître Agnès, (3)

---

(1) Il faudra que mon homme ait de grandes adresses, etc.
Molière, au commencement de cette pièce, s'est servi du pluriel *dextérités*; ici, il se sert, dans le même sens, du pluriel *adresses*. L'un ne s'est peut-être jamais dit, mais l'autre étoit usité ; Corneille l'a employé plusieurs fois. On lit, dans sa comédie de *la Veuve* :

>Je lui vais bien donner de plus sûres adresses,
>Que d'amuser Doris par de fausses caresses.

(2) La place m'est heureuse à vous y rencontrer.
La Harpe observe, relativement à ce vers, par lequel nous rentrons tout-à-fait dans le sujet, que « L'auteur a indiqué lui-même le défaut le plus « sensible de sa pièce. » Ce défaut, Molière l'a indiqué plus d'une fois, trop souvent peut-être. On aime assez qu'un poëte dramatique paroisse s'apercevoir lui-même d'un défaut qu'il n'a pu éviter. Si, par cette espèce d'aveu, il ne détruit pas l'objection, du moins il va au-devant, il prouve qu'il se l'est faite le premier; mais il n'est peut-être pas adroit de sa part de la ramener plusieurs fois sous les yeux du spectateur, qui pourroit n'y plus songer, et qui, pour l'intérêt de son plaisir, n'a rien de mieux à faire que de l'oublier.

(3) Seule dans son balcon j'ai vu paroître Agnès.
On disoit alors, *dans un balcon*, témoin ce vers de Searron, dans *Jodelet, ou le Maître valet* :

>Dans sa chambre le jour, dans son balcon la nuit.

On dit aujourd'hui, *sur un balcon*.

Qui des arbres prochains prenoit un peu le frais.
Après m'avoir fait signe, elle a su faire en sorte,
Descendant au jardin, de m'en ouvrir la porte;
Mais à peine tous deux dans sa chambre étions-nous,
Qu'elle a sur les degrés entendu son jaloux;
Et tout ce qu'elle a pu dans un tel accessoire, (1)
C'est de me renfermer dans une grande armoire.
Il est entré d'abord : je ne le voyois pas,
Mais je l'oyois marcher, sans rien dire, à grands pas;
Poussant de temps en temps des soupirs pitoyables,
Et donnant quelquefois de grands coups sur les tables,
Frappant un petit chien qui pour lui s'émouvoit,
Et jetant brusquement les hardes qu'il trouvoit.
Il a même cassé, d'une main mutinée,
Des vases dont la belle ornoit sa cheminée;
Et sans doute il faut bien qu'à ce becque cornu (2)
Du trait qu'elle a joué quelque jour soit venu. (3)
Enfin, après cent tours *, ayant de la manière

VARIANTE. * *Enfin, après vingt tours.*

---

(1)   Et tout ce qu'elle a pu dans un tel accessoire.
Accessoire se disoit anciennement pour, embarras, danger, mauvais état des affaires. Montaigne l'a employé dans ce sens. Il parle d'un homme « qu'une sienne proposition, pour avoir été un peu trop largement et « iniquement interprétée, mit autrefois et tint long-temps *en grand ac-* « *cessoire* à l'inquisition de Rome. »

(2) *Becque cornu* vient de l'italien *becco cornuto*, qui signifie littéralement, *bouc cornu*, et qu'on emploie dans le sens de *cornard*.

(3)   Du trait qu'elle a joué quelque jour soit venu.
Molière dit assez souvent, *jouer un trait*, comme on dit, *jouer un tour*. *Trait* et *tour* ayant à-peu-près la même signification dans ces deux façons de parler, il lui sembloit apparemment que le même verbe convenoit à l'un et à l'autre mot. L'usage en a décidé autrement; on dit, *faire un trait*.

Sur ce qui n'en peut mais déchargé sa colère, (1)
Mon jaloux inquiet, sans dire son ennui,
Est sorti de la chambre, et moi, de mon étui.
Nous n'avons point voulu, de peur du personnage,
Risquer à nous tenir ensemble davantage;
C'étoit trop hasarder; mais je dois, cette nuit,
Dans sa chambre un peu tard m'introduire sans bruit.
En toussant par trois fois je me ferai connoître;
Et je dois au signal voir ouvrir la fenêtre,
Dont, avec une échelle, et secondé d'Agnès,
Mon amour tâchera de me gagner l'accès.
Comme à mon seul ami, je veux bien vous l'apprendre.
L'alégresse du cœur s'augmente à la répandre;
Et, goûtât-on cent fois un bonheur tout parfait,
On n'en est pas content, si quelqu'un ne le sait.
Vous prendrez part, je pense, à l'heur de mes affaires.
Adieu. Je vais songer aux choses nécessaires. (2)

---

(1) Sur ce qui n'en peut mais déchargé sa colère.
Dans cette locution, *n'en pouvoir mais*, mais a le sens de *davantage*, et vient du latin *magis*, par contraction. Cette remarque est de Scaliger.

(2) Les deux premières fois qu'Horace a fait des confidences à Arnolphe, il y a été excité, provoqué par lui-même; d'ailleurs, il venoit d'abord lui demander de l'argent pour la réussite de ses projets amoureux, ensuite le prier de lui procurer un accès dans la maison d'Agnès. La confidence qu'il va lui faire dans l'acte suivant, a un motif encore plus fort, puisqu'il doit l'engager à recevoir en dépôt cette même Agnès qu'il aura su tirer de ses mains. Mais, cette fois, il n'a rien à lui demander. Aussi n'est-il pas venu le trouver; il n'a fait que le *rencontrer*; et, s'il lui raconte sa dernière aventure, c'est parce qu'il lui a raconté les premières, c'est, comme il le dit lui-même, parce que

L'alégresse du cœur s'augmente à la répandre;
Que, goûtât-on cent fois un bonheur tout parfait,
On n'en est pas content, si quelqu'un ne le sait.

La scène, de la manière dont elle est amenée, n'a pas besoin d'un motif

SCÈNE VII.

ARNOLPHE, *seul.*

Quoi! l'astre qui s'obstine à me désespérer
Ne me donnera pas le temps de respirer!
Coup sur coup je verrai, par leur intelligence,
De mes soins vigilans confondre la prudence!
Et je serai la dupe, en ma maturité,
D'une jeune innocente et d'un jeune éventé! [1]
En sage philosophe on m'a vu, vingt années,
Contempler des maris les tristes destinées,
Et m'instruire avec soin de tous les accidens
Qui font dans le malheur tomber les plus prudens;
Des disgraces d'autrui profitant dans mon ame,
J'ai cherché les moyens, voulant prendre une femme,
De pouvoir garantir mon front de tous affronts,
Et le tirer de pair d'avec les autres fronts;
Pour ce noble dessein, j'ai cru mettre en pratique
Tout ce que peut trouver l'humaine politique;
Et, comme si du sort il étoit arrêté
Que nul homme ici-bas n'en seroit exempté,
Après l'expérience et toutes les lumières
Que j'ai pu m'acquérir sur de telles matières,

---

plus déterminé, et elle finit, comme elle doit finir, par le brusque départ d'Horace, qui n'a rien de plus pressé que d'aller s'occuper des préparatifs de son escalade.

(1) Ces quatre vers d'Arnolphe renferment un éloge complet de la pièce; ils font adroitement ressortir, par la seule indication des personnages mis en opposition et du résultat de leur conflit, tout ce que les caractères et l'intrigue ont de plus piquant.

Après vingt ans et plus de méditation
Pour me conduire en tout avec précaution,
De tant d'autres maris j'aurois quitté la trace,
Pour me trouver après dans la même disgrace!
Ah! bourreau de destin, vous en aurez menti.
De l'objet qu'on poursuit je suis encor nanti;
Si son cœur m'est volé par ce blondin funeste,
J'empêcherai du moins qu'on s'empare du reste; (1)
Et cette nuit, qu'on prend pour ce galant exploit,
Ne se passera pas si doucement qu'on croit.
Ce m'est quelque plaisir, parmi tant de tristesse,
Que l'on me donne avis du piége qu'on me dresse,
Et que cet étourdi, qui veut m'être fatal,
Fasse son confident de son propre rival. (2)

---

(1) J'empêcherai du moins qu'on s'empare du reste.
Il falloit, *qu'on ne s'empare du reste.*

(2) Ce vers a, comme ceux que j'ai remarqués plus haut, l'avantage de résumer, avec une heureuse précision, l'idée originale et comique, dont l'intrigue toute entière est le développement.

On voit assez clairement, dans ce monologue, ce qu'on a déja pu soupçonner, savoir, qu'Arnolphe a encore plus d'orgueil que d'amour : ce qui l'irrite surtout, c'est d'être

.... La dupe, en sa maturité,
D'une jeune innocente et d'un jeune éventé.

Son amour pour Agnès n'est que du desir; c'est tout ce que peut inspirer à un homme de son âge une si jeune fille, dont il a voulu faire, dont il croit avoir fait une idiote. Aussi, il se console presque en pensant qu'Horace, s'il lui vole le cœur d'Agnès, ne pourra au moins s'emparer du *reste*.

SCÈNE VIII.

CHRYSALDE, ARNOLPHE.

CHRYSALDE.

Hé bien! souperons-nous avant la promenade?

ARNOLPHE.

Non. Je jeûne ce soir.

CHRYSALDE.

D'où vient cette boutade?

ARNOLPHE.

De grace, excusez-moi, j'ai quelque autre embarras.

CHRYSALDE.

Votre hymen résolu ne se fera-t-il pas?

ARNOLPHE.

C'est trop s'inquiéter des affaires des autres.

CHRYSALDE.

Oh! oh! si brusquement! Quels chagrins sont les vôtres?
Seroit-il point, compère, à votre passion
Arrivé quelque peu de tribulation?
Je le jurerois presque, à voir votre visage.

ARNOLPHE.

Quoi qu'il m'arrive, au moins aurai-je l'avantage
De ne pas ressembler à de certaines gens
Qui souffrent doucement l'approche des galans.

CHRYSALDE.

C'est un étrange fait, qu'avec tant de lumières,
Vous vous effarouchiez toujours sur ces matières,
Qu'en cela vous mettiez le souverain bonheur,

Et ne conceviez point au monde d'autre honneur.
Être avare, brutal, fourbe, méchant et lâche,
N'est rien, à votre avis, auprès de cette tache;(1)
Et, de quelque façon qu'on puisse avoir vécu,
On est homme d'honneur quand on n'est point cocu.
A le bien prendre au fond, pourquoi voulez-vous croire
Que de ce cas fortuit dépende notre gloire,
Et qu'une ame bien née ait à se reprocher
L'injustice d'un mal qu'on ne peut empêcher ?
Pourquoi voulez-vous, dis-je, en prenant une femme,
Qu'on soit digne, à son choix, de louange ou de blâme,
Et qu'on s'aille former un monstre plein d'effroi
De l'affront que nous fait son manquement de foi ?
Mettez-vous dans l'esprit qu'on peut du cocuage
Se faire en galant homme une plus douce image;
Que, des coups du hasard aucun n'étant garant,
Cet accident de soi doit être indifférent,
Et qu'enfin tout le mal, quoique le monde glose,
N'est que dans la façon de recevoir la chose :
Et, pour se bien conduire en ces difficultés,
Il y faut, comme en tout, fuir les extrémités,
N'imiter pas ces gens un peu trop débonnaires
Qui tirent vanité de ces sortes d'affaires,
De leurs femmes toujours vont citant les galans,
En font partout l'éloge, et prônent leurs talens,
Témoignent avec eux d'étroites sympathies,
Sont de tous leurs cadeaux, de toutes leurs parties,
Et font qu'avec raison les gens sont étonnés

---

(1) *Tache*, souillure, rime d'autant moins bien avec *lâche*, qu'on le prononce extrêmement bref, pour le distinguer de son homonyme *tâche*, signifiant, ouvrage, travail.

De voir leur hardiesse à montrer là leur nez.
Ce procédé, sans doute, est tout-à-fait blâmable;
Mais l'autre extrémité n'est pas moins condamnable.
Si je n'approuve pas ces amis des galans,
Je ne suis pas aussi pour ces gens turbulens, (1)
Dont l'imprudent chagrin, qui tempête et qui gronde,
Attire au bruit qu'il fait les yeux de tout le monde,
Et qui, par cet éclat, semblent ne pas vouloir
Qu'aucun puisse ignorer ce qu'ils peuvent avoir.
Entre ces deux partis il en est un honnête,
Où, dans l'occasion, l'homme prudent s'arrête;
Et, quand on le sait prendre, on n'a point à rougir
Du pis dont une femme avec nous puisse agir. (2)
Quoi qu'on en puisse dire enfin, le cocuage
Sous des traits moins affreux aisément s'envisage;
Et, comme je vous dis, toute l'habileté
Ne va qu'à le savoir tourner du bon côté. (3)

ARNOLPHE.

Après ce beau discours, toute la confrérie

---

(1)   Je ne suis pas aussi pour ces gens turbulens.
Dans les phrases négatives, on se sert plus volontiers de *non plus* que d'*aussi*, pour signifier, *de même, pareillement : je ne suis pas non plus pour ces gens turbulens.*

(2)   Du pis dont une femme avec nous puisse agir.
Ce vers manque, sinon de correction, au moins d'élégance.

(3) Cette longue tirade est pleine de raison. Seulement Chrysalde, vers la fin, parle, avec une légèreté trop badine, d'un accident dont tout homme d'honneur, quelle que soit sa philosophie, doit au moins s'affliger. Si, au lieu de terminer plaisamment sa tirade, il eût dit, dans un langage noblement sérieux, de quelle manière un homme sage, honnête et bien élevé doit se conduire, lorsque ce malheur lui arrive, il eût donné une leçon plus morale; et, de même, la réponse que va lui faire Arnolphe, n'étant plus aussi juste, seroit beaucoup plus comique.

Doit un remerciement à votre seigneurie ;
Et quiconque voudra vous entendre parler
Montrera de la joie à s'y voir enrôler.

CHRYSALDE.

Je ne dis pas cela ; car c'est ce que je blâme :
Mais, comme c'est le sort qui nous donne une femme,
Je dis que l'on doit faire ainsi qu'au jeu de dés,
Où, s'il ne vous vient pas ce que vous demandez,
Il faut jouer d'adresse, et d'une ame réduite
Corriger le hasard par la bonne conduite. (1)

ARNOLPHE.

C'est-à-dire, dormir et manger toujours bien,
Et se persuader que tout cela n'est rien.

CHRYSALDE.

Vous pensez vous moquer ; mais, à ne vous rien feindre,
Dans le monde je vois cent choses plus à craindre,
Et dont je me ferois un bien plus grand malheur
Que de cet accident qui vous fait tant de peur.

---

(1)   Je dis que l'on doit faire ainsi qu'au jeu de dés,
    Où, s'il ne vous vient pas ce que vous demandez,
    Il faut jouer d'adresse, et d'une ame réduite
    Corriger le hasard par la bonne conduite.

Ce passage est imité de Térence :

> *Ita vita est hominum, quasi cum ludas tesseris :*
> *Si illud, quod maxumè opus est jactu, non cadit,*
> *Illud quod cecidit fortè, id arte ut corrigas.*
>
>   *Adelphi,* act. *IV*, sc. 8.

« Il en est de la vie, comme d'un jeu où l'on emploie les dés. Si on
« n'amène pas le coup dont on a besoin, il faut que la science du joueur
« corrige le sort. » *Trad. de Lemonnier.* — *D'une ame réduite,* c'est-à-dire, d'une ame résignée, soumise à la nécessité. Cette expression n'est pas en usage et manque un peu de clarté.

Pensez-vous qu'à choisir de deux choses prescrites,
Je n'aimasse pas mieux être ce que vous dites,
Que de me voir mari de ces femmes de bien,
Dont la mauvaise humeur fait un procès sur rien,
Ces dragons de vertu, ces honnêtes diablesses,
Se retranchant toujours sur leurs sages prouesses,
Qui, pour un petit tort qu'elles ne nous font pas,
Prennent droit de traiter les gens de haut en bas, *
Et veulent, sur le pied de nous être fidèles, (1)
Que nous soyons tenus à tout endurer d'elles ? ** (2)
Encore un coup, compère, apprenez qu'en effet
Le cocuage n'est que ce que l'on le fait ;
Qu'on peut le souhaiter pour de certaines causes,
Et qu'il a ses plaisirs comme les autres choses. (3)

VARIANTES. * *Les gens du haut en bas.* — ** *De tout endurer d'elles.*

---

(1)   Et veulent, sur le pied de nous être fidèles.
On ne peut pas dire, *sur le pied de nous être fidèles*, pour, sous prétexte qu'elles nous sont fidèles, à cause qu'elles nous sont fidèles ; et, dans aucun sens, on ne dit, *sur le pied d'être* ou *de faire quelque chose.*

(2) Mercure, dans *Amphitryon*, est du même sentiment. La prude Cléanthis, qui le prend pour son mari, lui demande *s'il souffriroit, sans nulle répugnance, qu'elle aimât un galant avec toute licence ;* il lui répond :
    Oui, si je n'étois plus de tes cris rebattu,
    Et qu'on te vît changer d'humeur et de méthode.
    J'aime mieux un vice commode,
    Qu'une fatigante vertu.

(3) Dans Rabelais, frère Jean vante aussi à Panurge les douceurs du cocuage : « Il n'est coquu qui veult, lui dit-il. Si tu es coquu, *ergo* ta « femme sera belle : *ergo* tu seras bien traicté d'elle : *ergo* tu auras des « amis beaucoup : *ergo* tu seras saulvé. » (*Pantagruel*, liv. 3, chap. 27.) Malgré l'autorité de Frère Jean, je ne puis m'empêcher de trouver qu'ici Chrysalde pousse beaucoup trop loin les choses, lorsqu'il prétend que

ACTE IV, SCÈNE VIII.

ARNOLPHE.

Si vous êtes d'humeur à vous en contenter,
Quant à moi, ce n'est pas la mienne d'en tâter;
Et plutôt que subir une telle aventure...

CHRYSALDE.

Mon dieu! ne jurez point, de peur d'être parjure.
Si le sort l'a réglé, vos soins sont superflus,
Et l'on ne prendra pas votre avis là-dessus.

ARNOLPHE.

Moi, je serois cocu?

CHRYSALDE.

Vous voilà bien malade!
Mille gens le sont bien, sans vous faire bravade,
Qui de mine, de cœur, de biens et de maison,
Ne feroient avec vous nulle comparaison. (1)

---

le cocuage a ses plaisirs, et qu'on peut le souhaiter pour de certaines causes. Arnolphe en a une peur ridicule; mais Chrysalde s'y montre aussi par trop indifférent: c'est combattre un excès par un autre. Chrysalde n'est plus l'homme sensé qui soutient les droits de la raison; il est un mauvais plaisant qui veut faire enrager Arnolphe, ou, ce qui est pis encore, un moraliste fort relâché qui se joue d'une chose où l'honneur est intéressé.

(1) Ceci rappelle l'anecdote suivante, racontée par Champfort:
« M. de ***, ayant aperçu que Barthe étoit jaloux de sa femme, lui dit:
« Vous, jaloux! mais savez-vous bien que c'est une prétention? C'est
« bien de l'honneur que vous vous faites: je m'explique. N'est pas cocu
« qui veut (ce M. de *** avoit lu Rabelais): savez-vous que, pour l'être,
« il faut savoir tenir une maison, être poli, sociable, honnête? Commencez par acquérir toutes ces qualités, et puis les honnêtes gens verront ce qu'ils auront à faire pour vous. Tel que vous êtes, qui pourroit
« vous faire cocu? Une espèce! Quand il sera temps de vous effrayer, je
« vous en ferai mon compliment. »

ARNOLPHE.

Et moi, je n'en voudrois avec eux faire aucune;
Mais cette raillerie, en un mot, m'importune;
Brisons là, s'il vous plaît.

CHRYSALDE.

Vous êtes en courroux!
Nous en saurons la cause. Adieu. Souvenez-vous,
Quoi que sur ce sujet votre honneur vous inspire,
Que c'est être à demi ce que l'on vient de dire,
Que de vouloir jurer qu'on ne le sera pas.

ARNOLPHE.

Moi, je le jure encore, et je vais de ce pas
Contre cet accident trouver un bon remède. [1]

(*Il court heurter à sa porte.*)

SCÈNE IX.

ARNOLPHE, ALAIN, GEORGETTE.

ARNOLPHE.

Mes amis, c'est ici que j'implore votre aide.
Je suis édifié de votre affection;
Mais il faut qu'elle éclate en cette occasion;

---

(1) J'ai déja dit que cette scène étoit un hors-d'œuvre; elle a un autre défaut, c'est d'être une seconde scène de raisonnement entre les mêmes personnages, et absolument sur le même sujet. Les scènes de ce genre, surtout dans les pièces où l'intrigue a quelque vivacité, ne sont bien placées qu'au premier ou au second acte. Au quatrième, l'action doit être trop avancée et marcher trop rapidement vers son but, pour qu'il n'y ait pas de l'inconvénient à la ralentir par une scène de raisonnement. Le moins qu'il puisse arriver, c'est que le spectateur soit refroidi.

Et, si vous m'y servez selon ma confiance,
Vous êtes assurés de votre récompense.
L'homme que vous savez (n'en faites point de bruit)
Veut, comme je l'ai su, m'attraper cette nuit,
Dans la chambre d'Agnès entrer par escalade;
Mais il lui faut, nous trois, dresser une embuscade.
Je veux que vous preniez chacun un bon bâton,
Et, quand il sera près du dernier échelon
(Car dans le temps qu'il faut j'ouvrirai la fenêtre),
Que tous deux à l'envi vous me chargiez ce traître,
Mais d'un air dont son dos garde le souvenir,
Et qui lui puisse apprendre à n'y plus revenir;
Sans me nommer pourtant en aucune manière,
Ni faire aucun semblant que je serai derrière.
Aurez-vous bien l'esprit * de servir mon courroux?

ALAIN.

S'il ne tient qu'à frapper, monsieur, tout est à nous:
Vous verrez, quand je bats, si j'y vais de main-morte.

GEORGETTE.

La mienne, quoique aux yeux elle n'est pas si forte, ** (1)
N'en quitte pas sa part à le bien étriller.

VARIANTES. * *Auriez-vous bien l'esprit.*—** *Elle semble moins forte.*

---

(1)   La mienne, quoique aux yeux elle n'est pas si forte.

Quoique est une conjonction qui régit toujours le subjonctif; il falloit, *quoique aux yeux elle ne soit pas si forte.* Les éditeurs de 1682 ont assez heureusement corrigé la faute; mais, comme je l'ai déja remarqué, ils ont en cela témoigné plus de respect pour la grammaire, que pour le texte de Molière, et le parti qu'ils ont pris ne me semble pas devoir être approuvé.

ARNOLPHE.

Rentrez donc; et surtout gardez de babiller.

(*seul.*)

Voilà pour le prochain une leçon utile;
Et, si tous les maris qui sont en cette ville,
De leurs femmes ainsi recevoient le galant,
Le nombre des cocus ne seroit pas si grand. (1)

---

(1) Ces quatre derniers vers semblent être une imitation de ce passage de Plaute, dans *le Soldat fanfaron* (*Miles gloriosus*):

Si sic aliis mœchis fiat, minus hic mœchorum fiet:
Metuant magis, minus has res studeant.

« Si l'on en faisoit autant à tous les galans, il y en auroit moins ici « qu'il n'y en a : un peu plus de crainte leur donneroit un peu moins « d'ardeur à poursuivre les femmes des autres. »

Dans beaucoup de nos comédies en cinq actes, même des meilleures, il y a un acte à-peu-près inutile à l'action, et qu'on pourroit retrancher presque en entier, sans que l'intrigue en souffrît. Je citerai le deuxième acte du *Tartuffe*, et le troisième du *Misanthrope*. Certes, la comédie du *Tartuffe* ne marcheroit pas moins, quand il n'y auroit pas la scène de Dorine et de Mariane, et celle où les deux amans se brouillent et se réconcilient. Dans *le Misanthrope*, la scène des deux marquis, et celle où Célimène et Arsinoé font assaut de discours aigres et mordans, sont étrangères au développement du caractère d'Alceste et de son inconcevable passion pour une franche coquette. Mais il semble que Molière se soit attaché à racheter, par un grand charme de détails et par une rare perfection d'exécution, ce qui manque à ces épisodes du côté de l'utilité dramatique; car ceux que je viens d'indiquer sont des chefs-d'œuvre. Ici, il n'en est pas de même : la scène du notaire est d'une invraisemblance choquante; celle d'Alain et de Georgette, plus jolie, n'est pas plus nécessaire; enfin, celle d'Arnolphe et de Chrysalde n'est, en quelque sorte, qu'une répétition de la première scène de la pièce. Observons, d'ailleurs, que, dans *l'École des Femmes*, l'acte inutile ou épisodique est le quatrième, tandis que, dans *le Misanthrope*, il n'est que le troisième, et, dans *le Tartuffe*, que le second.

FIN DU QUATRIÈME ACTE.

ACTE V.

SCÈNE PREMIÈRE.

ARNOLPHE, ALAIN, GEORGETTE.

ARNOLPHE.

Traîtres! qu'avez-vous fait par cette violence?

ALAIN.

Nous vous avons rendu, monsieur, obéissance.

ARNOLPHE.

De cette excuse en vain vous voulez vous armer,
L'ordre étoit de le battre et non de l'assommer;
Et c'étoit sur le dos, et non pas sur la tête,
Que j'avois commandé qu'on fît choir la tempête.
Ciel! dans quel accident me jette ici le sort!
Et que puis-je résoudre à voir cet homme mort?
Rentrez dans la maison, et gardez de rien dire
De cet ordre innocent que j'ai pu vous prescrire.

(*seul.*)

Le jour s'en va paroître, et je vais consulter
Comment dans ce malheur je me dois comporter.
Hélas! que deviendrai-je? et que dira le père,
Lorsque inopinément il saura cette affaire?

SCÈNE II.

HORACE, ARNOLPHE.

HORACE, *à part.*

Il faut que j'aille un peu reconnoître qui c'est.

ARNOLPHE, *se croyant seul.*

Eût-on jamais prévu...

(*heurté par Horace, qu'il ne reconnoît pas.*)

Qui va là, s'il vous plaît?

HORACE.

C'est vous, seigneur Arnolphe?

ARNOLPHE.

Oui. Mais vous?...

HORACE.

C'est Horace.
Je m'en allois chez vous vous prier d'une grace.
Vous sortez bien matin!

ARNOLPHE, *bas, à part.*

Quelle confusion! (1)
Est-ce un enchantement? est-ce une illusion?

HORACE.

J'étois, à dire vrai, dans une grande peine;
Et je bénis du ciel la bonté souveraine

---

(1) *Quelle confusion! Confusion* n'a pas ordinairement le sens que lui donne ici Molière. Avoir de la *confusion*, signifie, être *confus*, c'est-à-dire, honteux, et non pas *confondu*, c'est-à-dire, troublé, étonné. C'est ce dernier sentiment qu'Arnolphe éprouve en ce moment.

Qui fait qu'à point nommé je vous rencontre ainsi. (1)
Je viens vous avertir que tout a réussi,
Et même beaucoup plus que je n'eusse osé dire,
Et par un incident qui devoit tout détruire.
Je ne sais point par où l'on a pu soupçonner
Cette assignation qu'on m'avoit su donner;
Mais, étant sur le point d'atteindre à la fenêtre,
J'ai, contre mon espoir, vu quelques gens paroître,
Qui, sur moi brusquement levant chacun le bras,
M'ont fait manquer le pied et tomber jusqu'en bas; (2)
Et ma chûte, aux dépens de quelque meurtrissure,
De vingt coups de bâton m'a sauvé l'aventure.
Ces gens-là, dont étoit, je pense, mon jaloux,
Ont imputé ma chûte à l'effort de leurs coups;
Et, comme la douleur, un assez long espace, (3)

---

(1) Voilà Horace qui s'applaudit encore une fois du bonheur qu'il a de *rencontrer* Arnolphe. Cette nouvelle rencontre n'est pas de celles qu'on peut blâmer comme entièrement fortuites. Arnolphe sortoit du logis d'Agnès pour aller consulter, et Horace se rendoit au logis d'Arnolphe pour lui demander un service important : les deux logis étant voisins, il étoit tout naturel que les deux personnages se croisassent dans la rue.

(2) M'a fait manquer le pied et tomber jusqu'en bas.
Dans le mot *pied*, que quelques-uns écrivent *pié*, le *d* final est une lettre purement étymologique, qui ne se prononce que dans certaines locutions consacrées, telles que *pied à terre, pied à boule*; dans tous les autres cas, *pied* ne peut se mettre devant une voyelle, sans qu'il y ait hiatus.

(3) Et, comme la douleur, un assez long espace, etc.
Espace, employé absolument, ne s'entend guère que de l'étendue de lieu; appliqué à l'étendue de temps, il veut un complément qui en spécifie le sens : ainsi, l'on dit, *il y a un grand espace entre ces deux maisons*, et l'on ne diroit pas bien, *il y a un grand espace entre ces deux événemens*; il faudroit dire, *un grand espace de temps, un espace de tant de siècles, d'années, sépare ces deux événemens*. Il n'en est pas de même d'*intervalle*, qui s'emploie absolument dans les deux significations.

M'a fait sans remuer demeurer sur la place,
Ils ont cru tout de bon qu'ils m'avoient assommé,
Et chacun d'eux s'en est aussitôt alarmé.
J'entendois tout leur bruit * dans le profond silence :
L'un l'autre ils s'accusoient de cette violence ;
Et, sans lumière aucune, en querellant le sort,
Sont venus doucement tâter si j'étois mort.
Je vous laisse à penser si, dans la nuit obscure,
J'ai d'un vrai trépassé su tenir la figure.
Ils se sont retirés avec beaucoup d'effroi ;
Et, comme je songeois à me retirer, moi,
De cette feinte mort la jeune Agnès émue
Avec empressement est devers moi venue :
Car les discours qu'entre eux ces gens avoient tenus
Jusques à son oreille étoient d'abord venus, (1)
Et, pendant tout ce trouble étant moins observée,
Du logis aisément elle s'étoit sauvée ;
Mais, me trouvant sans mal, elle a fait éclater
Un transport difficile à bien représenter.
Que vous dirai-je ? Enfin, cette aimable personne
A suivi les conseils que son amour lui donne,
N'a plus voulu songer à retourner chez soi, (2)
Et de tout son destin s'est commise à ma foi.
Considérez un peu, par ce trait d'innocence,
Où l'expose d'un fou la haute impertinence,

VARIANTE. * *J'entendois tout le bruit.*

---

(1) Ces quatre vers de suite, rimant en *u*, et ce mot *venu*, répété à un vers de distance, font un effet désagréable à l'oreille.

(2)   N'a plus voulu songer à retourner chez soi.
Il faudroit, *chez elle.* Voir *l'École des Maris*, page 341, note 3.

Et quels fâcheux périls elle pourroit courir,
Si j'étois maintenant homme à la moins chérir.
Mais d'un trop pur amour mon ame est embrasée;
J'aimerois mieux mourir que l'avoir abusée : *
Je lui vois des appas dignes d'un autre sort,
Et rien ne m'en sauroit séparer que la mort. (1)
Je prévois là-dessus l'emportement d'un père;
Mais nous prendrons le temps d'appaiser sa colère.
A des charmes si doux je me laisse emporter,
Et dans la vie, enfin, il se faut contenter.
Ce que je veux de vous, sous un secret fidèle,
C'est que je puisse mettre en vos mains cette belle;
Que dans votre maison, en faveur de mes feux,
Vous lui donniez retraite au moins un jour ou deux.
Outre qu'aux yeux du monde il faut cacher sa fuite,
Et qu'on en pourra faire ** une exacte poursuite,
Vous savez qu'une fille aussi de sa façon
Donne avec un jeune homme un étrange soupçon;
Et, comme c'est à vous, sûr de votre prudence,
Que j'ai fait de mes feux entière confidence,
C'est à vous seul aussi, comme ami généreux,

VARIANTES. * *Que la voir abusée.* — ** *Et qu'on en pourroit faire.*

---

(1) Ces huit vers renferment tout ce qu'Horace pouvoit dire de plus naturel et de plus satisfaisant, à la suite de son récit. En même temps qu'ils donnent une idée juste des dangers où la folle conduite d'Arnolphe pouvoit précipiter Agnès, ils rassurent le spectateur sur le sort de cette jeune fille à laquelle il s'intéresse, en lui faisant connoître les intentions pures de son amant qui pouvoit n'être qu'un vil séducteur. Dans *l'École des Maris*, Isabelle, qui est moins ignorante qu'Agnès, fait ses conditions avec Valère, avant de se livrer à lui; ici, il falloit que tout vînt de l'honnêteté d'Horace lui-même.

Que je puis confier ce dépôt amoureux. (1)

ARNOLPHE.

Je suis, n'en doutez point, tout à votre service.

HORACE.

Vous voulez bien me rendre un si charmant office?

ARNOLPHE.

Très-volontiers, vous dis-je; et je me sens ravir
De cette occasion que j'ai de vous servir.
Je rends graces au ciel de ce qu'il me l'envoie,
Et n'ai jamais rien fait avec si grande joie.

HORACE.

Que je suis redevable à toutes vos bontés!
J'avois de votre part craint des difficultés :
Mais vous êtes du monde; et, dans votre sagesse,
Vous savez excuser le feu de la jeunesse.
Un de mes gens la garde au coin de ce détour.

ARNOLPHE.

Mais comment ferons-nous? car il fait un peu jour.
Si je la prends ici, l'on me verra peut-être;
Et, s'il faut que chez moi vous veniez à paroître,
Des valets causeront. Pour jouer au plus sûr,
Il faut me l'amener dans un lieu plus obscur.
Mon allée est commode (2), et je l'y vais attendre.

---

(1) Horace donne assurément les meilleures raisons du monde, pour faire la chose la plus contraire à ses intérêts; on ne peut pas se perdre soi-même avec plus de jugement et de prudence. C'est en cela que consiste principalement le mérite de cette scène, mérite méconnu de l'auteur de *Zélinde*, qui prétend que, puisque Horace avoit de l'argent, il pouvoit bien garder Agnès lui-même. C'est se connoître en conduite comme en comédie.

(2) Cette *allée* est celle de la propre maison d'Arnolphe, située sur la même place que celle d'Agnès.

HORACE.

Ce sont précautions qu'il est fort bon de prendre.
Pour moi, je ne ferai que vous la mettre en main,
Et chez moi, sans éclat, je retourne soudain.

ARNOLPHE, *seul.*

Ah! fortune, ce trait d'aventure propice
Répare tous les maux que m'a faits ton caprice!

(*Il s'enveloppe le nez de son manteau.*)

SCÈNE III.

AGNÈS, ARNOLPHE, HORACE.

HORACE, *à Agnès.*

Ne soyez point en peine où je vais vous mener; (1)
C'est un logement sûr que je vous fais donner.
Vous loger avec moi, ce seroit tout détruire :
Entrez dans cette porte, et laissez-vous conduire.

(*Arnolphe lui prend la main sans qu'elle le reconnoisse.*)

AGNÈS, *à Horace.*

Pourquoi me quittez-vous?

HORACE.

     Chère Agnès, il le faut.

AGNÈS.

Songez donc, je vous prie, à revenir bientôt.

---

(1)   Ne soyez point en peine où je vais vous mener. C'est-à-dire, *de l'endroit où je vais vous mener.* Le langage de la conversation et par conséquent le style de la comédie peuvent admettre cette sorte d'ellipse.

HORACE.

J'en suis assez pressé par ma flamme amoureuse.

AGNÈS.

Quand je ne vous vois point, je ne suis point joyeuse.

HORACE.

Hors de votre présence, on me voit triste aussi.

AGNÈS.

Hélas! s'il étoit vrai, vous resteriez ici.

HORACE.

Quoi! vous pourriez douter de mon amour extrême!

AGNÈS.

Non, vous ne m'aimez pas autant que je vous aime.

(*Arnolphe la tire.*)

Ah! l'on me tire trop.

HORACE.

C'est qu'il est dangereux,
Chère Agnès, qu'en ce lieu nous soyons vus tous deux;
Et le parfait ami * de qui la main vous presse
Suit le zèle prudent qui pour nous l'intéresse.

AGNÈS.

Mais suivre un inconnu que...

HORACE.

N'appréhendez rien :
Entre de telles mains vous ne serez que bien.

AGNÈS.

Je me trouverois mieux entre celles d'Horace,
Et j'aurois...

VARIANTE. * *Et ce parfait ami.*

(*à Arnolphe qui la tire encore.*)
Attendez.

HORACE.

Adieu. Le jour me chasse.

AGNÈS.

Quand vous verrai-je donc?

HORACE.

Bientôt, assurément.

AGNÈS.

Que je vais m'ennuyer jusques à ce moment!

HORACE, *en s'en allant.*

Grace au ciel, mon bonheur n'est plus en concurrence; (1)
Et je puis maintenant dormir en assurance.

SCÈNE IV.

ARNOLPHE, AGNÈS.

ARNOLPHE, *caché dans son manteau, et déguisant sa voix.*

Venez, ce n'est pas là que je vous logerai,
Et votre gîte ailleurs est par moi préparé.
Je prétends en lieu sûr mettre votre personne.

(*se faisant connoître.*)
Me connoissez-vous?

---

(1) Grace au ciel, mon bonheur n'est plus en concurrence.
Horace veut dire qu'il ne craint plus que son bonheur soit traversé par un rival. Le vers ne rend pas bien nettement cette idée.

AGNÈS.

Hai!

ARNOLPHE.

Mon visage, friponne,
Dans cette occasion rend vos sens effrayés,
Et c'est à contre-cœur qu'ici vous me voyez;
Je trouble en ses projets l'amour qui vous possède.

(*Agnès regarde si elle ne verra point Horace.*)

N'appelez point des yeux le galant à votre aide;
Il est trop éloigné pour vous donner secours.
Ah! ah! si jeune encor, vous jouez de ces tours!
Votre simplicité, qui semble sans pareille,
Demande si l'on fait les enfans par l'oreille;
Et vous savez donner des rendez-vous la nuit,
Et pour suivre un galant vous évader sans bruit!
Tudieu! comme avec lui votre langue cajole! (1)
Il faut qu'on vous ait mise à quelque bonne école!
Qui diantre tout d'un coup vous en a tant appris?
Vous ne craignez donc plus de trouver des esprits?
Et ce galant, la nuit, vous a donc enhardie?
Ah! coquine, en venir à cette perfidie!
Malgré tous mes bienfaits former un tel dessein!
Petit serpent que j'ai réchauffé dans mon sein,
Et qui, dès qu'il se sent, par une humeur ingrate
Cherche à faire du mal à celui qui le flatte!

---

(1)   Tudieu! comme avec lui votre langue cajole!

Cajoler, qui n'est plus que verbe actif, s'employoit autrefois comme verbe neutre. J'en pourrois fournir plusieurs exemples; je me borne à ce vers de *la Suivante*, comédie de Corneille :

... Bien que tout le jour il cajole avec toi.

AGNÈS.

Pourquoi me criez-vous ? (1)

ARNOLPHE.

J'ai grand tort en effet !

AGNÈS.

Je n'entends point de mal dans tout ce que j'ai fait. (2)

ARNOLPHE.

Suivre un galant n'est pas une action infâme ?

AGNÈS.

C'est un homme qui dit qu'il me veut pour sa femme :
J'ai suivi vos leçons, et vous m'avez prêché
Qu'il se faut marier pour ôter le péché.

ARNOLPHE.

Oui. Mais pour femme, moi, je prétendois vous prendre ;
Et je vous l'avois fait, me semble, assez entendre.

AGNÈS.

Oui. Mais, à vous parler franchement entre nous,
Il est plus pour cela selon mon goût que vous.
Chez vous le mariage est fâcheux et pénible,
Et vos discours en font une image terrible ;
Mais, las ! il le fait, lui, si rempli de plaisirs,
Que de se marier il donne des desirs. (3)

---

(1) *Pourquoi me criez-vous ?* Autrefois on disoit, *crier quelqu'un*, à la manière des Italiens, qui disent, *sgridar* et *gridar alcuno*. (Voir *l'Étourdi*, page 75, note 3.)

(2) Je n'entends point de mal dans tout ce que j'ai fait.
On diroit aujourd'hui, *je n'entends point de mal à tout ce que j'ai fait*, ou *je ne vois point de mal dans tout ce que j'ai fait*.

(3) Ceci s'adresse à beaucoup d'autres prédicateurs qu'Arnolphe, qui

ARNOLPHE.

Ah! c'est que vous l'aimez, traîtresse!

AGNÈS.

Oui, je l'aime.

ARNOLPHE.

Et vous avez le front de le dire à moi-même!

AGNÈS.

Et pourquoi, s'il est vrai, ne le dirois-je pas?

ARNOLPHE.

Le deviez-vous aimer, impertinente?

AGNÈS.

Hélas!
Est-ce que j'en puis mais? Lui seul! en est la cause;
Et je n'y songeois pas lorsque se fit la chose.

ARNOLPHE.

Mais il falloit chasser cet amoureux desir.

AGNÈS.

Le moyen de chasser ce qui fait du plaisir?

ARNOLPHE.

Et ne saviez-vous pas que c'étoit me déplaire?

AGNÈS.

Moi? point du tout. Quel mal cela vous peut-il faire?

ARNOLPHE.

Il est vrai, j'ai sujet d'en être réjoui!

---

donnent au devoir un air triste, maussade et rechigné, comme si le plaisir n'étoit déja pas assez séduisant par lui-même, sans qu'il fallût encore relever ses charmes par le contraste. Arnolphe pourroit dire, comme le valet du métromane : *Beau fruit de mon sermon!*

Vous ne m'aimez donc pas, à ce compte?

AGNÈS.

Vous?

ARNOLPHE.

Oui.

AGNÈS.

Hélas! non.

ARNOLPHE.

Comment, non!

AGNÈS.

Voulez-vous que je mente?

ARNOLPHE.

Pourquoi ne m'aimer pas, madame l'impudente?

AGNÈS.

Mon dieu! ce n'est pas moi que vous devez blâmer :
Que ne vous êtes-vous, comme lui, fait aimer?
Je ne vous en ai pas empêché, que je pense.

ARNOLPHE.

Je m'y suis efforcé de toute ma puissance;
Mais les soins que j'ai pris, je les ai perdus tous.

AGNÈS.

Vraiment, il en sait donc là-dessus plus que vous;
Car à se faire aimer il n'a point eu de peine. (1)

---

(1) La Harpe, après avoir cité jusqu'à ce vers cet admirable débat entre Arnolphe et Agnès, s'écrie : « Quel dialogue! et quelle naïveté de « langage unie à la plus grande force de raison! Il n'y avoit avant Mo- « lière aucun exemple de ce comique-là. Celui qui dit, *pourquoi ne pas* « *m'aimer?* c'est celui-là qui est un sot, malgré son âge et son expé- « rience; et celle qui répond, *que ne vous êtes-vous fait aimer?* dit ce « qu'il y a de mieux à dire. Toute la philosophie du monde ne trouve- « roit rien de meilleur, et ne pourroit que commenter ce que l'instinct « d'une enfant de seize ans a deviné. »

ARNOLPHE, *à part.*

Voyez comme raisonne et répond la vilaine !
Peste ! une précieuse en diroit-elle plus ? [1]
Ah ! je l'ai mal connue ; ou, ma foi, là-dessus
Une sotte en sait plus que le plus habile homme.

(*à Agnès.*)

Puisqu'en raisonnemens votre esprit se consomme, [2]
La belle raisonneuse, est-ce qu'un si long temps
Je vous aurai pour lui nourrie à mes dépens ?

AGNÈS.

Non. Il vous rendra tout jusques au dernier double. [3]

ARNOLPHE, *bas, à part.*

Elle a de certains mots où mon dépit redouble.

(*haut.*)

Me rendra-t-il, coquine, avec tout son pouvoir,
Les obligations que vous pouvez m'avoir ?

---

(1)   Peste ! une précieuse en diroit-elle plus ?
Une précieuse, au moins, ne s'exprimeroit pas avec ce naturel et cette simplicité. Comme les précieuses faisoient leur principale occupation de disserter sur l'amour, et d'approfondir toutes les questions dont il peut être le sujet, Arnolphe veut dire qu'Agnès se montre, dans ses discours, presque aussi savante qu'une d'elles sur cette matière.

(2)   Puisqu'en raisonnemens votre esprit se consomme.
Molière veut dire par là, puisque votre esprit est consommé en raisonnemens ; puisque vous raisonnez si bien. Ce n'est pas la seule fois qu'il ait employé cette façon de parler. Dans *l'École des Maris*, Sganarelle dit, en parlant d'Isabelle :

    La vertu fait ses soins, et son cœur s'y consomme.

(3)   Non, il vous rendra tout jusques au dernier double.
Double, ancienne monnoie, ainsi nommée parce qu'elle valoit deux deniers : il en falloit six pour faire un sou.

ACTE V, SCÈNE IV.

AGNÈS.

Je ne vous en ai pas de si grandes qu'on pense.

ARNOLPHE.

N'est-ce rien que les soins d'élever votre enfance?

AGNÈS.

Vous avez là-dedans bien opéré vraiment,
Et m'avez fait en tout instruire joliment!
Croit-on que je me flatte, et qu'enfin, dans ma tête,
Je ne juge pas bien que je suis une bête?(1)
Moi-même j'en ai honte; et, dans l'âge où je suis,
Je ne veux plus passer* pour sotte, si je puis.

ARNOLPHE.

Vous fuyez l'ignorance, et voulez, quoi qu'il coûte,
Apprendre du blondin quelque chose?

AGNÈS.

Sans doute.
C'est de lui que je sais ce que je puis savoir;**
Et beaucoup plus qu'à vous je pense lui devoir.

ARNOLPHE.

Je ne sais qui me tient qu'avec une gourmade
Ma main de ce discours ne venge la bravade.
J'enrage quand je vois sa piquante froideur;

VARIANTES. * *Je ne veux point passer.* — ** *Ce que je peux savoir.*

---

(1) « Quelle leçon, dit La Harpe, elle donne au tuteur (Arnolphe
« n'est point le *tuteur* d'Agnès) qui l'a si mal élevée, et qui lui reproche
« les soins qu'il a pris de son enfance! On voit qu'en dépit d'Arnolphe,
« elle n'est pas aussi *bête* qu'il l'auroit voulu, et chaque réplique de
« cette enfant qui ne sait rien, le confond et lui ferme la bouche par la
« seule force de la vérité. »

Et quelques coups de poings satisferoient mon cœur. (1)

AGNÈS.

Hélas! vous le pouvez, si cela peut vous plaire.

ARNOLPHE, *à part.*

Ce mot et ce regard désarme ma colère,
Et produit un retour de tendresse de cœur,
Qui de son action m'efface la noirceur. *
Chose étrange d'aimer, et que, pour ces traîtresses,
Les hommes soient sujets à de telles foiblesses!
Tout le monde connoît leur imperfection;
Ce n'est qu'extravagance et qu'indiscrétion;
Leur esprit est méchant, et leur ame fragile;
Il n'est rien de plus foible et de plus imbécille,
Rien de plus infidèle: et, malgré tout cela,
Dans le monde on fait tout pour ces animaux-là. (2)

(*à Agnès.*)

Hé bien! faisons la paix. Va, petite traîtresse,
Je te pardonne tout et te rends ma tendresse;
Considère par-là l'amour que j'ai pour toi,

VARIANTE. * *Efface la noirceur.*

---

(1) Que ce mouvement d'Arnolphe est naturel! Poussé à bout par Agnès qui répond victorieusement à toutes ses raisons, il voudroit bien, pour se soulager, lui donner au moins quelques bons coups qu'elle ne pourroit pas lui rendre. Les coups sont le dernier argument de la force injuste qui se sent convaincue d'absurdité et réduite au silence.

(2) Les principes d'Arnolphe sur le choix d'une femme, et la conduite qu'il tient à l'égard d'Agnès, ne pouvoient provenir que d'un grand fonds de mépris pour le sexe féminin. On voit, dans Arnolphe, un de ces vieux garçons qui, n'ayant eu affaire qu'à des femmes au moins faciles, et ayant été ordinairement trompés par elles, tirent, des succès qu'ils ont obtenus et des disgraces qu'ils ont essuyées, l'impertinente conclusion que toutes les femmes sont *fragiles* et *infidèles*.

ACTE V, SCÈNE IV.

Et, me voyant si bon, en revanche aime-moi.

AGNÈS.

Du meilleur de mon cœur je voudrois vous complaire :
Que me coûteroit-il, si je le pouvois faire ?

ARNOLPHE.

Mon pauvre petit bec *, tu le peux, si tu veux.
Écoute seulement ce soupir amoureux,
Vois ce regard mourant, contemple ma personne,
Et quitte ce morveux et l'amour qu'il te donne.
C'est quelque sort qu'il faut qu'il ait jeté sur toi,
Et tu seras cent fois plus heureuse avec moi. (1)
Ta forte passion est d'être brave et leste,
Tu le seras toujours, va, je te le proteste ;
Sans cesse, nuit et jour, je te caresserai,
Je te bouchonnerai, baiserai, mangerai ; (2)

VARIANTE. * *Mon pauvre petit cœur.*

---

(1) Il ne restoit plus à Arnolphe, pour achever de se rendre odieux à Agnès, que de faire parler ses *regards mourans* et ses *soupirs amoureux*. La pantomime de l'amour, qui n'est que ridicule aux yeux des indifférens, semble hideuse dans ceux pour qui l'on éprouve un sentiment contraire. — *Quitte ce morveux*, est un trait excellent. Un travers commun chez les galans surannés, est de se persuader que les femmes doivent faire plus de cas de leur amour que de celui des jeunes gens, et de ne pas concevoir la préférence qu'elles accordent à ces *morveux*. Arnolphe est de bonne foi, lorsqu'il dit à Agnès qu'*elle sera cent fois plus heureuse avec lui*, et il est près lui-même de la croire *ensorcelée*, quand il la voit si fortement éprise d'un jeune godelureau.

(2)   Je te bouchonnerai, baiserai, mangerai.

Bouchonner est synonyme de *caresser, baiser*. Ce verbe vient de *bouchon*, diminutif de *bouche*, terme dont on se servoit autrefois, en caressant les enfans : *mon petit bouchon*. Dans l'*École des Maris*, Sganarelle dit à Isabelle : *mon petit nez, pauvre petit bouchon*.

Tout comme tu voudras, tu pourras te conduire :
Je ne m'explique point, et cela, c'est tout dire.
  (*bas, à part.*)
Jusqu'où la passion peut-elle faire aller! ⁽¹⁾
  (*haut.*)
Enfin, à mon amour rien ne peut s'égaler :
Quelle preuve veux-tu que je t'en donne, ingrate ?
Me veux-tu voir pleurer ? Veux-tu que je me batte ?
Veux-tu que je m'arrache un côté de cheveux ?
Veux-tu que je me tue ? Oui, dis si tu le veux,
Je suis tout prêt, cruelle, à te prouver ma flamme. ⁽²⁾

    AGNÈS.

Tenez, tous vos discours ne me touchent point l'ame,

---

(1) Je ne sais si je me trompe, mais il me semble bien qu'Arnolphe, lorsqu'il dit à Agnès, *tout comme tu voudras, tu pourras te conduire*, lui fait entendre que, si elle consent à l'épouser, il lui permettra d'avoir Horace pour amant. Ces mots mystérieux : *je ne m'explique point*, font voir qu'il s'agit d'une concession fort extraordinaire, surtout fort difficile à exprimer ; et ces autres mots : *c'est tout dire*, annoncent que la liberté promise à Agnès doit être sans borne, sans réserve aucune. Cela est bien fort sans doute de la part d'un homme qui avoit une si grande horreur de la chose à laquelle il se résigne maintenant de lui-même. Aussi, combien il est honteux de s'être tant avancé ! *Jusqu'où la passion peut-elle faire aller!* dit-il à part. On peut dire après lui : *jusqu'où ne peut-elle pas faire aller!* Et c'est là ce qui explique comment il va jusqu'à l'idée d'un partage qui lui semble moins affreux, en ce moment, qu'une entière exclusion.

(2) « Tout le monde, dit La Harpe, éclate de rire à la vue d'une pa-
« reille folie. Mais ce n'est pas tout ; la réflexion vous dit un moment
« après : Voilà pourtant à quel excès de délire et d'avilissement on peut
« se porter, quand on est assez foible pour aimer dans un âge où il faut
« laisser l'amour aux jeunes gens. La leçon est importante ; elle pourroit
« fournir un beau chapitre de morale ; mais auroit-il l'effet de la scène
« de Molière ? »

ACTE V, SCÈNE V.

Horace avec deux mots en feroit plus que vous.

ARNOLPHE.

Ah! c'est trop me braver, trop pousser mon courroux.
Je suivrai mon dessein, bête trop indocile,
Et vous dénicherez à l'instant de la ville.
Vous rebutez mes vœux et me mettez à bout;
Mais un cul de couvent me vengera de tout. (1)

SCÈNE V.

ARNOLPHE, AGNÈS, ALAIN.

ALAIN.

Je ne sais ce que c'est, monsieur, mais il me semble
Qu'Agnès et le corps mort s'en sont allés ensemble. (2)

ARNOLPHE.

La voici. Dans ma chambre allez me la nicher.

(à part.)

Ce ne sera pas là qu'il la viendra chercher;
Et puis, c'est seulement pour une demi-heure.
Je vais, pour lui donner une sûre demeure,

(à Alain.)

Trouver une voiture. Enfermez-vous des mieux,

---

(1) Mais un cul de couvent me vengera de tout.
Cette expression de *cul de couvent*, que je n'ai encore remarquée que dans Molière, a une énergie particulière, en ce qu'elle renferme, par analogie, l'idée de prison, de cachot. Arnolphe dit un *cul de couvent*, comme il diroit un *cul de basse fosse*.

(2) Ce vers, qui ne seroit qu'une plaisanterie assez froide dans la bouche d'un autre, est une naïveté fort comique dans celle d'Alain.

Et surtout gardez-vous de la quitter des yeux.

(seuls.)

Peut-être que son ame, étant dépaysée,
Pourra de cet amour être désabusée.

SCÈNE VI.

ARNOLPHE, HORACE.

HORACE.

Ah! je viens vous trouver, accablé de douleur.
Le ciel, seigneur Arnolphe, a conclu mon malheur; (1)
Et, par un trait fatal d'une injustice extrême,
On me veut arracher de la beauté que j'aime.
Pour arriver ici mon père a pris le frais ;
J'ai trouvé qu'il mettoit pied à terre ici près :
Et la cause, en un mot, d'une telle venue,
Qui, comme je disois, ne m'étoit pas connue,
C'est qu'il m'a marié sans m'en écrire rien,
Et qu'il vient en ces lieux célébrer ce lien.
Jugez, en prenant part à mon inquiétude,
S'il pouvoit m'arriver un contre-temps plus rude.
Cet Enrique, dont hier je m'informois à vous, (2)
Cause tout le malheur dont je ressens les coups :
Il vient avec mon père achever ma ruine,

---

(1) Le ciel, seigneur Arnolphe, a conclu mon malheur.
Le ciel a conclu, pour, *a décidé, a résolu mon malheur*. L'expression manque un peu de propriété.

(2) Cet Enrique, dont hier je m'informois à vous.
Hier, qui ne comptoit que pour une syllabe alors, compte pour deux aujourd'hui : toutefois, il est resté monosyllabe dans *avant-hier*.

Et c'est sa fille unique à qui l'on me destine.
J'ai, dès leurs premiers mots, pensé m'évanouir :
Et d'abord, sans vouloir plus long-temps les ouïr,
Mon père ayant parlé de vous rendre visite,
L'esprit plein de frayeur, je l'ai devancé vite.
De grace, gardez-vous de lui rien découvrir
De mon engagement qui le pourroit aigrir ;
Et tâchez, comme en vous il prend grande créance, (1)
De le dissuader de cette autre alliance.

ARNOLPHE.

Oüi-dà.

HORACE.

Conseillez-lui de différer un peu,
Et rendez, en ami, ce service à mon feu.

ARNOLPHE.

Je n'y manquerai pas.

HORACE.

C'est en vous que j'espère.

ARNOLPHE.

Fort bien.

HORACE.

Et je vous tiens mon véritable père.
Dites-lui que mon âge... Ah ! je le vois venir !
Écoutez les raisons que je vous puis fournir.

---

(1) *Et tâchez, comme en vous il prend grande créance.*
On disoit autrefois, *avoir* (et non *prendre*) *de la créance en quelqu'un* ; on disoit aussi, *avoir de la créance parmi les peuples, les gens de guerre*, etc. Aujourd'hui, *créance* ne se dit ni dans l'un ni dans l'autre sens.

SCÈNE VII.

ENRIQUE, ORONTE, CHRYSALDE, HORACE, ARNOLPHE.

(*Horace et Arnolphe se retirent dans un coin du théâtre, et parlent bas ensemble.*)

ENRIQUE, *à Chrysalde.*

Aussitôt qu'à mes yeux je vous ai vu paroître,
Quand on ne m'eût rien dit, j'aurois su vous connoître.
Je vous vois tous les traits * de cette aimable sœur
Dont l'hymen autrefois m'avoit fait possesseur;
Et je serois heureux, si la parque cruelle
M'eût laissé ramener cette épouse fidèle,
Pour jouir avec moi des sensibles douceurs
De revoir tous les siens après nos longs malheurs.
Mais, puisque du destin la fatale puissance
Nous prive pour jamais de sa chère présence,
Tâchons de nous résoudre, et de nous contenter [1]
Du seul fruit amoureux qui m'en est pu rester. ** [2]
Il vous touche de près; et, sans votre suffrage,
J'aurois tort de vouloir disposer de ce gage.
Le choix du fils d'Oronte est glorieux de soi;

VARIANTES. * *J'ai reconnu les traits.* — ** *Qui m'en ait pu rester.*

---

(1) Tâchons de nous résoudre, et de nous contenter.
Tâchons de nous résoudre, signifie, en cet endroit, tâchons de prendre notre parti, de nous résigner. L'usage n'a point consacré cette acception du verbe *se résoudre,* employé absolument.

(2) Du seul fruit amoureux qui m'en est pu rester.
C'est la seconde fois, dans cette pièce, que Molière a fait la faute de donner pour auxiliaire au verbe *pouvoir,* le verbe *être,* au lieu du verbe *avoir.* (Voir acte III, scène IV, page 99, note 2.)

Mais il faut que ce choix vous plaise comme à moi.

CHRYSALDE.

C'est de mon jugement avoir mauvaise estime,
Que douter si j'approuve un choix si légitime.

ARNOLPHE, *à part, à Horace.*

Oui, je vais vous servir* de la bonne façon.

HORACE, *à part, à Arnolphe.*

Gardez encore un coup...

ARNOLPHE, *à Horace.*

N'ayez aucun soupçon.

(*Arnolphe quitte Horace pour aller embrasser Oronte.*)

ORONTE, *à Arnolphe.*

Ah! que cette embrassade est pleine de tendresse!

ARNOLPHE.

Que je sens à vous voir une grande allégresse!

ORONTE.

Je suis ici venu....

ARNOLPHE.

Sans m'en faire récit,
Je sais ce qui vous mène. (1)

VARIANTE. * *Oui, je veux vous servir.*

_____

(1) .... Sans m'en faire récit,
    Je sais ce qui vous mène.

L'infinitif n'ayant point de personnes, comme les autres temps du verbe, *faire* semble se rapporter au sujet de la phrase qui est *je*, c'est-à-dire, Arnolphe qui parle, tandis que, par le sens, il se rapporte à Oronte. *Sans que vous m'en fassiez récit* eût été plus correct. — *Je sais ce qui vous mène,* il falloit, *ce qui vous amène.* Mener, s'entend d'un lieu, d'un but où n'est pas la personne qui parle; amener s'entend du lieu, du but où elle est : *quel motif vous menoit chez lui, et vous amène chez moi?*

ORONTE.

On vous l'a déjà dit?

ARNOLPHE.

Oui.

ORONTE.

Tant mieux.

ARNOLPHE.

Votre fils à cet hymen résiste,
Et son cœur prévenu n'y voit rien que de triste :
Il m'a même prié de vous en détourner ;
Et moi, tout le conseil que je vous puis donner,
C'est de ne pas souffrir que ce nœud se diffère,
Et de faire valoir l'autorité de père.
Il faut avec vigueur ranger les jeunes gens,
Et nous faisons contre eux à leur être indulgens. (1)

HORACE, *à part.*

Ah! traître!

CHRYSALDE.

Si son cœur a quelque répugnance,
Je tiens qu'on ne doit pas lui faire violence. *
Mon frère, que je crois, sera de mon avis.

ARNOLPHE.

Quoi! se laissera-t-il gouverner par son fils?
Est-ce que vous voulez qu'un père ait la mollesse

VARIANTE. * *Lui faire résistance.*

---

(1).   Et nous faisons contre eux à leur être indulgens.
On disoit autrefois, *faire contre quelqu'un, faire pour quelqu'un ; cela fait pour moi, contre moi,* c'est-à-dire, cela m'est favorable, m'est contraire.

De ne savoir pas faire obéir la jeunesse?
Il seroit beau, vraiment, qu'on le vît aujourd'hui
Prendre loi de qui doit la recevoir de lui! (1)
Non, non : c'est mon intime, et sa gloire est la mienne;
Sa parole est donnée, il faut qu'il la maintienne,
Qu'il fasse voir ici de fermes sentimens,
Et force de son fils tous les attachemens.

ORONTE.

C'est parler comme il faut, et, dans cette alliance,
C'est moi qui vous réponds de son obéissance.

CHRYSALDE, *à Arnolphe.*

Je suis surpris, pour moi, du grand empressement
Que vous me faites voir pour cet engagement,
Et ne puis deviner quel motif vous inspire...

ARNOLPHE.

Je sais ce que je fais, et dis ce qu'il faut dire.

ORONTE.

Oui, oui, seigneur Arnolphe, il est...

CHRYSALDE.

Ce nom l'aigrit;
C'est monsieur de la Souche, on vous l'a déja dit.

ARNOLPHE.

Il n'importe.

HORACE, *à part.*

Qu'entends-je?

---

(1) Prendre loi de qui doit la recevoir de lui.
Prendre la loi, seroit plus correct que, *prendre loi*, surtout à cause du pronom *la* qui vient ensuite, une des règles de notre langue étant que le pronom relatif *le*, *la*, *les*, ne peut se rapporter qu'à un nom précédé de l'article.

ARNOLPHE, *se retournant vers Horace.*

Oui, c'est là le mystère,
Et vous pouvez juger ce que je devois faire. [1]

HORACE, *à part.*

En quel trouble...

SCÈNE VIII.

ENRIQUE, ORONTE, CHRYSALDE, HORACE, ARNOLPHE, GEORGETTE.

GEORGETTE.

Monsieur, si vous n'êtes auprès,
Nous aurons de la peine à retenir Agnès;
Elle veut à tous coups s'échapper, et peut-être
Qu'elle se pourroit bien jeter par la fenêtre. [2]

ARNOLPHE.

Faites-moi la venir; aussi bien de ce pas
(*à Horace.*)
Prétends-je l'emmener. Ne vous en fâchez pas;
Un bonheur continu rendroit l'homme superbe;

---

[1] Ici, l'intrigue cesse avec l'erreur qui en a été le fondement, celle où Horace a été induit et entretenu par les deux noms d'Arnolphe. Le nom de la Souche, qu'il a ignoré fort naturellement, quoi qu'on en ait dit, et qui vient de lui être révélé plus naturellement encore, a fait et défait tout le *mystère*. Ce qui nous reste à entendre n'appartient plus au sujet de la pièce, quoique c'en soit le dénouement, parce que ce dénouement est fortuit et romanesque, et qu'on pourroit aisément le remplacer par un autre.

[2] Ce petit incident semble fort bien imaginé pour ramener d'abord le nom d'Agnès, et ensuite sa présence qui doit produire ou du moins consommer le dénouement.

ACTE V, SCÈNE IX.

Et chacun a son tour, comme dit le proverbe.

HORACE, *à part.*

Quels maux peuvent, ô ciel ! égaler mes ennuis !
Et s'est-on jamais vu dans l'abîme où je suis !

ARNOLPHE, *à Oronte.*

Pressez vîte le jour de la cérémonie,
J'y prends part, et déja moi-même je m'en prie.

ORONTE.

C'est bien notre dessein.*

SCÈNE IX.

AGNÈS, ORONTE, ENRIQUE, ARNOLPHE, HORACE, CHRYSALDE, ALAIN, GEORGETTE.

ARNOLPHE, *à Agnès.*

Venez, belle, venez,
Qu'on ne sauroit tenir (1), et qui vous mutinez.
Voici votre galant, à qui, pour récompense,
Vous pouvez faire une humble et douce révérence.

(*à Horace.*)

Adieu. L'événement trompe un peu vos souhaits ;

VARIANTE. * *C'est bien là mon dessein.*

---

(1) .... Venez, belle, venez,
Qu'on ne sauroit tenir.
Cette construction est peu régulière. Il falloit, *venez, belle, qu'on ne sauroit tenir,* ou bien, *venez, belle, venez, vous, qu'on ne sauroit tenir.*

Mais tous les amoureux ne sont pas satisfaits.

AGNÈS.

Me laissez-vous, Horace, emmener de la sorte?

HORACE.

Je ne sais où j'en suis, tant ma douleur est forte.

ARNOLPHE.

Allons, causeuse, allons.

AGNÈS.

Je veux rester ici.

ORONTE.

Dites-nous ce que c'est que ce mystère-ci.
Nous nous regardons tous, sans le pouvoir comprendre.

ARNOLPHE.

Avec plus de loisir je pourrai vous l'apprendre.
Jusqu'au revoir.

ORONTE.

Où donc prétendez-vous aller?
Vous ne nous parlez point comme il nous faut parler.

ARNOLPHE.

Je vous ai conseillé, malgré tout son murmure,
D'achever l'hyménée.

ORONTE.

Oui. Mais pour le conclure,
Si l'on vous a dit tout, ne vous a-t-on pas dit
Que vous avez chez vous celle dont il s'agit;
La fille qu'autrefois, de l'aimable Angélique,
Sous des liens secrets, eut le seigneur Enrique?
Sur quoi votre discours étoit-il donc fondé?

CHRYSALDE.

Je m'étonnois aussi de voir son procédé.

ACTE V, SCÈNE IX.

ARNOLPHE.

Quoi!...

CHRYSALDE.

D'un hymen secret ma sœur eut une fille,
Dont on cacha le sort à toute la famille.

ORONTE.

Et qui, sous de feints noms, pour ne rien découvrir,
Par son époux, aux champs fut donnée à nourrir.

CHRYSALDE.

Et dans ce temps, le sort, lui déclarant la guerre,
L'obligea de sortir de sa natale terre. (1)

ORONTE.

Et d'aller essuyer mille périls divers,
Dans ces lieux séparés de nous par tant de mers.

CHRYSALDE.

Où ses soins ont gagné ce que dans sa patrie
Avoient pu lui ravir l'imposture et l'envie.

ORONTE.

Et de retour en France, il a cherché d'abord

---

(1). Et dans ce temps, le sort, lui déclarant la guerre,
L'obligea de sortir de sa natale terre.

Ces mots, *le sort lui déclarant la guerre*, sembleroient devoir se rapporter à *ma sœur*, qui, dans la phrase précédente, est le sujet de la proposition principale, tandis qu'ils se rapportent réellement à *son époux*, qui n'est nommé qu'incidemment dans la proposition subordonnée. Ce vice dans la liaison grammaticale des deux phrases jette quelque obscurité sur le sens de la seconde, et peut même causer une équivoque. — *De sa natale terre*, pour, *de sa terre natale*, est une transposition insolite et fâcheuse pour l'oreille. Du reste, cet hémistiche se trouve plus de dix fois dans Rotrou, entre autres, dans la comédie des *Captifs*, imitée de Plaute :

A me voir éloigné de ma natale terre.

Celle à qui de sa fille il confia le sort.

CHRYSALDE.

Et cette paysanne a dit avec franchise,
Qu'en vos mains à quatre ans elle l'avoit remise.

ORONTE.

Et qu'elle l'avoit fait sur votre charité,
Par un accablement d'extrême pauvreté. (1)

CHRYSALDE.

Et lui, plein de transport et l'allégresse en l'ame,
A fait jusqu'en ces lieux conduire cette femme.

ORONTE.

Et vous allez enfin la voir venir ici,
Pour rendre aux yeux de tous ce mystère éclairci. (2)

---

(1)   Et qu'elle l'avoit fait sur votre charité,
    Par un accablement d'extrême pauvreté.

On ne dit pas bien, *sur votre charité,* pour, *sur votre réputation de charité ;* on ne dit guère mieux, *un accablement de pauvreté.* Ces deux vers sont plus que négligemment écrits.

(2) Voltaire qualifie avec raison ce dénouement de *postiche.* Il est certain qu'il ne sort point du sujet qui est la rivalité d'Arnolphe et d'Horace. Si cette rivalité se termine à l'avantage du dernier, c'est par un incident qui y est tout-à-fait étranger, et que rien n'empêcheroit d'être différent. Agnès, fruit d'un mariage clandestin, élevée sous un faux nom, et retrouvée par son père, rappelle fort ces expositions, ces suppositions, ces enlèvemens, et ces reconnoissances d'enfans, qui amènent la plupart des dénouemens de Plaute et de Térence, et qui du moins avoient dans les mœurs de l'antiquité un fondement qu'ils ne trouvent pas dans les mœurs modernes. L'histoire d'Agnès, malgré le soin qu'a pris Molière de la partager entre deux personnages qui la racontent en distiques alternatifs, est fort longue, et, quoiqu'on l'abrège au théâtre, elle y paroît trop longue encore. « J'ai toujours vu, dit La Harpe, qu'on
« n'écoutoit même pas le peu qu'on en dit, parce que l'on est d'accord
« avec l'auteur pour ôter Agnès des mains d'Arnolphe, n'importe com-
« ment, et la donner au jeune homme qu'elle aime. On a reproché à

ACTE V, SCÈNE IX.

CHRYSALDE, à *Arnolphe.*

Je devine à-peu-près quel est votre supplice ;
Mais le sort en cela ne vous est que propice.
Si n'être point cocu vous semble un si grand bien,
Ne vous point marier en est le vrai moyen.

ARNOLPHE, *s'en allant tout transporté, et ne pouvant parler.*

Ouf ! (1)

« Molière quelques dénouemens semblables ; c'est un défaut, sans doute,
« et il faut tâcher de l'éviter ; mais je crois cette partie bien moins im-
« portante dans la comédie que dans la tragédie. Comme celle-ci offre
« de grands intérêts à démêler, on fait la plus sérieuse attention à la
« manière dont l'action se termine ; mais comme, dans la comédie, il ne
« s'agit ordinairement que d'un mariage en dernier résultat, divertissez
« pendant cinq actes et amenez le mariage comme il vous plaira, le spec-
« tateur ne s'y rendra pas difficile, et je garantis le succès. »
Je ne puis pas laisser ignorer que Riccoboni, dans ses *Observations
sur la Comédie et le génie de Molière,* fait un grand éloge du dénouement de *l'École des Femmes.* « Il est, dit-il, préparé dès le commence-
« ment de l'action, sans qu'on puisse le soupçonner, et la reconnois-
« sance qui le forme, se fait avec une merveilleuse précision... Quoi
« qu'en disent les critiques, je ne crois pas qu'il y ait de dénouement
« mieux imaginé, ni mieux conduit. » Il est probable que cette admiration
de Riccoboni pour le dénouement de *l'École des Femmes,* provient de
sa prévention pour l'ancien théâtre italien, où la plupart des dénouemens, calqués sur ceux du théâtre antique, sont de la même espèce que
celui de cette comédie.

(1) Comme s'ils avoient juré de poursuivre le rôle d'Arnolphe de leurs
critiques jusqu'à sa dernière syllabe, les beaux-esprits dont j'ai déja tant
parlé, n'ont pas même fait grace à ce *ouf!* Boursault, dans son *Portrait
du Peintre,* prétend s'en moquer, en en faisant l'objet de l'admiration
d'un des plus ridicules personnages de sa pièce. Riccoboni, au contraire,
en fait l'éloge : « Ce soupir, dit-il, suffit pour faire connoître au père,
« aux deux oncles et à l'amant, qu'Agnès est la fille dont il est ques-
« tion. » Non-seulement ce soupir dit tout ce qu'il faut ; mais il le dit le

SCÈNE X.

ENRIQUE, ORONTE, CHRYSALDE, AGNÈS, HORACE.

ORONTE.

D'où vient qu'il s'enfuit sans rien dire ?

HORACE.

Ah ! mon père,
Vous saurez pleinement ce surprenant mystère.
Le hasard en ces lieux avoit exécuté
Ce que votre sagesse avoit prémédité.
J'étois, par les doux nœuds d'une ardeur mutuelle,*
Engagé de parole avecque cette belle ;
Et c'est elle, en un mot, que vous venez chercher,
Et pour qui mon refus a pensé vous fâcher. (1)

VARIANTE. * D'une amour mutuelle.

---

mieux possible. Quelles paroles auroient aussi bien exprimé la confusion, la douleur et la rage d'Arnolphe !

D'après une tradition de théâtre, qui remonte peut-être au temps de Molière, et qui n'en est pas meilleure pour cela, Alain et Georgette, à la représentation, s'en vont après avoir parodié chacun le *ouf* d'Arnolphe. Cette interjection est un son, a une valeur dans le vers, où elle compte pour une syllabe : il est clair que les valets, en la répétant, sans que Molière l'ait écrite pour eux, ajoutent à son texte deux syllabes qui ne se rattachent à rien.

(1)   Et c'est elle, en un mot, que vous venez chercher,
        Et pour qui mon refus a pensé vous fâcher.

On ne peut pas dire, *pour qui mon refus*, parce qu'on ne dit pas, *mon refus pour elle*. On diroit tout au plus, *le refus que j'ai fait d'elle*. Le vers demandoit à être tourné différemment.

ACTE V, SCÈNE X.

ENRIQUE.

Je n'en ai point douté d'abord que je l'ai vue,
Et mon ame depuis n'a cessé d'être émue.
Ah! ma fille, je cède à des transports si doux.

CHRYSALDE.

J'en ferois de bon cœur, mon frère, autant que vous;
Mais ces lieux et cela ne s'accommodent guères.
Allons dans la maison débrouiller ces mystères,
Payer à notre ami ses soins officieux,
Et rendre grace au ciel qui fait tout pour le mieux.

FIN DE L'ÉCOLE DES FEMMES.

NOTICE

HISTORIQUE ET LITTÉRAIRE

SUR L'ÉCOLE DES FEMMES.

L'ÉCOLE DES FEMMES fut jouée, pour la première fois, le 26 décembre 1662, eut trente représentations de suite, et fut imprimée au commencement de 1663.

Mademoiselle Debrie fut chargée du rôle d'Agnès, et le conserva, dit-on, jusqu'à l'âge avancé où elle se retira du théâtre, parce que le public n'y voulut jamais souffrir une autre actrice qu'elle. Brécourt joua le rôle d'Alain, et le joua si plaisamment que Louis XIV ne put s'empêcher de s'écrier : *Cet homme-là feroit rire des pierres.* Quant au rôle d'Arnolphe, Molière se l'étoit réservé, et il y excelloit. Un des détracteurs les plus acharnés de l'ouvrage, de Visé, a dit : « Jamais comédie ne fut si bien représentée, ni avec tant « d'art : chaque acteur sait combien il y doit faire de pas, et « toutes ses œillades sont comptées. » Ce passage prouve quelle importance et quel soin Molière mettoit à la représentation de ses ouvrages. Une pièce de lui, jouée par lui-même et par les comédiens qu'il avoit formés, devoit offrir la perfection de l'art théâtral.

L'École des Femmes eut un de ces succès que la contradiction anime et prolonge par les efforts mêmes qu'elle fait pour en amortir l'éclat et en abréger la durée. La pièce fut applaudie avec transport et déchirée avec fureur. Excellente suivant les uns, elle étoit détestable selon les autres; mais elle n'étoit trouvée ennuyeuse par personne : beaucoup la déclaroient indécente, et l'on crut remarquer que cette manière de la décrier ne faisoit qu'augmenter l'affluence. Les gestes, les cris d'indignation se mêlèrent aux bravos et aux éclats de rire ; on vit des hommes considérables ne pas craindre de se donner en spectacle, et accroître la gaieté publique par d'extravagantes démonstrations de mécontentement (1). Tout Paris, enfin, vit et voulut revoir cette singulière pièce sur laquelle on s'accordoit si peu; et ceux qui en avoient dit le plus de mal, ne furent pas les moins empressés à y retourner.

Les petits auteurs, jaloux de Molière, ne s'épargnèrent pas en cette occasion. Tandis que les gens du grand monde prononçoient contre l'ouvrage des décisions tranchantes, ils l'attaquoient avec des ménagemens perfides, accordoient quelques éloges sans conséquence, pour donner plus de poids à des critiques qu'ils croyoient capitales, affectoient un zèle

---

(1) Le comte du Broussin, pour faire sa cour au commandeur de Souvré qui n'approuvoit pas *l'École des Femmes*, sortit un jour au second acte, en disant tout haut qu'il ne savoit pas comment on avoit la patience d'écouter une pièce où l'on violoit ainsi les règles. C'est à cette aventure que Boileau fait allusion dans ces vers de son Épître à Racine :

Le commandeur vouloit la scène plus exacte ;
Le vicomte indigné sortoit au second acte.

Un particulier, nommé Plapisson, dont on ne sait rien, sinon qu'il passoit pour un grand philosophe, assistant, sur le théâtre, à la représentation de *l'École des Femmes*, haussoit les épaules à chaque éclat de rire du parterre, et, le regardant, tantôt avec dédain, tantôt avec colère, lui disoit tout haut : *Ris donc, parterre, ris donc.*

ardent pour les règles, et se disoient pressés du besoin de les défendre contre le poëte téméraire qui les avoit violées. Faudroit-il croire, sur la foi de l'abbé d'Aubignac, que Corneille, accoutumé depuis nombre d'années à occuper uniquement le public de ses ouvrages, et importuné d'un succès qui venoit, pour ainsi dire, le troubler dans cette longue possession, se fût uni à la cabale qui décrioit *l'École des Femmes*? Repoussons une imputation qui a peu de vraisemblance et dont rien n'atteste la vérité. L'auteur de *Zénobie*, calomniateur de l'auteur de *Cinna*, ou Corneille bassement envieux de Molière, c'est entre ces deux faits qu'il faut choisir. Il n'y a pas à balancer; nous devons prononcer en faveur du génie.

Molière, pour composer *l'École des Femmes*, n'a eu recours à aucun poëte dramatique; mais il a beaucoup emprunté à des auteurs de nouvelles. *Le Piacevoli Notti* (les Nuits facétieuses), de Jean-François Strapparole, conteur italien du seizième siècle, et une des nouvelles tragi-comiques de Scarron, intitulée *la Précaution inutile* (1), sont les principales sources où il a puisé.

Dans Strapparole, un jeune étudiant, favorisé par une femme qu'il ne sait pas être celle de son maître, va chaque fois conter sa bonne fortune au mari, qui, chaque fois, prend ses mesures pour rompre le commerce des deux amans, ne peut jamais parvenir à les surprendre ensemble, et est toujours la dupe de quelque nouveau stratagême. Voilà toute l'intrigue de *l'École des Femmes*; voilà *cette confidence per-*

---

(1) C'est dans cette même Nouvelle que Sédaine a pris le sujet et presque tous les détails de sa jolie comédie de *la Gageure imprévue*.

pétuelle en quoi, suivant Molière lui-même, *consiste la beauté du sujet de sa comédie* (1).

Dans Scarron, un gentilhomme grenadin, souvent trompé par des femmes d'esprit, imagine d'en épouser une bien sotte qu'il fait élever exprès et qu'il entoure de valets aussi sots qu'elle. Après lui avoir donné les instructions les plus ridicules sur le devoir des femmes mariées, il la quitte pour quelque temps. Pendant cette absence, un jeune homme, introduit auprès d'elle par l'entremise d'une vieille, lui donne d'autres leçons qu'elle reçoit avec docilité; et, au retour de son mari, elle n'a rien de plus pressé que de se vanter à lui de sa nouvelle science. Voilà les personnages d'Arnolphe et d'Agnès; voilà, pour dire vrai, tout le sujet de *l'École des Femmes*, considérée comme leçon de mœurs.

Molière ne doit donc pas moins à Strapparole et à Scarron, que la fable et les principaux caractères, en un mot que la partie dramatique et la partie morale de sa comédie. On peut assurer cependant qu'il a peu de pièces où brille davantage le mérite de la véritable invention comique, et qu'il n'en a peut-être pas une seule dont l'exécution porte un caractère si marqué d'originalité.

La constitution de cette pièce est tout-à-fait extraordinaire. Un double nom porté par un des personnages, voilà tout le nœud de l'action : ce nom révélé par hasard à un autre personnage qui l'ignoroit, en voilà tout le dénouement. Quelle est, du reste, cette action ? une suite de récits faits au même personnage, sur le même sujet, par le même interlocuteur. Imagineroit-on que de tels élémens pussent

---

(1) *Critique de l'École des Femmes*, scène VII.

constituer une comédie d'intrigue et de mœurs, en cinq actes, où l'intérêt allât toujours croissant; où tout fût animé, sans qu'il y eût, pour ainsi dire, de mouvement; où, enfin, l'exécution la plus riche et la plus variée sortît du fond le plus stérile et le plus uniforme en apparence? C'est une espèce de phénomène que Voltaire a décrit en peu de mots : « *L'École des Femmes*, a-t-il dit, est une pièce d'un genre « nouveau, laquelle, quoique toute en récits, est ménagée « avec tant d'art, que tout paroît être en action. »

Ces récits successifs ont toute la vivacité des faits qu'ils retracent et dont la plupart n'étoient pas de nature à être mis en action sur la scène. Chaque narration reproduit l'événement qui vient d'arriver ; et, d'une narration à l'autre, il y a tout juste l'intervalle de temps nécessaire pour un événement nouveau : ainsi, l'attention et la curiosité du spectateur sont constamment tenues en haleine. Le personnage qui a le plus d'intérêt à tout cacher, informe de tout celui qui a le plus d'intérêt à tout savoir : nous rions de l'imprudente confiance du premier; nous jouissons de la rage muette et concentrée du second. Celui-ci, habile, expérimenté, fertile en ressources, voit sans cesse échouer ou plutôt tourner contre lui-même les moyens qu'il imagine pour faire cesser les accointances *d'une jeune innocente et d'un jeune éventé* (1), dont l'une ne lui cache rien par simplicité, et dont l'autre lui confie tout par étourderie, mais que la fortune, d'intelligence avec l'amour, semble protéger, en dépit de leur indiscrétion, contre tous les desseins d'un ennemi vigilant et bien averti : cette suite de confidences forme donc véritablement une suite de situations dramatiques, dont l'effet seroit à peine

---

(1) Vers de *l'École des Femmes*, acte IV, scène VII.

égalé par tout ce que les jeux et les coups de théâtre peuvent avoir de plus vif et de plus frappant.

Plusieurs sortes d'invraisemblances résultoient nécessairement du sujet de *l'École des Femmes*.

Il falloit que le lieu de la scène fût une place publique, puisque les nombreux entretiens d'Horace avec Arnolphe ne pouvoient se passer dans la maison habitée par Agnès ; et cependant c'est dans cette maison même que se passeroient plus convenablement tous les entretiens d'Arnolphe avec la jeune fille qu'il veut cacher à tous les yeux.

Il falloit, par suite de cette première nécessité, qu'Horace, qui a jusqu'à cinq entretiens avec Arnolphe, le rencontrât autant de fois par hasard dans la rue : défaut si sensible, que Molière, désespérant d'échapper au reproche qu'il devoit lui attirer, a pris, en quelque sorte, le parti de se le faire à lui-même dans ce vers :

> La place m'est heureuse à vous y rencontrer.

Il falloit, enfin, qu'Arnolphe, ayant successivement pour interlocuteurs des personnages qui ne doivent pas se rencontrer sur la scène, séparât, chaque fois, sa conversation avec l'un, de son entretien avec l'autre, par un de ces entretiens avec soi-même, qu'on appelle monologues ; et, dans la pièce, il n'y en a pas moins de huit, dont la plupart sont fort longs.

Tels étoient les inconvéniens inévitables du sujet. Ce sont des difficultés que Molière n'a pas vaincues, puisqu'elles étoient insurmontables, ou plutôt que nous devons juger telles, puisqu'il ne les a pas surmontées ; mais heureusement elles ne l'ont pas détourné de son entreprise : il les a bravées avec toute l'audace du génie, et le succès a couronné cette audace.

Le personnage d'Arnolphe est un chef-d'œuvre de passion

et de ridicule. L'énergie de ses transports amoureux et jaloux l'a fait surnommer l'Orosmane de la comédie, et l'on sait que Le Kain vit assez de tragédie dans ce rôle pour avoir envie de se l'approprier : c'étoit moins, suivant lui, faire une excursion dans un domaine étranger, que rentrer dans un bien qui lui appartenoit. Arnolphe n'est point un *vieillard*, comme l'ont dit Voltaire, La Harpe, et beaucoup d'autres, trompés apparemment par la représentation, où la tyrannique division des emplois nous fait voir ordinairement ce personnage sous les traits de l'acteur à qui appartiennent les rôles d'amoureux sexagénaires. Arnolphe a quarante-deux ans seulement : Molière a marqué son âge, afin qu'on ne s'y méprît pas (1). Cet âge étoit précisément celui qu'avoit Molière lui-même à cette époque; et ce qui ajoute à la singularité de ce rapport qui n'est sûrement pas fortuit, c'est qu'amoureux et jaloux presque autant qu'Arnolphe, il venoit d'épouser la Béjart, qui étoit presque aussi jeune qu'Agnès, mais, à la vérité, n'étoit pas aussi ingénue. Le ridicule d'Arnolphe ne tient pas, comme celui de tous les tuteurs du théâtre, au contraste de son âge et de ses prétentions en amour; son tort n'est pas d'aimer une fille de seize ou dix-sept ans, et de vouloir en être aimé; son véritable travers est de croire qu'une femme d'esprit est nécessairement une femme infidèle, et que la stupidité est la meilleure caution de la vertu. S'il étoit vieux, imbécille et maussade, l'aversion d'Agnès pour lui seroit toute naturelle, et il n'en résulteroit aucune leçon; mais il est dans la force de l'âge; il est homme d'esprit et homme du monde : son in-

---

(1) Qui diable vous a fait aussi vous aviser
A quarante-deux ans de vous débaptiser?
École des Femmes, acte I, scène I.

fortune alors ne provient que de son faux calcul, et elle en est la juste punition.

Le rôle d'Agnès n'est point inférieur à celui d'Arnolphe. Dans ce rôle, Molière s'est éloigné de Scarron. Laure (c'est l'héroïne de la nouvelle tragi-comique), Laure est une véritable sotte. Son mari est dupe de sa stupidité, parce que son amant en abuse. La leçon est peut-être plus forte et plus complète. Agnès est simple; mais elle n'est point idiote; elle manque d'instruction, mais non pas de dispositions pour en acquérir; elle laisse échapper quelques vives lueurs d'un esprit naturel que tous les soins d'Arnolphe n'ont pu étouffer; elle s'aperçoit de son ignorance, en rougit, s'en indigne, et n'en trouve que plus odieux celui qui, au lieu de l'en tirer, s'est plu à l'y entretenir. Les conditions de la fable comique exigeoient ce changement. Il falloit qu'Agnès, échappant à la passion tyrannique d'Arnolphe, devînt la récompense d'un autre amour, et que, par conséquent, elle fût digne, à tous égards, de l'affection d'un galant homme.

J'ai promis, dans la Notice sur *l'École des Maris*, de faire remarquer la ressemblance qui existe entre cette comédie et *l'École des Femmes*. Le but dramatique, ai-je dit, est absolument le même. En effet, dans les deux ouvrages, c'est un homme qui, tenant dans sa dépendance une jeune fille dont il veut faire sa femme, prend, pour se faire aimer d'elle, des moyens qui ne servent qu'à l'en faire ahïr, et voit tous ses efforts pour la soustraire aux entreprises d'un jeune rival, n'aboutir qu'à la faire passer plus promptement en sa possession. Quant au but moral des deux comédies, s'il n'y a point de conformité, il y a du moins beaucoup d'analogie. Sganarelle croit qu'une sévérité excessive est ce qui peut le mieux contenir la jeunesse dans le devoir : Arnolphe pense qu'une profonde ignorance est ce qui doit l'empêcher le plus sûrement de s'en écarter. Ce sont deux systêmes d'éducation également absurdes ; ils ont également pour résultat de tromper les vues de l'instituteur, puisqu'ils le rendent odieux à son élève, et précipitent celui-ci dans les écarts mêmes qu'on veut lui faire éviter ; ici, en excitant, par la privation, son ardeur naturelle pour le plaisir ; là, en le mettant à la merci de tous les dangers, faute de lui en faire connoître aucun.

J'ai contesté la parfaite justesse du titre d'*École des Maris*. L'oserai-je dire ? celui d'*École des Femmes* me paroît convenir bien moins encore. Quelle instruction les femmes peuvent-elles tirer de la pièce ? de se comporter comme Agnès, si elles sont ingénues comme elle ? Il en est peu qui lui ressemblent, et ce n'est pas le théâtre, c'est quelque Horace qui leur donnera les leçons dont elles pourront avoir besoin. *L'École des Femmes* emprunteroit-elle son titre de ces *Maximes du mariage* dont Arnolphe fait faire la lecture a Agnès ? ce titre alors, au lieu de donner une idée du sujet, ne feroit que rappeler une des moindres circonstances de la pièce.

Tandis qu'une foule d'envieux essayoient de troubler, par le concert de leurs censures ineptes, un succès dont l'éclat les désespéroit, Boileau, non moins ardent à venger le génie des outrages de la médiocrité, qu'à punir la médiocrité elle-même de ses insolentes prétentions et de ses honneurs usurpés, Boileau adressoit des vers consolans à Molière importuné par les détracteurs de son *École des Femmes*, comme il en adressa dans la suite à Racine trop affligé des critiques qu'essuyoit sa *Phèdre*. Ce fut le 1er janvier 1663 que Molière reçut de son ami les stances qu'on va lire :

> En vain mille jaloux esprits,
> Molière, osent, avec mépris,
> Censurer ton plus bel ouvrage :

Sa charmante naïveté
S'en va pour jamais, d'âge en âge,
Divertir la postérité.

Que tu ris agréablement!
Que tu badines savamment!
Celui qui sut vaincre Numance,
Qui mit Carthage sous sa loi,
Jadis sous le nom de Térence,
Sut-il mieux badiner que toi?

Ta Muse, avec utilité,
Dit plaisamment la vérité,
Chacun profite à ton École;
Tout en est beau, tout en est bon;
Et ta plus burlesque parole
Vaut souvent un docte sermon.

Laisse gronder tes envieux;
Ils ont beau crier en tous lieux
Qu'en vain tu charmes le vulgaire,
Que tes vers n'ont rien de plaisant:
Si tu savois un peu moins plaire,
Tu ne leur déplairois pas tant.

LA CRITIQUE

DE

L'ÉCOLE DES FEMMES,

COMÉDIE EN UN ACTE.

1663.

A LA REINE MÈRE.[1]

MADAME,

Je sais bien que Votre Majesté n'a que faire de toutes nos dédicaces*, et que ces prétendus devoirs, dont on lui dit élégamment qu'on s'acquitte envers Elle, sont des hommages, à dire

Variante. * *De toutes mes dédicaces.*

---

(1) Anne d'Autriche, mère de Louis XIV, ne survécut pas beaucoup à la maladie dont Molière, dans cette Épitre dédicatoire, la félicite d'être rétablie : elle mourut moins de trois ans après, le 20 janvier 1666, âgée de soixante-quatre ans. C'étoit une bonne princesse, fière et pourtant affable, foible et cependant capable de résolution, même de persévérance, pieuse et toutefois amie de la galanterie délicate et ingénieuse. Sa dévotion étoit telle que Molière la représente; après avoir prié avec beaucoup de ferveur dans son oratoire, elle alloit rire de fort bon cœur dans sa loge à la comédie.

vrai, dont ELLE nous dispenseroit très-volontiers. Mais je ne laisse pas d'avoir l'audace de lui dédier *la Critique de l'École des Femmes*; et je n'ai pu refuser cette petite occasion de pouvoir témoigner ma joie à VOTRE MAJESTÉ, sur cette heureuse convalescence, qui redonne à nos vœux la plus grande et la meilleure princesse du monde, et nous promet en ELLE de longues années d'une santé vigoureuse. Comme chacun regarde les choses du côté de ce qui le touche, je me réjouis dans cette allégresse générale, de pouvoir encore obtenir l'honneur* de divertir VOTRE MAJESTÉ; ELLE, MADAME, qui prouve si bien que la véritable dévotion n'est point contraire aux honnêtes divertissemens; qui, de ses hautes pensées et de ses importantes occupations, descend si humainement dans le plaisir de nos spectacles, et ne dédaigne pas de rire de cette même bouche dont ELLE prie si bien Dieu. Je flatte, dis-je, mon esprit de l'espérance de cette gloire; j'en attends le moment avec toutes

VARIANTE. * *Avoir l'honneur.*

les impatiences du monde; et quand je jouirai de ce bonheur, ce sera la plus grande joie que puisse recevoir,

MADAME,

De Votre Majesté,

Le très-humble, très-obéissant,
et très-fidèle serviteur et sujet,
J.-B. P. Molière.

ACTEURS.

URANIE.
ÉLISE.
CLIMÈNE.
LE MARQUIS.
DORANTE ou LE CHEVALIER.
LYSIDAS, poëte.
GALOPIN, laquais.

La scène est à Paris, dans la maison d'Uranie.

LA CRITIQUE

DE

L'ÉCOLE DES FEMMES,

COMÉDIE.

SCÈNE PREMIÈRE.

URANIE, ÉLISE.

URANIE.

Quoi! cousine, personne ne t'est venu rendre visite?

ÉLISE.

Personne du monde.⁽¹⁾

URANIE.

Vraiment, voilà qui m'étonne, que nous ayons été seules l'une et l'autre tout aujourd'hui.

ÉLISE.

Cela m'étonne aussi, car ce n'est guère notre coutume; et votre maison, dieu merci, est le refuge ordinaire de tous les fainéans de la cour.

---

(1) On disoit autrefois, *personne du monde, rien du monde*. On trouve, dans l'édition du dictionnaire de l'Académie de 1694, cet exemple : *je ne voudrois de cette maison pour rien du monde*. On dit aujourd'hui, *rien au monde, personne au monde*.

URANIE.

L'après-dînée, à dire vrai, m'a semblé fort longue.

ÉLISE.

Et moi, je l'ai trouvée fort courte.

URANIE.

C'est que les beaux-esprits, cousine, aiment la solitude. (1)

ÉLISE.

Ah! très-humble servante au bel-esprit; vous savez que ce n'est pas là que je vise.

URANIE.

Pour moi, j'aime la compagnie, je l'avoue.

ÉLISE.

Je l'aime aussi, mais je l'aime choisie; et la quantité de sottes visites qu'il vous faut essuyer parmi les autres, est cause bien souvent que je prends plaisir d'être seule. (2)

URANIE.

La délicatesse est trop grande, de ne pouvoir souffrir que des gens triés.

---

(1) *Les beaux-esprits, cousine, aiment la solitude.* — Cette phrase jouit du même privilége que beaucoup de vers de Molière : elle est devenue proverbe; on la dit aux gens qu'on rencontre seuls et à l'écart, dans une promenade ou à la campagne. Racine a dit la même chose des amans, dans son *Alexandre :*

L'entretien des amans cherche la solitude.

(2) *Est cause bien souvent que je prends plaisir d'être seule.* — On dit, aujourd'hui, *prendre plaisir à une chose,* et non, *d'une chose, à faire,* et non, *de faire une chose.* Molière a déja dit, dans *le Dépit amoureux :*

.... Prenons plaisir de l'aventure.

SCÈNE I.

ÉLISE.

Et la complaisance est trop générale, de souffrir indifféremment toutes sortes de personnes.

URANIE.

Je goûte ceux qui sont raisonnables, et me divertis des extravagans.

ÉLISE.

Ma foi, les extravagans ne vont guère loin sans vous ennuyer, et la plupart de ces gens-là ne sont plus plaisans dès la seconde visite. Mais à propos d'extravagans, ne voulez-vous pas me défaire de votre marquis incommode ? Pensez-vous me le laisser toujours sur les bras, et que je puisse durer à ses turlupinades perpétuelles ? (1)

URANIE.

Ce langage est à la mode, et l'on le tourne en plaisanterie à la cour. (2)

---

(1) *Que je puisse durer à ses turlupinades perpétuelles.* — Ce mot de *turlupinade* vient de Turlupin, célèbre farceur de la troupe de l'hôtel de Bourgogne. Il se nommoit Henri Legrand ; il avoit pris le nom de Belleville pour le haut comique, et celui de Turlupin pour la farce, où il excelloit. Il étoit monté sur le théâtre vers 1583 : on croit qu'il mourut en 1634, comme ses deux camarades, Gros-Guillaume et Gaultier-Garguille. On a donné aux mauvais plaisans, aux faiseurs de pointes et de quolibets, le nom de *turlupins*. Molière ne remporta pas sur les turlupins une victoire aussi complète que sur les précieuses, puisque, dix ans encore après *la Critique de l'École des Femmes*, la cour n'étoit pas purgée de cette ridicule engeance, comme le témoignent ces vers de *l'Art poétique*, de Boileau, publié en 1674 :

> Toutefois à la cour les turlupins restèrent,
> Insipides plaisans, bouffons infortunés,
> D'un jeu de mots grossier partisans surannés.

(2) *Ce langage est à la mode, et l'on le tourne en plaisanterie à la cour.* — Selon l'acception actuelle, *tourner une chose en plaisanterie*,

ÉLISE.

Tant pis pour ceux qui le font, et qui se tuent tout le jour à parler ce jargon obscur. La belle chose de faire entrer, aux conversations du Louvre, de vieilles équivoques ramassées parmi les boues des Halles et de la place Maubert [1]! La jolie façon de plaisanter pour des courtisans, et qu'un homme montre d'esprit lorsqu'il vient vous dire : Madame vous êtes dans la place Royale, et tout le monde vous voit de trois lieues de Paris, car chacun vous voit de bon œil ; à cause que Bonneuil est un village à trois lieues d'ici! Cela n'est-il pas bien galant et bien spirituel? Et ceux qui trouvent ces belles rencontres, n'ont-ils pas lieu de s'en glorifier?

URANIE.

On ne dit pas cela aussi comme une chose spirituelle; et la plupart de ceux qui affectent ce langage, savent bien eux-mêmes qu'il est ridicule.

ÉLISE.

Tant pis encore, de prendre peine à dire des sottises, et d'être mauvais plaisans de dessein formé. Je les en tiens moins excusables ; et si j'en étois juge, je sais bien

---

c'est en plaisanter, autrement, s'en moquer. Uranie emploie cette expression dans un sens différent ; elle veut dire que les turlupinades sont un genre de plaisanterie dont on s'amuse à la cour.

(1) L'opinion commune est que la place Maubert est ainsi nommée, à cause qu'Albert-le-Grand y donnoit ses leçons de philosophie. Dans ce cas, le nom de *Maubert* seroit formé, par contraction, de ces deux mots, *maître Albert*. Ménage n'adopte point cette étymologie, et il remarque qu'elle a pour auteurs des Dominicains, qui ont cru par là ajouter quelque chose à l'illustration d'un des plus fameux personnages de leur ordre.

à quoi je condamnerois tous ces messieurs les turlupins.(1)

URANIE.

Laissons cette matière qui t'échauffe un peu trop, et disons que Dorante vient bien tard, à mon avis, pour le souper que nous devons faire ensemble.

ÉLISE.

Peut-être l'a-t-il oublié, et que...

SCÈNE II.

URANIE, ÉLISE, GALOPIN.

GALOPIN.

Voilà Climène, madame, qui vient ici pour vous voir.

URANIE.

Hé! mon dieu! quelle visite!

ÉLISE.

Vous vous plaigniez d'être seule*; aussi le ciel vous en punit.

VARIANTE. * *Vous vous plaignez d'être seule.*

---

(1) Les turlupins modernes, c'est-à-dire les faiseurs de calembours, ressemblent exactement à ceux du temps de Molière; comme eux, ils croient faire passer leurs sottises, en ne les donnant que pour ce qu'elles valent. C'est une règle de leur art, qu'un calembour doit être sans prétention, et que le meilleur est celui dont on dit: *Ah! que c'est bête!* Voilà un bien noble exercice pour l'esprit, voilà un triomphe bien flatteur pour l'amour-propre! Dieu merci, ce méprisable genre, fléau des entretiens raisonnables et spirituels, n'infeste plus autant la bonne compagnie, depuis qu'on s'est aperçu qu'il faisoit les délices de la mauvaise. On y a renoncé comme à une mode descendue chez les gens du peuple.

URANIE.
Vîte, qu'on aille dire que je n'y suis pas.
GALOPIN.
On a déja dit que vous y étiez.
URANIE.
Et qui est le sot qui l'a dit?
GALOPIN.
Moi, madame.
URANIE.
Diantre soit le petit vilain! Je vous apprendrai bien à faire vos réponses de vous-même.
GALOPIN.
Je vais lui dire, madame, que vous voulez être sortie.
URANIE.
Arrêtez, animal, et la laissez monter, puisque la sottise est faite.
GALOPIN.
Elle parle encore à un homme dans la rue.
URANIE.
Ah! cousine, que cette visite m'embarrasse à l'heure qu'il est!
ÉLISE.
Il est vrai que la dame est un peu embarrassante de son naturel; j'ai toujours eu pour elle une furieuse aversion; et, n'en déplaise à sa qualité, c'est la plus sotte bête qui se soit jamais mêlée de raisonner.
URANIE.
L'épithète est un peu forte.

ÉLISE.

Allez, allez, elle mérite bien cela, et quelque chose de plus, si on lui faisoit justice. Est-ce qu'il y a une personne qui soit plus véritablement qu'elle, ce qu'on appelle précieuse, à prendre le mot dans sa plus mauvaise signification ? [1]

URANIE.

Elle se défend bien de ce nom, pourtant.

ÉLISE.

Il est vrai. Elle se défend du nom, mais non pas de la chose [2] : car enfin elle l'est depuis les pieds jusqu'à la tête, et la plus grande façonnière du monde. Il semble que tout son corps soit démonté, et que les mouvemens de ses hanches, de ses épaules et de sa tête, n'aillent que par ressorts. Elle affecte toujours un ton de voix languissant et niais, fait la moue pour montrer une petite bouche, et roule les yeux pour les faire paroître grands.

URANIE.

Doucement donc. Si elle venoit à entendre...

---

[1] Il y avoit quatre ans que la comédie des *Précieuses ridicules* avoit été jouée pour la première fois, lorsque parut *la Critique de l'École des Femmes*. A cette époque, le mot de *précieuse* commençoit à n'avoir plus qu'une signification ; et, pour qualifier une femme affectée dans ses sentimens, dans ses manières et dans son langage, il suffisoit déjà de dire qu'elle étoit *précieuse*, sans ajouter qu'elle étoit *ridicule*.

[2] *Elle se défend du nom, mais non pas de la chose.* — Dans cette phrase, le verbe *se défendre* sert à deux usages tout-à-fait différens. Climène *se défend du nom* de précieuse, c'est-à-dire nie que ce nom lui soit applicable ; et elle ne *se défend* pas *de la chose*, c'est-à-dire ne s'en garantit pas, n'évite pas d'être ce qu'elle *se défend* d'être. Le bon goût proscrit cette espèce de jeu de mots.

ÉLISE.

Point, point, elle ne monte pas encore. Je me souviens toujours du soir qu'elle eut envie de voir Damon, sur la réputation qu'on lui donne, et les choses que le public a vues de lui. Vous connoissez l'homme, et sa naturelle paresse [1] à soutenir la conversation. Elle l'avoit invité à souper comme bel-esprit, et jamais il ne parut si sot, parmi une demi-douzaine de gens à qui elle avoit fait fête de lui, et qui le regardoient avec de grands yeux, comme une personne qui ne devoit pas être faite comme les autres. Ils pensoient tous qu'il étoit là pour défrayer la compagnie de bons mots ; que chaque parole qui sortoit de sa bouche devoit être extraordinaire ; qu'il devoit faire des impromptus sur tout ce qu'on disoit, et ne demander à boire qu'avec une pointe. Mais il les trompa fort par son silence ; et la dame fut aussi mal satisfaite de lui, que je le fus d'elle. [2]

---

[1] *Sa naturelle paresse.* — On voit plus loin, *le contraire parti. Naturel* et *contraire* sont de ces adjectifs qui, en prose, doivent toujours suivre le nom, et que la poésie seule a le droit de transposer.

[2] Plusieurs personnes ont cru reconnoître La Fontaine dans le portrait de ce Damon qui, invité à souper comme bel-esprit, trompa par son silence les convives qui attendoient de lui force bons mots et impromptus. Il est vrai qu'on raconte la même chose de La Fontaine ; mais son silence, en pareille occasion, étoit moins l'effet d'une *paresse naturelle à soutenir la conversation*, que de sa distraction habituelle qui l'empêchoit d'y prendre part. Je croirois bien plutôt que Molière a voulu se peindre lui-même. Ce que ses contemporains racontent de sa manière d'être dans le monde, s'accorde parfaitement avec le rôle qu'il fait jouer ici à Damon. Il y étoit silencieux et recueilli, comme doit l'être tout observateur de l'homme et de la société. De Villiers, dans cette comédie de *Zélinde*, que j'ai déja eu occasion de citer plusieurs fois, a fait de Mo-

SCÈNE III.

URANIE.

Tais-toi. Je vais la recevoir à la porte de la chambre.

ÉLISE.

Encore un mot. Je voudrois bien la voir mariée avec le marquis dont nous avons parlé. Le bel assemblage que ce seroit d'une précieuse et d'un turlupin!

URANIE.

Veux-tu te taire? La voici.

SCÈNE III.

CLIMÈNE, URANIE, ÉLISE, GALOPIN.

URANIE.

Vraiment, c'est bien tard que...

CLIMÈNE.

Hé! de grace, ma chère, faites-moi vîte donner un siége.

---

lière un portrait qui, sauf quelques traits où perce l'inimitié du peintre, devoit ressembler beaucoup à celui que Boileau nommoit le *contemplateur*. C'est un marchand qui parle : « Élomire (anagramme de Molière) « n'a pas dit une seule parole. Je l'ai trouvé appuyé sur ma boutique, « dans la posture d'un homme qui rêve. Il avoit les yeux collés sur trois « ou quatre personnes de qualité qui marchandoient des dentelles ; il « paroissoit attentif à leurs discours, et il sembloit, par le mouvement « de ses yeux, qu'il regardoit jusques au fond de leurs ames pour y « voir ce qu'elles ne disoient pas : je crois même qu'il avoit des tablettes, « et, qu'à la faveur de son manteau, il a écrit, sans être aperçu, ce « qu'elles ont dit de plus remarquable. » Un personnage dit que peut-être il avoit un crayon et dessinoit leurs grimaces pour les représenter au naturel sur son théâtre. Le marchand reprend : « S'il ne les a dessinées « sur ses tablettes, je ne doute point qu'il ne les ait imprimées dans son « imagination. C'est un dangereux personnage : il y en a qui ne vont « point sans leurs mains ; mais l'on peut dire de lui qu'il ne va point « sans ses yeux, ni sans ses oreilles. »

URANIE, *à Galopin*.

Un fauteuil promptement.

CLIMÈNE.

Ah! mon dieu!

URANIE.

Qu'est-ce donc?

CLIMÈNE.

Je n'en puis plus.

URANIE.

Qu'avez-vous?

CLIMÈNE.

Le cœur me manque.

URANIE.

Sont-ce vapeurs qui vous ont pris? [1]

CLIMÈNE.

Non.

URANIE.

Voulez-vous que l'on vous délace?

CLIMÈNE.

Mon dieu non. Ah!

URANIE.

Quel est donc votre mal, et depuis quand vous a-t-il pris?

---

[1] *Sont-ce vapeurs qui vous ont pris?* — On diroit aujourd'hui, *sont-ce des vapeurs qui vous ont pris?* On ne diroit pas bien, en parlant d'une femme, *des vapeurs l'ont prise;* mais on dit, *la fièvre lui a pris,* ou *l'a prise.* La raison de cette différence est que *la fièvre* peut être personnifiée et considérée en quelque sorte comme un individu qui en saisit un autre, tandis qu'il n'en est pas de même *des vapeurs.*

SCÈNE III.

CLIMÈNE.

Il y a plus de trois heures, et je l'ai rapporté du Palais-Royal. *⁽¹⁾

URANIE.

Comment?

CLIMÈNE.

Je viens de voir, pour mes péchés, cette méchante rapsodie de l'École des Femmes. Je suis encore en défaillance du mal de cœur que cela m'a donné, et je pense que je n'en reviendrai de plus de quinze jours.

ÉLISE.

Voyez un peu comme les maladies arrivent sans qu'on y songe! ⁽²⁾

URANIE.

Je ne sais pas de quel tempérament nous sommes, ma cousine et moi; mais nous fûmes avant-hier à la même pièce ⁽³⁾, et nous en revînmes toutes deux saines et gaillardes.

CLIMÈNE.

Quoi! vous l'avez vue?

VARIANTE. * *Et je l'ai apporté du Palais-Royal.*

---

(1) On se rappelle que la troupe de Molière jouoit alors sur le théâtre du Palais-Royal.

(2) Boursault, dans *le Portrait du Peintre, ou la Contre-critique de l'École des Femmes*, qui n'est guère qu'une parodie de *la Critique de Molière*, a mis en un vers cette phrase de prose :

Voyez comme les maux viennent sans qu'on y songe!

(3) *Mais nous fûmes avant-hier à la même pièce.* — Sur l'emploi de *je fus*, à la place de *j'allai*, voir les *Précieuses ridicules*, p. 40, note 2.

URANIE.

Oui; et écoutée d'un bout à l'autre.

CLIMÈNE.

Et vous n'en avez pas été jusques aux convulsions, ma chère?

URANIE.

Je ne suis pas si délicate, dieu merci; et je trouve, pour moi, que cette comédie seroit plutôt capable de guérir les gens, que de les rendre malades.

CLIMÈNE.

Ah! mon dieu! que dites-vous là? Cette proposition peut-elle être avancée par une personne qui ait du revenu en sens commun? Peut-on impunément, comme vous faites, rompre en visière à la raison? Et dans le vrai de la chose, est-il un esprit si affamé de plaisanterie, qu'il puisse tâter des fadaises dont cette comédie est assaisonnée? Pour moi, je vous avoue que je n'ai pas trouvé le moindre grain de sel dans tout cela. *Les enfans par l'oreille* m'ont paru d'un goût détestable; *la tarte à la crême* m'a affadi le cœur; et j'ai pensé vomir *au potage.* (1)

ÉLISE.

Mon dieu! que tout cela est dit élégamment! J'aurois

---

(1) Les ennemis de Molière ne manquèrent pas de dire qu'il se répétoit et se pilloit lui-même, parce que Climène parle à peu près le même langage que Cathos et Madelon. Les précieuses, courroucées depuis long-temps contre lui, avoient profité de l'espèce de soulèvement excité par *l'École des Femmes,* comme d'une occasion favorable pour lui prouver leur ressentiment, et elles s'étoient singulièrement déchaînées contre la pièce. Il étoit naturel qu'il les traduisît une seconde fois sur la scène, pour leur y infliger une nouvelle correction qui les réduisît enfin au silence.

cru que cette pièce étoit bonne; mais madame a une éloquence si persuasive, elle tourne les choses d'une manière si agréable, qu'il faut être de son sentiment, malgré qu'on en ait.

URANIE.

Pour moi, je n'ai pas tant de complaisance; et, pour dire ma pensée, je tiens cette comédie une des plus plaisantes que l'auteur ait produites.

CLIMÈNE.

Ah! vous me faites pitié, de parler ainsi; et je ne saurois vous souffrir cette obscurité de discernement. Peut-on, ayant de la vertu, trouver de l'agrément dans une pièce qui tient sans cesse la pudeur en alarme, et salit à tout moment l'imagination?

ÉLISE.

Les jolies façons de parler que voilà! Que vous êtes, madame, une rude joueuse en critique, et que je plains le pauvre Molière de vous avoir pour ennemie!

CLIMÈNE.

Croyez-moi, ma chère, corrigez de bonne foi votre jugement; et, pour votre honneur, n'allez point dire par le monde, que cette comédie vous ait plu.

URANIE.

Moi, je ne sais pas ce que vous y avez trouvé qui blesse la pudeur.

CLIMÈNE.

Hélas! tout; et je mets en fait qu'une honnête femme ne la sauroit voir sans confusion, tant j'y ai découvert d'ordures et de saletés.

URANIE.

Il faut donc que pour les ordures vous ayez des lumières, que les autres n'ont pas; car, pour moi, je n'y en ai point vu.

CLIMÈNE.

C'est que vous ne voulez pas y en avoir vu, assurément; car enfin toutes ces ordures, dieu merci, y sont à visage découvert. Elles n'ont pas la moindre enveloppe qui les couvre, et les yeux les plus hardis sont effrayés de leur nudité.

ÉLISE.

Ah!

CLIMÈNE.

Hai, hai, hai.

URANIE.

Mais encore, s'il vous plaît, marquez-moi une de ces ordures que vous dites.

CLIMÈNE.

Hélas! est-il nécessaire de vous les marquer?

URANIE.

Oui. Je vous demande seulement un endroit qui vous ait fort choquée.

CLIMÈNE.

En faut-il d'autre que la scène de cette Agnès, lorsqu'elle dit ce que l'on lui a pris?

URANIE.

Eh bien! que trouvez-vous là de sale?*

CLIMÈNE.

Ah!

URANIE.

De grace.

VARIANTE. * *Et que trouvez-vous là de sale?*

SCÈNE III.

CLIMÈNE.

Fi!

URANIE.

Mais encore?

CLIMÈNE.

Je n'ai rien à vous dire.

URANIE.

Pour moi, je n'y entends point de mal.

CLIMÈNE.

Tant pis pour vous.

URANIE.

Tant mieux plutôt, ce me semble. Je regarde les choses du côté qu'on me les montre, et ne les tourne point pour y chercher ce qu'il ne faut pas voir.

CLIMÈNE.

L'honnêteté d'une femme...

URANIE.

L'honnêteté d'une femme n'est pas dans les grimaces. Il sied mal de vouloir être plus sage que celles qui sont sages. L'affectation en cette matière est pire qu'en toute autre; et je ne vois rien de si ridicule que cette délicatesse d'honneur, qui prend tout en mauvaise part, donne un sens criminel aux plus innocentes paroles, et s'offense de l'ombre des choses. Croyez-moi, celles qui font tant de façons, n'en sont pas estimées plus femmes de bien. Au contraire, leur sévérité mystérieuse, et leurs grimaces affectées, irritent la censure de tout le monde contre les actions de leur vie. On est ravi de découvrir ce qu'il peut y avoir à redire; et, pour tomber dans l'exemple⁽¹⁾, il y avoit l'autre jour des femmes à cette comédie, vis-à-vis de la loge où nous étions, qui, par les mines qu'elles affectèrent durant toute la pièce, leurs détournemens de tête, et leurs cachemens de visage ⁽²⁾, firent dire de tous côtés cent sottises de leur conduite, que l'on n'auroit pas dites sans cela ; et quelqu'un même des laquais cria tout haut, qu'elles étoient plus chastes des oreilles que de tout le reste du corps ⁽³⁾.

CLIMÈNE.

Enfin il faut être aveugle dans cette pièce, et ne pas faire semblant d'y voir les choses.

URANIE.

Il ne faut pas y vouloir voir ce qui n'y est pas.

---

(1) *Pour tomber dans l'exemple.* — On diroit plutôt aujourd'hui, *pour en venir à l'exemple.*

(2) *Leurs détournemens de tête, et leurs cachemens de visage.* — Notre langue manque des substantifs nécessaires pour désigner l'action représentée par le verbe *cacher* et même par le verbe *détourner*, car *détour de tête* seroit une expression barbare. Molière a risqué les mots *détournement* et *cachement*, et je pense qu'il a bien fait. Souvent, dans la conversation, les gens les mieux instruits des lois et des ressources du langage, créent, pour le besoin et par analogie, de ces mots qui rendent leur pensée avec bien plus de force et de précision que ne pourroit le faire la meilleure des périphrases. Il est à regretter que l'autorité de Molière n'ait pas fait admettre dans notre langue deux substantifs nécessaires, qui dérivent aussi naturellement du verbe, qu'*abaissement, accouchement, enfoncement*, et mille autres. Madame de Maintenon s'est servie du mot *détournement*.

(3) C'est peut-être à cause de sa crudité, que Molière prête ce propos à un laquais plutôt qu'à toute autre personne ; c'est peut-être aussi une manière de dire que le ridicule de ces dames étoit si frappant, qu'il ne pouvoit pas même échapper aux hommes les plus grossiers. Du reste, le passage prouve que les gens à livrée avoient alors la liberté d'assister au spectacle.

SCÈNE III.

CLIMÈNE.

Ah! je soutiens, encore un coup, que les saletés y crèvent les yeux.

URANIE.

Et moi, je ne demeure pas d'accord de cela.

CLIMÈNE.

Quoi! la pudeur n'est pas visiblement blessée par ce que dit Agnès dans l'endroit dont nous parlons?

URANIE.

Non, vraiment. Elle ne dit pas un mot, qui de soi ne soit fort honnête; et si vous voulez entendre dessous quelque autre chose, c'est vous qui faites l'ordure, et non pas elle, puisqu'elle parle seulement d'un ruban qu'on lui a pris.

CLIMÈNE.

Ah! ruban tant qu'il vous plaira; mais ce *le*, où elle s'arrête, n'est pas mis pour des prunes. Il vient sur ce *le* d'étranges pensées. Ce *le* scandalise furieusement; et, quoi que vous puissiez dire, vous ne sauriez défendre l'insolence de ce *le*.

ÉLISE.

Il est vrai, ma cousine, je suis pour madame contre ce *le*. Ce *le* est insolent au dernier point, et vous avez tort de défendre ce *le*.

CLIMÈNE.

Il a une obscénité qui n'est pas supportable.

ÉLISE.

Comment dites-vous ce mot-là, madame?

CLIMÈNE.

Obscénité, madame.

ÉLISE.

Ah! mon dieu, obscénité. Je ne sais ce que ce mot veut dire; mais je le trouve le plus joli du monde. (1)

CLIMÈNE.

Enfin, vous voyez comme votre sang prend mon parti.

URANIE.

Hé! mon dieu! c'est une causeuse qui ne dit pas ce qu'elle pense. Ne vous y fiez pas beaucoup, si vous m'en voulez croire.

ÉLISE.

Ah! que vous êtes méchante, de me vouloir rendre suspecte à madame! Voyez un peu où j'en serois, si elle alloit croire ce que vous dites! Serois-je si malheureuse, madame, que vous eussiez de moi cette pensée?

CLIMÈNE.

Non, non. Je ne m'arrête pas à ses paroles, et je vous crois plus sincère qu'elle ne dit.

---

(1) Ce passage prouve que le mot *obscénité*, très-usité aujourd'hui, étoit alors fort nouveau, et même réprouvé par le bon usage. Onze ans encore après, le P. Bouhours, dans ses *Doutes sur la langue françoise*, reprochoit à Ménage de s'en être servi. Peut-être le jésuite grammairien ne l'avoit-il pris en aversion que parce qu'il étoit de création janséniste. On lit, dans les œuvres d'Antoine Arnauld, qu'il a été employé, pour la première fois, par les auteurs de la traduction de la Bible, connus sous le nom de *traducteurs de Mons*. Quoi qu'il en soit, l'histoire du mot *obscénité* est celle de beaucoup de mots, qu'on a condamnés à leur naissance, et que les écrivains les plus exacts emploient maintenant sans scrupule. Sans remonter aux premières années du règne de Louis XIV, époque à laquelle la langue n'étoit point encore fixée, on voit, en 1726, l'abbé Desfontaines faire, dans son *Dictionnaire néologique*, le procès à une foule de termes que l'usage et l'autorité ont consacrés depuis, tels que *célérité, popularité, rivalité, bienfaisance*, etc.

SCÈNE III.

ÉLISE.

Ah! que vous avez bien raison, madame, et que vous me rendrez justice, quand vous croirez que je vous trouve la plus engageante personne du monde, que j'entre dans tous vos sentimens, et suis charmée de toutes les expressions qui sortent de votre bouche!

CLIMÈNE.

Hélas! je parle sans affectation. (1)

ÉLISE.

On le voit bien, madame, et que tout est naturel en vous. Vos paroles, le ton de votre voix, vos regards, vos pas, votre action, et votre ajustement, ont je ne sais quel air de qualité, qui enchante les gens. Je vous étudie des yeux et des oreilles; et je suis si remplie de vous, que je tâche d'être votre singe, et de vous contrefaire en tout.

CLIMÈNE.

Vous vous moquez de moi, madame.

ÉLISE.

Pardonnez-moi, madame. Qui voudroit se moquer de vous?

CLIMÈNE.

Je ne suis pas un bon modèle, madame.

---

(1) Si l'affectation pouvoit se connoître elle-même, elle cesseroit d'exister. Ce qui l'entretient, et ce qui la rend si plaisante, c'est qu'elle s'ignore et se croit la simplicité même. Les gens affectés sont à peu près comme ceux qui portent habituellement des odeurs; ils ne sentent pas plus l'affectation dans les autres qu'en eux-mêmes. Dans *les Précieuses ridicules*, Madelon s'écrie, en parlant de Mascarille: *Que tout ce qu'il dit est naturel!*

ÉLISE.

Oh! que si, madame!

CLIMÈNE.

Vous me flattez, madame.

ÉLISE.

Point du tout, madame.

CLIMÈNE.

Épargnez-moi, s'il vous plaît, madame.

ÉLISE.

Je vous épargne aussi, madame, et je ne dis pas la moitié de ce que je pense, madame. (1)

CLIMÈNE.

Ah! mon dieu! brisons là, de grace. Vous me jetteriez dans une confusion épouvantable. (*à Uranie.*) Enfin, nous voilà deux contre vous, et l'opiniâtreté sied si mal aux personnes spirituelles....

---

(1) Élise et Uranie sont deux des personnages de femmes les plus piquans que Molière ait créés, et le charme en est augmenté par le contraste. Toutes deux également ennemies de l'affectation et de la pruderie, elles les combattent avec des armes différentes, selon la différence de leur situation et de leur caractère. Uranie, maîtresse de maison, d'ailleurs plus calme et plus réservée que sa cousine, croit devoir aux personnes qu'elle reçoit de réfuter sérieusement leur opinion, sans mêler la moindre moquerie à ses raisonnemens. Élise, plus vive, plus maligne et moins obligée aux ménagemens, lance contre ses adversaires les traits d'une ironie sanglante dont ils ne peuvent être dupes qu'à force de sottise et de préoccupation. Uranie tutoyant Élise et n'étant pas tutoyée par elle, on en peut conclure naturellement que la première a quelques années de plus que l'autre, et a même sur elle une sorte d'autorité.

SCÈNE IV.

LE MARQUIS, CLIMÈNE, URANIE, ÉLISE, GALOPIN.

GALOPIN, *à la porte de la chambre.*

Arrêtez, s'il vous plaît, monsieur.

LE MARQUIS.

Tu ne me connois pas, sans doute.

GALOPIN.

Si fait, je vous connois; mais vous n'entrerez pas.

LE MARQUIS.

Ah! que de bruit, petit laquais!

GALOPIN.

Cela n'est pas bien de vouloir entrer malgré les gens.

LE MARQUIS.

Je veux voir ta maîtresse.

GALOPIN.

Elle n'y est pas, vous dis-je.

LE MARQUIS.

La voilà dans la chambre.*

GALOPIN.

Il est vrai, la voilà; mais elle n'y est pas.

URANIE.

Qu'est-ce donc qu'il y a là?

VARIANTE. * *La voilà dans sa chambre.*

LE MARQUIS.

C'est votre laquais, madame, qui fait le sot.

GALOPIN.

Je lui dis que vous n'y êtes pas, madame, et il ne veut pas laisser d'entrer.

URANIE.

Et pourquoi dire à monsieur que je n'y suis pas?

GALOPIN.

Vous me grondâtes l'autre jour de lui avoir dit que vous y étiez.

URANIE.

Voyez cet insolent! Je vous prie, monsieur, de ne pas croire ce qu'il dit. C'est un petit écervelé, qui vous a pris pour un autre.

LE MARQUIS.

Je l'ai bien vu, madame; et, sans votre respect [1], je lui aurois appris à connoître les gens de qualité.

ÉLISE.

Ma cousine vous est fort obligée de cette déférence.

URANIE, *à Galopin.*

Un siége donc, impertinent.

---

(1) Quoiqu'on dise encore, *sauf votre respect,* on ne dit plus, *sans votre respect,* mais, *sans le respect que j'ai pour vous, que je vous dois.* Aujourd'hui, l'adjectif possessif devant le mot *respect,* est relatif à la personne qui a du respect; autrefois il se rapportoit à la personne qui en inspire, à qui l'on en porte : ainsi, *mon respect,* signifioit anciennement, le respect qu'on a pour moi, et maintenant *mon respect* veut dire, le respect que j'ai pour vous. Le mot *estime* a de même passé de la signification passive à la signification active.

GALOPIN.

N'en voilà-t-il pas un ?

URANIE.

Approchez-le.

(*Galopin pousse le siége rudement, et sort.*) [1]

SCÈNE V.

LE MARQUIS, CLIMÈNE, URANIE, ÉLISE.

LE MARQUIS.

Votre petit laquais, madame, a du mépris pour ma personne.

ÉLISE.

Il auroit tort, sans doute.

LE MARQUIS.

C'est peut-être que je paie l'intérêt de ma mauvaise mine [2] : (*il rit.*) hai, hai, hai, hai.

---

(1) Nous avons vu tout à l'heure qu'un laquais, à la comédie, a décoché un trait assez dur contre quelques-unes de ces prudes qui feignoient d'être scandalisées de certaines plaisanteries de *l'École des Femmes*. Voici maintenant qu'un petit laquais traite avec une assez grande insolence, un de ces marquis ridicules qui avoient également cabalé contre la pièce. Molière pouvoit dire que leurs airs éventés, leurs discours tranchans et absurdes leur attiroient même le mépris des valets; mais il a mieux fait que le dire; il l'a mis en action : sa vengeance en est plus forte et plus comique.

(2) C'est exactement le mot de Philopœmen. Étant dans une auberge, plus que simplement vêtu, l'hôtesse, qui le prit pour un des gens de sa suite, le pria de lui fendre du bois. L'hôte, qui le connoissoit, survint

ÉLISE.

L'âge le rendra plus éclairé en honnêtes gens. (1)

LE MARQUIS.

Sur quoi en étiez-vous, mesdames, lorsque je vous ai interrompues?

URANIE.

Sur la comédie de l'École des Femmes.

LE MARQUIS.

Je ne fais que d'en sortir.

CLIMÈNE.

Hé bien! monsieur, comment la trouvez-vous, s'il vous plaît?

LE MARQUIS.

Tout-à-fait impertinente.

CLIMÈNE.

Ah! que j'en suis ravie!

LE MARQUIS.

C'est la plus méchante chose du monde. Comment, diable! à peine ai-je pu trouver place. J'ai pensé être étouffé à la porte, et jamais on ne m'a tant marché sur les pieds. Voyez comme mes canons et mes rubans en sont ajustés, de grace.

---

et le trouvant à la besogne, lui demanda ce que cela vouloit dire. *Rien autre chose,* répondit-il, *sinon que je paie les intérêts de ma mauvaise mine.* Mais ce que Philopœmen disoit simplement et de bonne foi, le marquis le dit avec fatuité et sans en rien croire. Il n'y a que cette différence qui puisse expliquer comment un turlupin se rencontre si juste avec le dernier des Grecs.

(1) *L'âge le rendra plus éclairé en honnêtes gens.* — On dit *éclairé,* absolument, et non pas, *éclairé en quelque chose.* On diroit aujourd'hui, *connoisseur en honnêtes gens.*

SCÈNE VI.

ÉLISE.

Il est vrai que cela crie vengeance contre l'École des Femmes, et que vous la condamnez avec justice.

LE MARQUIS.

Il ne s'est jamais fait, je pense, une si méchante comédie.

URANIE.

Ah! voici Dorante que nous attendions.

SCÈNE VI.

DORANTE, CLIMÈNE, URANIE, ÉLISE, LE MARQUIS.

DORANTE.

Ne bougez, de grace, et n'interrompez point votre discours. Vous êtes là sur une matière qui, depuis quatre jours, fait presque l'entretien de toutes les maisons de Paris, et jamais on n'a rien vu de si plaisant que la diversité des jugemens qui se font là-dessus. Car enfin, j'ai ouï condamner cette comédie à certaines gens, par les mêmes choses que j'ai vu d'autres estimer le plus.

URANIE.

Voilà monsieur le marquis qui en dit force mal.

LE MARQUIS.

Il est vrai. Je la trouve détestable, morbleu! détestable, du dernier détestable, ce qu'on appelle détestable.

DORANTE.

Et moi, mon cher marquis, je trouve le jugement détestable.

LE MARQUIS.

Quoi! chevalier, est-ce que tu prétends soutenir cette pièce?

DORANTE.

Oui, je prétends la soutenir.

LE MARQUIS.

Parbleu! je la garantis détestable.

DORANTE.

La caution n'est pas bourgeoise [1]. Mais, marquis, par quelle raison, de grace, cette comédie est-elle ce que tu dis?

LE MARQUIS.

Pourquoi elle est détestable?

DORANTE.

Oui.

LE MARQUIS.

Elle est détestable, parce qu'elle est détestable.

DORANTE.

Après cela, il n'y a plus rien à dire; voilà son procès fait. Mais encore, instruis-nous, et nous dis les défauts qui y sont.

LE MARQUIS.

Que sais-je, moi? je ne me suis pas seulement donné la peine de l'écouter. Mais enfin je sais bien que je n'ai

---

[1] *La caution n'est pas bourgeoise*, c'est-à-dire, n'est pas valable. Molière s'est déja servi de cette expression dans *les Précieuses ridicules*. Mascarille veut caution bourgeoise contre les yeux de Cathos et de Madelon, *qui ont la mine d'être de fort mauvais garçons.*

jamais rien vu de si méchant, dieu me damne*; et Dorilas, contre qui j'étois ⁽¹⁾, a été de mon avis.

DORANTE.

L'autorité est belle, et te voilà bien appuyé.

LE MARQUIS.

Il ne faut que voir les continuels éclats de rire que le parterre y fait. Je ne veux point d'autre chose pour témoigner qu'elle ne vaut rien.

DORANTE.

Tu es donc, marquis, de ces messieurs du bel air, qui ne veulent pas que le parterre ait du sens commun ⁽²⁾, et qui seroient fâchés d'avoir ri avec lui, fût-ce de la meilleure chose du monde? Je vis l'autre jour sur le théâtre un de nos amis, qui se rendit ridicule par-là. Il écouta toute la pièce avec un sérieux le plus sombre du monde; et tout ce qui égayoit les autres, ridoit son front. A tous les éclats de risée ⁽³⁾, il haussoit les épaules, et regardoit le parterre en pitié; et quelquefois aussi le

VARIANTE. * *Dieu me sauve.*

---

(1) *Dorilas contre qui j'étois.* — *Contre*, pour, *auprès*, *à côté de*, est une expression négligée, même dans la conversation. Elle est d'autant moins bien placée ici que, comme il s'agit de débats sur une comédie, *contre qui j'étois* semble vouloir dire d'abord, contre l'avis de qui j'étois.

(2) *Ait du sens commun.* — Aujourd'hui, on diroit préférablement, *ait le sens commun.*

(3) *A tous les éclats de risée.* — On dit aujourd'hui, *éclat de rire*, et non pas, *éclat de risée*. Il paroît qu'autrefois on disoit indifféremment l'un et l'autre. On trouve, dans la comédie de *l'Eunuque*, de La Fontaine :

    Mais pourquoi jetez-vous cet éclat de risée?

Risée ne s'emploie maintenant que dans le sens de moquerie.

regardant avec dépit, il lui disoit tout haut : *Ris donc, parterre, ris donc.* Ce fut une seconde comédie, que le chagrin de notre ami. Il la donna en galant homme à toute l'assemblée, et chacun demeura d'accord, qu'on ne pouvoit pas mieux jouer qu'il fit [1]. Apprends, marquis, je te prie, et les autres aussi, que le bon sens n'a point de place déterminée à la comédie; que la différence du demi-louis d'or, et de la pièce de quinze sols [2], ne fait rien du tout au bon goût; que debout et assis *, l'on peut donner un mauvais jugement; et qu'enfin, à le prendre en général, je me fierois assez à l'approbation du parterre, par la raison qu'entre ceux qui le

VARIANTE. * *Que debout ou assis.*

---

(1) L'original de ce portrait, dont j'ai parlé dans une des notes de la Notice historique et littéraire sur *l'École des Femmes*, se conduisit aux représentations de cette pièce, exactement comme Molière le rapporte. Ce n'est pas la seule fois que le parterre ait été ainsi apostrophé. On raconte qu'une actrice célèbre, mademoiselle Duclos, impatientée un jour de ce que le public rioit à une scène qui, suivant elle, auroit dû le toucher, dit tout haut avec indignation : *Ris donc, sot de parterre.* Le parterre prit le parti de rire encore plus fort; et, le lendemain, les hommes demandoient au bureau de la Comédie des billets de *sot de parterre.*

(2) Le louis d'or, monnoie frappée, pour la première fois, en 1640, et pesant 126 grains, comptoit pour dix francs, et vaudroit, en monnoie d'aujourd'hui, 21 francs. Le prix des places les plus chères, à la comédie, étoit donc de 5 francs, valeur du temps. Ces places d'un *demi-louis d'or* étoient celles que des hommes occupoient sur le théâtre même, des deux côtés de l'avant-scène, et dont M. le comte de Lauraguais, aujourd'hui duc de Brancas, obtint la suppression, en indemnisant la Comédie. On voit, dans la IXe satire de Boileau, publiée en 1668, qu'encore à cette époque, le prix des places de parterre étoit de *quinze sols:*

  Un clerc, pour quinze sols, sans craindre le holà,
  Peut aller, au parterre, attaquer Attila.

composent, il y en a plusieurs qui sont capables de juger d'une pièce selon les règles, et que les autres en jugent par la bonne façon d'en juger, qui est de se laisser prendre aux choses, et de n'avoir ni prévention aveugle, ni complaisance affectée, ni délicatesse ridicule.

LE MARQUIS.

Te voilà donc, chevalier, le défenseur du parterre? Parbleu! je m'en réjouis, et je ne manquerai pas de l'avertir que tu es de ses amis. Hai, hai, hai, hai, hai.

DORANTE.

Ris tant que tu voudras. Je suis pour le bon sens, et ne saurois souffrir les ébullitions de cerveau de nos marquis de Mascarille. J'enrage de voir de ces gens qui se traduisent en ridicule, malgré leur qualité; de ces gens qui décident toujours, et parlent hardiment de toutes choses, sans s'y connoître; qui, dans une comédie, se récrieront aux méchans endroits, et ne branleront pas à ceux qui sont bons; qui, voyant un tableau, ou écoutant un concert de musique[1], blâment de même et louent tout à contre-sens, prennent par où ils peuvent les termes de l'art qu'ils attrapent, et ne manquent jamais de les estropier, et de les mettre hors de place. Hé, morbleu! messieurs, taisez-vous. Quand Dieu ne vous a pas donné la connoissance d'une chose, n'apprêtez point à rire à ceux qui vous entendent parler, et songez qu'en ne disant mot, on croira peut-être que vous êtes d'habiles gens.

---

[1] On ne diroit pas aujourd'hui, *un concert de musique*, mais simplement, *un concert*.

LE MARQUIS.

Parbleu! chevalier, tu le prends là...

DORANTE.

Mon dieu, marquis, ce n'est pas à toi que je parle. C'est à une douzaine de messieurs qui déshonorent les gens de cour par leurs manières extravagantes, et font croire parmi le peuple que nous nous ressemblons tous. Pour moi, je m'en veux justifier le plus qu'il me sera possible; et je les dauberai tant en toutes rencontres, qu'à la fin ils se rendront sages.

LE MARQUIS.

Dis-moi un peu, chevalier, crois-tu que Lysandre ait de l'esprit?

DORANTE.

Oui, sans doute, et beaucoup.

URANIE.

C'est une chose qu'on ne peut pas nier.

LE MARQUIS.

Demandez-lui ce qu'il lui semble de l'École des Femmes : vous verrez qu'il vous dira qu'elle ne lui plaît pas. * (1)

DORANTE.

Hé! mon dieu, il y en a beaucoup que le trop d'esprit gâte, qui voient mal les choses à force de lumière,

VARIANTE. * *Demande-lui ce qu'il lui semble de l'École des Femmes: tu verras qu'il te dira qu'elle ne lui plaît pas.*

---

(1) Le marquis parle ici au pluriel, parce qu'il s'adresse à Dorante et à Uranie. C'est sans raison que les éditeurs de 1682 ont mis le singulier.

et même qui seroient bien fâchés d'être de l'avis des autres, pour avoir la gloire de décider.

URANIE.

Il est vrai. Notre ami est de ces gens-là, sans doute. Il veut être le premier de son opinion, et qu'on attende par respect son jugement. Toute approbation qui marche avant la sienne, est un attentat sur ses lumières, dont il se venge hautement en prenant le contraire parti. Il veut qu'on le consulte sur toutes les affaires d'esprit ; et je suis sûre que, si l'auteur lui eût montré sa comédie avant que de la faire voir au public, il l'eût trouvée la plus belle du monde. (1)

LE MARQUIS.

Et que direz-vous de la marquise Araminte, qui la publie partout pour épouvantable, et dit qu'elle n'a pu jamais souffrir les ordures dont elle est pleine ?

---

(1) Molière n'avoit pas eu seulement pour détracteurs des extravagans comme le marquis, et des folles comme Climène : des hommes et des femmes d'esprit s'étoient aussi déclarés contre sa pièce ; et c'étoit eux principalement qu'il importoit de confondre ; c'étoit leur censure, leur mécontentement qu'il étoit surtout essentiel de décréditer, en montrant qu'il avoit pour principe quelque bizarrerie de caractère ou quelque intérêt caché, qui les rendoit, comme malgré eux, injustes envers l'ouvrage. C'est ce que Molière fait ici avec infiniment d'adresse. Lysandre ne condamne la pièce que par un esprit de contradiction et de despotisme, qui ne lui permet pas de suivre l'avis des autres et d'admirer ce qu'il n'a pas le premier jugé digne d'admiration. De même, la marquise Araminte, comme nous l'allons voir, ne se récrie si fort contre les ordures dont elle prétend que *l'École des Femmes* est pleine, que parce que, n'étant plus jeune et ne pouvant plus être coquette, elle s'est faite prude, pour être quelque chose. On ignore si Lysandre, ainsi qu'Araminte, désigne en particulier quelque personnage un peu considérable du temps. Il est plus probable que ce sont des individus de la création de Molière, faits pour représenter deux partis, l'un d'hommes, l'autre de femmes, qui s'étoient élevés contre sa comédie.

DORANTE.

Je dirai que cela est digne du caractère qu'elle a pris; et qu'il y a des personnes qui se rendent ridicules, pour vouloir avoir trop d'honneur. Bien qu'elle ait de l'esprit, elle a suivi le mauvais exemple de celles qui, étant sur le retour de l'âge, veulent remplacer de quelque chose ce qu'elles voient qu'elles perdent [1], et prétendent que les grimaces d'une pruderie scrupuleuse leur tiendront lieu de jeunesse et de beauté [2]. Celle-ci pousse l'affaire plus avant qu'aucune; et l'habileté de son scrupule découvre des saletés, où jamais personne n'en avoit vu. On tient qu'il va, ce scrupule, jusques à défigurer notre langue, et qu'il n'y a point presque de

---

(1) *Veulent remplacer de quelque chose ce qu'elles voient qu'elles perdent.* — On ne dit pas, *remplacer une chose d'une autre*, mais, *par une autre*.

(2) La pruderie est un travers dont Molière avoit fort à souffrir. Il l'a encore traduit deux fois sur la scène, une fois en action, dans le rôle d'Arsinoé, du *Misanthrope*, et une autre fois en récit, dans le couplet de la première scène du *Tartuffe*, où Dorine parle d'Orante. Célimène dit d'Arsinoé :

    Elle tâche à couvrir d'un faux voile de prude,
    Ce que chez elle on voit d'affreuse solitude.

Dorine dit d'Orante :

    ... Voyant de ses yeux tous les brillans baisser,
    Au monde qui la quitte, elle veut renoncer,
    Et du voile pompeux d'une haute sagesse,
    De ses attraits usés déguiser la foiblesse.
    Ce sont là les retours des coquettes du temps.
    Il leur est dur de voir déserter les galans ;
    Dans un tel abandon leur sombre inquiétude
    Ne voit d'autre recours que le métier de prude.

C'est exactement la même idée que dans la phrase de prose qui a donné lieu à cette note, mais plus développée et surtout écrite d'un style plus ferme et plus mordant.

mots*, dont la sévérité de cette dame ne veuille retrancher ou la tête ou la queue, pour les syllabes déshonnêtes qu'elle y trouve. (1)

URANIE.

Vous êtes bien fou, chevalier.

LE MARQUIS.

Enfin, chevalier, tu crois défendre ta comédie, en faisant la satire de ceux qui la condamnent.

DORANTE.

Non pas; mais je tiens que cette dame se scandalise à tort...

ÉLISE.

Tout beau, monsieur le chevalier, il pourroit y en avoir d'autres qu'elle, qui seroient dans les mêmes sentimens.

DORANTE.

Je sais bien que ce n'est pas vous, au moins; et que, lorsque vous avez vu cette représentation...

VARIANTE. * *Qu'il n'y a presque point de mots.*

---

(1) Molière s'est encore moqué, dans *les Femmes savantes*, de cette ridicule délicatesse des prudes de son temps. Philaminte dit :

>Mais le plus beau projet de notre académie,
>Une entreprise noble, et dont je suis ravie,
>Un dessein plein de gloire, et qui sera vanté
>Chez tous les beaux esprits de la postérité,
>C'est le retranchement de ces syllabes sales,
>Qui, dans les plus beaux mots, produisent des scandales,
>Ces jouets éternels des sots de tous les temps,
>Ces fades lieux-communs de nos méchans plaisans,
>Ces sources d'un amas d'équivoques infames,
>Dont on vient faire insulte à la pudeur des femmes.

ÉLISE.

Il est vrai; mais j'ai changé d'avis; (*montrant Climène.*) et madame sait appuyer le sien par des raisons si convaincantes, qu'elle m'a entraînée de son côté.

DORANTE, *à Climène.*

Ah! madame, je vous demande pardon; et, si vous le voulez, je me dédirai, pour l'amour de vous, de tout ce que j'ai dit.

CLIMÈNE.

Je ne veux pas que ce soit pour l'amour de moi, mais pour l'amour de la raison: car enfin cette pièce, à le bien prendre, est tout-à-fait indéfendable [1], et je ne conçois pas...

URANIE.

Ah! voici l'auteur, monsieur Lysidas. Il vient tout à propos pour cette matière. Monsieur Lysidas, prenez un siége vous-même, et vous mettez là.

---

[1] *Cette pièce, à le bien prendre, est tout-à-fait indéfendable.* — Le dictionnaire de l'Académie admet *défendable*, et non *indéfendable*. Quelques-uns disent *défensable* et *indéfensable;* il y en a même qui sont pour *défensible* et *indéfensible*. Les verbes en *er*, traduits des verbes latins en *are*, étant ceux d'où se forment le plus naturellement les adjectifs en *able*, on devroit peut-être préférer *défensable*, comme venant, par analogie, de *defensare*, défendre, justifier.

SCÈNE VII.

LYSIDAS, CLIMÈNE, URANIE, ÉLISE, DORANTE, LE MARQUIS.

LYSIDAS.

Madame, je viens un peu tard; mais il m'a fallu lire ma pièce chez madame la marquise dont je vous avois parlé; et les louanges qui lui ont été données, m'ont retenu une heure plus que je ne croyois.

ÉLISE.

C'est un grand charme que les louanges pour arrêter un auteur.

URANIE.

Asseyez-vous donc, monsieur Lysidas; nous lirons votre pièce après souper.

LYSIDAS.

Tous ceux qui étoient là, doivent venir à sa première représentation, et m'ont promis de faire leur devoir comme il faut.

URANIE.

Je le crois. Mais, encore une fois, asseyez-vous, s'il vous plaît. Nous sommes ici sur une matière que je serai bien aise que nous poussions.

LYSIDAS.

Je pense, madame, que vous retiendrez aussi une loge pour ce jour-là.

URANIE.

Nous verrons. Poursuivons, de grace, notre discours.

LYSIDAS.

Je vous donne avis, madame, qu'elles sont presque toutes retenues. (1)

URANIE.

Voilà qui est bien. Enfin, j'avois besoin de vous, lorsque vous êtes venu, et tout le monde étoit ici contre moi.

ÉLISE, *à Uranie, montrant Dorante.*

Il s'est mis d'abord de votre côté; mais maintenant (*montrant Climène.*) qu'il sait que madame est à la tête du parti contraire, je pense que vous n'avez qu'à chercher un autre secours.

CLIMÈNE.

Non, non. Je ne voudrois pas qu'il fît mal sa cour auprès de madame votre cousine, et je permets à son esprit d'être du parti de son cœur. (2)

---

(1) C'est une chose continuellement digne d'admiration, que l'art avec lequel Molière annonce un personnage, le place tout de suite en scène, et, par les premiers mots qu'il met dans sa bouche, lui fait révéler son caractère tout entier. A voir ce M. Lysidas qui, tout en entrant, se vante des louanges qu'il vient de recevoir, et s'obstine, quoi qu'on lui dise, à parler de sa pièce et à recruter des gens pour y applaudir, on peut parier que c'est quelque ridicule auteur, bien vain et bien jaloux, qui va déchirer à belles dents l'ouvrage de son confrère.

(2) *Et je permets à son esprit d'être du parti de son cœur.* — Molière, en prêtant à la précieuse Climène cette distinction entre l'esprit et le cœur, que nous trouvons toute naturelle aujourd'hui, et dont nous faisons un si fréquent usage, donne lieu de croire qu'elle lui sembloit un peu trop subtile et trop affectée, au moins pour la conversation. Ce n'étoit là qu'un bien foible prélude de ce jargon métaphysique qui devoit après lui infecter tous les écrits et tous les entretiens.

SCÈNE VII.

DORANTE.

Avec cette permission, madame, je prendrai la hardiesse de me défendre.

URANIE.

Mais auparavant, sachons un peu les sentimens de monsieur Lysidas.

LYSIDAS.

Sur quoi, madame ?

URANIE.

Sur le sujet de l'École des Femmes.

LYSIDAS.

Ah, ah !

DORANTE.

Que vous en semble ?

LYSIDAS.

Je n'ai rien à dire là-dessus ; et vous savez qu'entre nous autres auteurs, nous devons parler des ouvrages les uns des autres avec beaucoup de circonspection. (1)

DORANTE.

Mais encore, entre nous, que pensez-vous de cette comédie ?

LYSIDAS.

Moi, monsieur ?

URANIE.

De bonne foi, dites-nous votre avis.

---

(1) Cette grande *circonspection*, dont M. Lysidas met en avant l'obligation, annonce clairement qu'il pense beaucoup de mal de *l'École des Femmes*, et qu'il s'apprête à en dire peut-être encore plus qu'il n'en pense.

LYSIDAS.

Je la trouve fort belle.

DORANTE.

Assurément ?

LYSIDAS.

Assurément. Pourquoi non ? N'est-elle pas en effet la plus belle du monde ?

DORANTE.

Hon, hon, vous êtes un méchant diable, monsieur Lysidas ; vous ne dites pas ce que vous pensez ?

LYSIDAS.

Pardonnez-moi.

DORANTE.

Mon dieu ! je vous connois. Ne dissimulons point.

LYSIDAS.

Moi, monsieur ?

DORANTE.

Je vois bien que le bien que vous dites de cette pièce n'est que par honnêteté, et que, dans le fond du cœur, vous êtes de l'avis de beaucoup de gens qui la trouvent mauvaise.

LYSIDAS.

Hai, hai, hai.

DORANTE.

Avouez, ma foi, que c'est une méchante chose que cette comédie.

LYSIDAS.

Il est vrai qu'elle n'est pas approuvée par les connoisseurs.

SCÈNE VII.

LE MARQUIS.

Ma foi, chevalier, tu en tiens, et te voilà payé de ta raillerie. Ah, ah, ah, ah, ah!

DORANTE.

Pousse, mon cher marquis, pousse.

LE MARQUIS.

Tu vois que nous avons les savans de notre côté.

DORANTE.

Il est vrai. Le jugement de monsieur Lysidas est quelque chose de considérable. Mais monsieur Lysidas veut bien que je ne me rende pas pour cela; et, puisque j'ai bien l'audace de me défendre (*montrant Climène.*) contre les sentimens de madame, il ne trouvera pas mauvais que je combatte les siens.

ÉLISE.

Quoi! vous voyez contre vous madame, monsieur le marquis et monsieur Lysidas, et vous osez résister encore? Fi! que cela est de mauvaise grace!

CLIMÈNE.

Voilà qui me confond, pour moi, que des personnes raisonnables se puissent mettre en tête de donner protection aux sottises de cette pièce.

LE MARQUIS.

Dieu me damne! madame, elle est misérable depuis le commencement jusqu'à la fin.

DORANTE.

Cela est bientôt dit, marquis. Il n'est rien plus aisé que de trancher ainsi [1]; et je ne vois aucune chose qui

---

(1) *Il n'est rien plus aisé que de trancher ainsi.* — On doit dire, *il n'est rien de plus aisé*. On n'est libre de supprimer le *de*, que devant *tel : il n'est rien tel*, etc. Voir *l'Etourdi*, page 104, note 2.

puisse être à couvert de la souveraineté de tes décisions.

LE MARQUIS.

Parbleu! tous les autres comédiens qui étoient là pour la voir, en ont dit tous les maux du monde. (1)

DORANTE.

Ah! je ne dis plus mot; tu as raison, marquis. Puisque les autres comédiens en disent du mal, il faut les en croire assurément. Ce sont tous gens éclairés et qui parlent sans intérêt. Il n'y a plus rien à dire, je me rends.

CLIMÈNE.

Rendez-vous, ou ne vous rendez pas, je sais fort bien que vous ne me persuaderez point de souffrir les immodesties de cette pièce, non plus que les satires désobligeantes qu'on y voit contre les femmes.

URANIE.

Pour moi, je me garderai bien de m'en offenser, et de prendre rien sur mon compte de tout ce qui s'y dit. Ces sortes de satires tombent directement sur les mœurs, et ne frappent les personnes que par réflexion. N'allons point nous appliquer nous-mêmes * les traits d'une censure générale; et profitons de la leçon, si nous pouvons, sans faire semblant qu'on parle à nous. Toutes les peintures ridicules qu'on expose sur les théâtres,

VARIANTE. * *N'allons point nous appliquer à nous-mêmes.*

---

(1) *Les autres comédiens,* sont principalement ceux de l'hôtel de Bourgogne, jaloux des succès de la troupe de Molière.

SCÈNE VII.

doivent être regardées sans chagrin de tout le monde. Ce sont miroirs publics, où il ne faut jamais témoigner qu'on se voie; et c'est se taxer hautement d'un défaut, que se scandaliser qu'on le reprenne. (1)

CLIMÈNE.

Pour moi, je ne parle pas de ces choses par la part que j'y puisse avoir (2), et je pense que je vis d'un air dans le monde à ne pas craindre d'être cherchée dans les peintures qu'on fait là des femmes qui se gouvernent mal.

ÉLISE.

Assurément, madame, on ne vous y cherchera point. Votre conduite est assez connue, et ce sont de ces sortes de choses qui ne sont contestées de personne.

---

(1) *C'est se taxer hautement d'un défaut, que se scandaliser qu'on le reprenne.* — Il y a long-temps que Phèdre l'a dit :

Suspicione si quis errabit suâ
Et rapiet ad se quod erit commune omnium,
Stultè nudabit animi conscientiam.

« Sur la foi d'un faux soupçon, prendre pour soi en particulier ce qui « est dit en général, c'est trahir sottement le secret de sa conscience. »

(2) *Je ne parle pas de ces choses par la part que j'y puisse avoir.* — Cette phrase choque un peu l'oreille, et de plus elle est irrégulière. Grammaticalement, il faudroit, *par la part que j'y puis avoir;* mais alors la pensée de Climène ne seroit pas exactement rendue; car ces mots feroient supposer qu'elle peut avoir part à ces choses, laisseroient dans le doute si elle y a ou n'y a point part, et Climène prétend qu'elle n'y en a aucune. L'emploi du subjonctif seroit moins vicieux, si le mot *part*, au lieu d'être précédé de l'article défini *la*, l'étoit de l'article indéfini *une*, ou du pronom indéfini *quelque : par une part que j'y puisse avoir, ou par quelque part que j'y puisse avoir;* mais la phrase seroit encore au moins étrange, et, de toute manière, elle devroit être tournée différemment. Climène auroit pu dire : *si je parle de ces choses, ce n'est pas que j'y aie aucune part.*

URANIE, *à Clímène.*

Aussi, madame, n'ai-je rien dit qui aille à vous; et mes paroles, comme les satires de la comédie, demeurent dans la thèse générale.

CLIMÈNE.

Je n'en doute pas, madame. Mais enfin passons sur ce chapitre. Je ne sais pas de quelle façon vous recevez les injures qu'on dit à notre sexe dans un certain endroit de la pièce; et, pour moi, je vous avoue que je suis dans une colère épouvantable, de voir que cet auteur impertinent nous appelle *des animaux.*

URANIE.

Ne voyez-vous pas que c'est un ridicule qu'il fait parler? [1]

DORANTE.

Et puis, madame, ne savez-vous pas que les injures des amans n'offensent jamais; qu'il est des amours emportés aussi-bien que des doucereux; et qu'en de pareilles occasions les paroles les plus étranges, et quelque chose de pis encore, se prennent bien souvent pour des marques d'affection, par celles même qui les reçoivent?

ÉLISE.

Dites tout ce que vous voudrez, je ne saurois digérer cela, non plus que *le potage* et *la tarte à la crême,* dont madame a parlé tantôt.

LE MARQUIS.

Ah! ma foi, oui, *tarte à la crême!* voilà ce que j'avois

---

[1] *Ne voyez-vous pas que c'est un ridicule qu'il fait parler?* — *Ridicule,* pris substantivement, pour signifier une personne ridicule. Voir *l'École des Femmes,* page 44, note 1.

remarqué tantôt; *tarte à la crême!* Que je vous suis obligé, madame, de m'avoir fait souvenir de *tarte à la crême!* Y a-t-il assez de pommes en Normandie pour *tarte à la crême* [1]? *Tarte à la crême*, morbleu! *tarte à la crême!*

DORANTE.

Hé bien! que veux-tu dire? *Tarte à la crême!*

LE MARQUIS.

Parbleu! *tarte à la crême*, chevalier.

DORANTE.

Mais encore?

LE MARQUIS.

Tarte à la crême!

DORANTE.

Dis-nous un peu tes raisons.

LE MARQUIS.

Tarte à la crême!

URANIE.

Mais il faut expliquer sa pensée, ce me semble.

LE MARQUIS.

Tarte à la crême, madame!

---

(1) *Y a-t-il assez de pommes en Normandie pour tarte à la crême?* — Jadis, on jetoit des pommes cuites et quelquefois même des pommes crues à la tête des acteurs, quand on étoit trop mécontent de leur jeu ou de la pièce. Racine, dans une épigramme, dit au sujet de Pradon:

Pommes sur lui volèrent largement.

On a renoncé à donner cette marque d'improbation un peu brutale; mais l'expression a survécu à l'usage, et l'on dit encore d'une scène mauvaise ou mal jouée: *cela mérite des pommes cuites.* Plus ordinairement, à la phrase du marquis, on substitue celle-ci: *Y a-t-il assez de sifflets pour?...*

URANIE.

Que trouvez-vous là à redire?

LE MARQUIS.

Moi, rien. *Tarte à la crême!*

URANIE.

Ah! je le quitte.⁽¹⁾

ÉLISE.

Monsieur le marquis s'y prend bien, et vous bourre de la belle manière. Mais je voudrois bien que monsieur Lysidas voulût les achever et leur donner quelques petits coups de sa façon.

LYSIDAS.

Ce n'est pas ma coutume de rien blâmer, et je suis assez indulgent pour les ouvrages des autres. Mais, enfin, sans choquer l'amitié que monsieur le chevalier témoigne pour l'auteur, on m'avouera que ces sortes de comédies ne sont pas proprement des comédies, et qu'il y a une grande différence de toutes ces bagatelles, à la beauté des pièces sérieuses. Cependant tout le monde donne là-dedans aujourd'hui; on ne court plus qu'à cela, et l'on voit une solitude effroyable aux grands ouvrages, lorsque des sottises ont tout Paris. Je vous avoue que le cœur m'en saigne quelquefois, et cela est honteux pour la France.

CLIMÈNE.

Il est vrai que le goût des gens est étrangement gâté là-dessus, et que le siècle s'encanaille furieusement.

---

(1) *Ah! je le quitte*, veut dire ici, *ah! j'y renonce.*

SCÈNE VII.

ÉLISE.

Celui-là est joli encore, s'encanaille! Est-ce vous qui l'avez inventé, madame?[1]

CLIMÈNE.

Hé?

ÉLISE.

Je m'en suis bien doutée.

DORANTE.

Vous croyez donc, monsieur Lysidas, que tout l'esprit et toute la beauté sont dans les poëmes sérieux, et que les pièces comiques sont des niaiseries qui ne méritent aucune louange?

URANIE.

Ce n'est pas mon sentiment, pour moi. La tragédie, sans doute, est quelque chose de beau quand elle est bien touchée; mais la comédie a ses charmes, et je tiens que l'une n'est pas moins difficile à faire que l'autre.*

DORANTE.

Assurément, madame; et quand, pour la difficulté, vous mettriez un peu plus du côté de la comédie, peut-être que vous ne vous abuseriez pas. Car enfin, je trouve

---

VARIANTE. * *N'est pas moins difficile que l'autre.*

---

(1) Malgré l'espèce de réprobation dont Molière frappe ici le verbe *s'encanailler*, il est resté dans la langue, aussi-bien que le mot *obscénité*. Regnard a dit, dans *le Mariage de la Folie* :

    Et j'enrage en effet de voir que la Folie,
        Trop facile à s'humaniser,
        S'encanaille et se mésallie.

L'auteur de *l'École des Bourgeois*, l'abbé d'Allainval, s'en est également servi.

qu'il est bien plus aisé de se guinder sur de grands sentimens, de braver en vers la fortune, accuser les destins, et dire des injures aux dieux, que d'entrer comme il faut dans le ridicule des hommes, et de rendre agréablement sur le théâtre les défauts de tout le monde. Lorsque vous peignez des héros, vous faites ce que vous voulez. Ce sont des portraits à plaisir, où l'on ne cherche point de ressemblance; et vous n'avez qu'à suivre les traits d'une imagination qui se donne l'essor, et qui souvent laisse le vrai pour attraper le merveilleux. Mais lorsque vous peignez les hommes, il faut peindre d'après nature. On veut que ces portraits ressemblent; et vous n'avez rien fait, si vous n'y faites reconnoître les gens de votre siècle. En un mot, dans les pièces sérieuses, il suffit, pour n'être point blâmé, de dire des choses qui soient de bon sens et bien écrites; mais ce n'est pas assez dans les autres, il y faut plaisanter; et c'est une étrange entreprise que celle de faire rire les honnêtes gens. [1]

---

[1] C'est un morceau curieux, que ce plaidoyer de Molière pour établir la prééminence de la comédie sur la tragédie. Sa partialité pour la comédie étoit fort naturelle sans doute; mais elle ne devoit pas le rendre injuste à ce point envers la tragédie, dont il fait ici une image ridicule et fausse. *Se guinder sur de grands sentimens, braver en vers la fortune, accuser les destins, et dire des injures aux dieux,* ne constituent pas plus la tragédie, que *siècle d'or, merveille de nos jours, fatal laurier, bel astre,* etc., ne constituent la poésie, comme le prétendoit Pascal. Il n'est pas vrai que, *lorsqu'on peint les héros, on fait ce qu'on veut,* et que *ce sont des portraits à plaisir, où l'on ne cherche point de ressemblance.* C'est tout ce que Molière auroit pu dire, si notre scène n'eût eu encore à offrir que ces tragédies de quelques contemporains de Corneille, où les personnages de l'histoire n'étoient pas moins ridiculement défigurés, que dans les romans de mademoiselle de Scudéry, et de La Calprenède. Mais *Horace* et *Cinna* avoient paru depuis long-temps, et *Sertorius*

SCÈNE VII.

CLIMÈNE.

Je crois être du nombre des honnêtes gens; et cepen-

---

venoit de paroître. Ce n'étoient certainement pas des portraits de fantaisie, que ces figures de vieux Romains, dessinées avec tant d'énergie et de fidélité par Corneille. *Mithridate* et *Britannicus* ont achevé de prouver que la tragédie avoit sa vérité, comme la comédie, et que, pour y réussir, il falloit, au lieu de *suivre les traits d'une imagination qui se donne l'essor*, étudier profondément les caractères des personnages qu'on mettoit en scène, ainsi que les mœurs des temps et des lieux où ils avoient existé, et peindre les uns et les autres avec une exactitude qui ne coûtât rien à la noblesse et à l'élégance du style.

Dans son *Cours de Littérature*, La Harpe, sans se souvenir du mot: *Vous êtes orfèvre, M. Josse*, ou sans se soucier qu'on le lui appliquât, a soutenu la thèse contraire à celle de Molière; savoir, que l'art de la tragédie est plus difficile que celui de la comédie. Il y a, dans sa dissertation, de l'habileté, et autant de bonne foi qu'on en peut mettre dans sa propre cause. Il a cependant omis de rapporter la plus forte objection peut-être qu'on pût faire à son opinion, c'est que les faits et le raisonnement semblent d'accord pour prouver qu'une bonne comédie, j'entends une comédie de mœurs et de caractères, ne peut être que l'ouvrage d'un homme déjà mûr, éclairé par l'observation et par l'expérience du monde, tandis que plus d'une bonne tragédie, telle que *Warwick*, par exemple, a été l'heureux coup d'essai d'un poëte adolescent. Mais laissons là cette question très-difficile et heureusement aussi très-inutile à résoudre, et reconnoissons, avec Molière, que c'est une grande entreprise que de faire rire les honnêtes gens, sans convenir que c'en soit une petite que de les faire pleurer. Le Sage, intéressé à prendre le même parti que Molière, dans la question, l'a traitée et mise aussi en action dans le XVe chapitre du *Diable boiteux*, intitulé, *du Démêlé d'un poëte tragique avec un poëte comique*. Celui-ci se contente d'abord d'avancer que « Il n'est pas plus « aisé de faire rire les honnêtes gens, que de les faire pleurer; » mais, poussé à bout par l'orgueil du poëte tragique, il finit par dire, comme Dorante, ou plutôt comme Molière, et absolument dans les mêmes termes, que « Il est plus facile de prendre l'essor et *de se guinder sur de* « *grands sentimens*, que d'attraper une plaisanterie fine et délicate. »

Molière n'est pas le premier poëte comique qui ait voulu prouver en plein théâtre la supériorité de son genre sur celui de la tragédie. Antiphanes, auteur de plusieurs centaines de comédies, a soutenu la même thèse sur le théâtre d'Athènes, dans une pièce intitulée *la Poésie*. C'est

dant je n'ai pas trouvé le mot pour rire dans tout ce que j'ai vu.

LE MARQUIS.

Ma foi, ni moi non plus.

---

le sujet d'un fragment inséré dans les *Excerpta* de Grotius, page 622. M. François de Neufchâteau en a fait une traduction en vers, qu'il a bien voulu me confier, et qu'on lira sans doute avec plaisir :

> L'heureuse tragédie a beaucoup moins à faire,
> Pour obtenir d'emblée un succès populaire ;
> Ses sujets sont trouvés. Le titre seulement
> A tous les spectateurs en livre l'argument ;
> Et le nom du héros d'avance fait entendre
> Tout ce que de la pièce on est en droit d'attendre.
> J'annonce OEdipe. Alors, tous les faits sont connus :
> Car qui peut ignorer que son père est Laïus ?
> Que Jocaste, à la fois, est sa femme et sa mère ?
> Et ses fils, si cruels ; et sa fille, si chère ?
> Le sujet d'Alcméon, par un autre affiché,
> Même aux petits enfans n'a rien qui soit caché.
> L'on s'écrie aussitôt : « C'est le fils d'Ériphile,
> « Du courroux paternel instrument trop servile :
> « Il va tuer sa mère, et sa fatale erreur
> « Doit de son oncle Adraste exciter la fureur... »
> Ainsi, quand jusqu'au bout ils ont poussé l'histoire
> De quelque atrocité bien triste et bien notoire,
> Les auditeurs, contens qu'on ait su les toucher,
> Au dénoûment prévu n'ont rien à reprocher ;
> La fable est convenue, et toujours applaudie.
> Il n'en est pas ainsi dans une comédie.
> Là, tout est neuf ; tout sort du cerveau de l'auteur :
> Il doit même créer le nom de chaque acteur,
> Inventer le sujet, amener chaque scène,
> Former un nœud serré, le dénouer sans peine ;
> Et, si de tant de points un seul est oublié,
> Alors, Dave ou Chrémès sont sifflés sans pitié.*
> C'est ce que ne craint pas une muse ampoulée
> Qui se borne à pleurer ou Teucer, ou Pélée ;
> Avec elle le cœur s'effraie, ou s'attendrit ;
> Mais le comique veut plus de travail d'esprit.

---

* Non seulement on siffloit les pièces à Athènes, mais on les siffloit en musique, avec des flûtes à plusieurs tuyaux : c'est un perfectionnement qui nous manque.

DORANTE.

Pour toi, marquis, je ne m'en étonne pas. C'est que tu n'y as point trouvé de turlupinades.

LYSIDAS.

Ma foi, monsieur, ce qu'on y rencontre ne vaut guère mieux, et toutes les plaisanteries y sont assez froides, à mon avis.

DORANTE.

La cour n'a pas trouvé cela.

LYSIDAS.

Ah! monsieur, la cour!

DORANTE.

Achevez, monsieur Lysidas. Je vois bien que vous voulez dire que la cour ne se connoît pas à ces choses; et c'est le refuge ordinaire de vous autres messieurs les auteurs, dans le mauvais succès de vos ouvrages, que d'accuser l'injustice du siècle et le peu de lumière des courtisans. Sachez, s'il vous plaît, monsieur Lysidas, que les courtisans ont d'aussi bons yeux que d'autres; qu'on peut être habile avec un point de Venise [1] et des plumes, aussi-bien qu'avec une perruque courte et un

---

(1) Le *point de Venise* étoit la dentelle à la mode pour les rabats ou collets. Il étoit plus transparent et plus léger, mais aussi beaucoup plus cher que les points de fabrique françoise ou flamande. Comme il étoit cause que d'assez fortes sommes sortoient chaque année du royaume, le roi en défendit l'importation et l'usage par plusieurs édits. On peut juger de la cherté du point de Venise, par ces vers du *Baron de la Crasse*, de R. Poisson :

> J'en voulus avoir un de ces points de Venise.
> La peste! la méchante et chère marchandise!
> En mettant ce rabat, je mis, c'est être fou,
> Trente-deux bons arpens de vignoble à mon cou.

petit rabat uni; que la grande épreuve de toutes vos comédies, c'est le jugement de la cour; que c'est son goût qu'il faut étudier pour trouver l'art de réussir; qu'il n'y a point de lieu où les décisions soient si justes; et, sans mettre en ligne de compte tous les gens savans qui y sont, que, du simple bon sens naturel et du commerce de tout le beau monde, on s'y fait une manière d'esprit, qui, sans comparaison, juge plus finement des choses, que tout le savoir enrouillé des pédans. [1]

URANIE.

Il est vrai que pour peu qu'on y demeure, il vous passe là tous les jours assez de choses devant les yeux, pour acquérir quelque habitude de les connoître, et surtout pour ce qui est de la bonne et mauvaise plaisanterie. *

VARIANTE. * Ce qui est de la bonne ou mauvaise plaisanterie.

---

[1] Clitandre, dans *les Femmes savantes*, ne fait guère que répéter en vers cette apologie de la cour, que Dorante fait ici en prose. Voici les vers que dit Clitandre :

> Vous en voulez beaucoup à cette pauvre cour,
> Et son malheur est grand, de voir que chaque jour,
> Vous autres beaux-esprits, vous déclamiez contre elle;
> Que de tous vos chagrins vous lui fassiez querelle;
> Et, sur son méchant goût lui faisant son procès,
> N'accusiez que lui seul de vos méchans succès.
> Permettez-moi, monsieur Trissotin, de vous dire,
> Avec tout le respect que votre nom m'inspire,
> Que vous feriez fort bien, vos confrères et vous,
> De parler de la cour d'un ton un peu plus doux;
> Qu'à le bien prendre au fond, elle n'est pas si bête
> Que vous autres messieurs vous vous mettez en tête;
> Qu'elle a du sens commun pour se connoître à tout;
> Que chez elle on se peut former quelque bon goût;
> Et que l'esprit du monde y vaut, sans flatterie,
> Tout le savoir obscur de la pédanterie.

SCÈNE VII.

DORANTE.

La cour a quelques ridicules, j'en demeure d'accord, et je suis, comme on voit, le premier à les fronder. Mais, ma foi, il y en a un grand nombre parmi les beaux-esprits de profession; et, si l'on joue quelques marquis, je trouve qu'il y a bien plus de quoi jouer les auteurs, et que ce seroit une chose plaisante à mettre sur le théâtre, que leurs grimaces savantes et leurs rafinemens ridicules, leur vicieuse coutume d'assassiner les gens de leurs ouvrages, leur friandise de louanges, leurs ménagemens de pensées, leur trafic de réputation, et leurs ligues offensives et défensives, aussi-bien que leurs guerres d'esprit, et leurs combats de prose et de vers.

LYSIDAS.

Molière est bien heureux, monsieur, d'avoir un protecteur aussi chaud que vous. Mais enfin, pour venir au fait, il est question de savoir si la pièce est bonne, et je m'offre d'y montrer partout cent défauts visibles.[1]

URANIE.

C'est une étrange chose de vous autres messieurs les poëtes, que vous condamniez toujours les pièces où tout le monde court, et ne disiez jamais du bien que de celles où personne ne va. Vous montrez pour les unes une haine invincible, et pour les autres une tendresse qui n'est pas concevable.

DORANTE.

C'est qu'il est généreux de se ranger du côté des affligés.[2]

---

(1) *Je m'offre d'y montrer partout cent défauts visibles.* — On *s'offre à faire une chose*, et l'on *offre de faire une chose* : cette distinction n'étoit peut-être pas encore établie du temps de Molière.

(2) Il y a autant de justesse que de malice dans la remarque d'Ura-

URANIE.

Mais, de grace, monsieur Lysidas, faites-nous voir ces défauts, dont je ne me suis point aperçue.

LYSIDAS.

Ceux qui possèdent Aristote et Horace, voient d'abord, madame, que cette comédie pèche contre toutes les règles de l'art.

URANIE.

Je vous avoue que je n'ai aucune habitude avec ces messieurs-là, et que je ne sais point les règles de l'art.

DORANTE.

Vous êtes de plaisantes gens avec vos règles dont vous embarrassez les ignorans, et nous étourdissez tous les jours. Il semble, à vous ouïr parler, que ces règles de l'art soient les plus grands mystères du monde; et cependant ce ne sont que quelques observations aisées, que le bon sens a faites sur ce qui peut ôter le plaisir que l'on prend à ces sortes de poëmes; et le même bon sens qui a fait autrefois ces observations, les fait aisément tous les jours*, sans le secours d'Horace et d'Aristote. Je voudrois bien savoir si la grande règle de toutes les règles n'est pas de plaire, et si une pièce de théâtre qui a attrapé son but, n'a pas suivi un bon chemin.

VARIANTE. * Les fait fort aisément tous les jours.

---

nie. Dorante pouvoit la commenter, en disant que si les poëtes ne louent que les pièces où personne ne va, c'est qu'ils n'ont rien à craindre de celles-là, et que l'impartialité dont ils semblent faire preuve en les louant, donne plus de poids au mal qu'ils disent des autres. Mais, au lieu de fournir une raison qui se présente d'elle-même à l'esprit, Dorante fait une plaisanterie du meilleur goût, lorsqu'il met sur le compte de la générosité, ce qui n'est que l'effet de la plus basse jalousie.

SCÈNE VII.

Veut-on que tout un public s'abuse sur ces sortes de choses, et que chacun n'y soit pas juge du plaisir qu'il y prend ?

URANIE.

J'ai remarqué une chose de ces messieurs-là ; c'est que ceux qui parlent le plus des règles, et qui les savent mieux que les autres, font des comédies que personne ne trouve belles. (1)

DORANTE.

Et c'est ce qui marque, madame, comme on doit s'arrêter peu à leurs disputes embarrassées *. Car enfin, si les pièces qui sont selon les règles ne plaisent pas, et que celles qui plaisent ne soient pas selon les règles, il faudroit, de nécessité, que les règles eussent été mal faites. Moquons-nous donc de cette chicane, où ils veulent assujétir le goût du public, et ne consultons dans une comédie que l'effet qu'elle fait sur nous. Laissons-nous aller de bonne foi aux choses qui nous prennent par les entrailles (2), et ne cherchons point de raisonnemens ** pour nous empêcher d'avoir du plaisir.

VARIANTES. * *Comme on doit s'arrêter peu à leurs disputes embarrassantes.* — ** *Et ne cherchons point de raisonnement.*

---

(1) Ceci rappelle le mot du grand Condé au sujet de l'abbé d'Aubignac, auteur de la *Pratique du Théâtre*, et d'une méchante tragédie de *Zénobie.* « Je sais bon gré à l'abbé d'Aubignac, disoit le prince, d'avoir
« si bien suivi les règles d'Aristote ; mais je ne pardonne point aux règles
« d'Aristote d'avoir fait faire à l'abbé d'Aubignac une si méchante tra-
« gédie. »

(2) Cette expression, *prendre par les entrailles*, semble rendre, d'une manière un peu étrange, l'effet que produit sur nous la comédie. Le mot *entrailles* ne s'emploie ordinairement au figuré, qu'à propos des choses qui viennent du cœur ou qui s'y adressent. Ainsi, l'on dit d'une femme

URANIE.

Pour moi, quand je vois une comédie, je regarde seulement si les choses me touchent; et, lorsque je m'y suis bien divertie, je ne vais point demander si j'ai eu tort, et si les règles d'Aristote me défendoient de rire.

DORANTE.

C'est justement comme un homme qui auroit trouvé une sauce excellente, et qui voudroit examiner si elle est bonne, sur les préceptes du Cuisinier françois. (1)

URANIE.

Il est vrai; et j'admire les raffinemens de certaines

---

qui aime un enfant étranger à l'égal du sien, *elle a pour lui des entrailles de mère;* d'un acteur dont le jeu est pathétique et vrai, *il a des entrailles,* et même d'un discours, d'un écrit touchant, *cela m'a remué jusqu'aux entrailles.* Mais s'il est vrai, physiologiquement parlant, que le rire agisse sur nos entrailles, on n'est pas du moins dans l'usage de le dire.

(1) Je ne sais si je me trompe; mais il me semble que notre parterre actuel trouveroit cette comparaison de la sauce bien ignoble. Nous sommes devenus plus connoisseurs en bienséances que Molière; et le propos qu'il n'hésitoit point à mettre dans la bouche d'un homme de qualité, de la cour de Louis XIV, seroit taxé de grossièreté par le moins raffiné des bourgeois de nos jours. Si ce n'est pas un tort, c'est du moins un malheur. Ceux qui veulent nous amuser, blessent notre délicatesse, et ceux qui la respectent, nous ennuient. — On voit que *le Cuisinier françois,* ce livre par excellence, celui de tous dont les préceptes sont le plus suivis, n'est rien moins qu'une production moderne, et que déja, du temps de Molière, il jouissoit d'une juste réputation. Il a été imprimé, pour la première fois, en 1653 : l'auteur est le sieur La Varenne. Descendoit-il de ce La Varenne qui avoit *gagné plus d'argent à porter les poulets de Henri IV, qu'à piquer ceux de la princesse sa sœur,* et qui devint un grand protecteur des jésuites? Cela est peu probable; mais le rapport du nom et de la profession est au moins un hasard singulier.

gens, sur des choses que nous devons sentir par nous-
mêmes. *

DORANTE.

Vous avez raison, madame, de les trouver étranges,
tous ces raffinemens mystérieux. Car enfin, s'ils ont lieu,
nous voilà réduits à ne nous plus croire ; nos propres
sens seront esclaves en toutes choses ; et, jusques au
manger et au boire, nous n'oserons plus trouver rien
de bon, sans le congé de messieurs les experts.

LYSIDAS.

Enfin, monsieur, toute votre raison, c'est que l'École
des Femmes a plu; et vous ne vous souciez point qu'elle
ne soit pas dans les règles, pourvu...

DORANTE.

Tout beau, monsieur Lysidas, je ne vous accorde pas
cela. Je dis bien que le grand art est de plaire, et que
cette comédie ayant plu à ceux pour qui elle est faite,
je trouve que c'est assez pour elle, et qu'elle doit peu
se soucier du reste. Mais, avec cela, je soutiens qu'elle
ne pèche contre aucune des règles dont vous parlez. Je
les ai lues, dieu merci, autant qu'un autre; et je ferois
voir aisément que peut-être n'avons-nous point de pièce
au théâtre plus régulière que celle-là.

ÉLISE.

Courage, monsieur Lysidas! nous sommes perdus si
vous reculez.

LYSIDAS.

Quoi! monsieur, la protase, l'épitase, et la péripétie...

DORANTE.

Ah! monsieur Lysidas, vous nous assommez avec vos

VARIANTE. * *Sur des choses que nous devons sentir nous-mêmes.*

grands mots. Ne paroissez point si savant, de grace. Humanisez votre discours, et parlez pour être entendu. Pensez-vous qu'un nom grec donne plus de poids à vos raisons? Et ne trouveriez-vous pas qu'il fût aussi beau de dire, l'exposition du sujet, que la protase; le nœud, que l'épitase; et le dénouement, que la péripétie? (1)

LYSIDAS.

Ce sont termes de l'art dont il est permis de se servir. Mais, puisque ces mots blessent vos oreilles, je m'expliquerai d'une autre façon, et je vous prie de répondre positivement à trois ou quatre choses que je vais dire. Peut-on souffrir une pièce qui pèche contre le nom propre des pièces de théâtre? Car enfin, le nom de poëme dramatique vient d'un mot grec qui signifie, agir (2), pour montrer que la nature de ce poëme consiste dans l'action; et dans cette comédie-ci, il ne se passe point d'actions, et tout consiste en des récits que vient faire ou Agnès ou Horace. *

LE MARQUIS.

Ah! ah! chevalier.

VARIANTE. * *Que viennent faire ou Agnès ou Horace.*

---

(1) *Ne trouveriez-vous pas qu'il fût aussi beau?...* — Quoique la phrase soit à la fois négative et interrogative, et qu'il semble, d'après cela, que le verbe de la proposition subordonnée doive être au subjonctif, il eût été préférable de le mettre simplement au conditionnel, et de dire, *ne trouveriez-vous pas qu'il seroit aussi beau?* etc., par la raison que, *ne trouveriez-vous pas?* signifie au fond, vous n'oseriez pas soutenir, et que l'objet de cette prétendue question est indubitable pour celui qui la fait. Le subjonctif, qui est le mode particulièrement affecté au doute, ne convient point dans ce cas.

(2) Ce mot grec est le verbe δράω, agir, d'où vient, en effet, le substantif δρᾶμα, drame.

SCÈNE VII.

CLIMÈNE.

Voilà qui est spirituellement remarqué, et c'est prendre le fin des choses.

LYSIDAS.

Est-il rien de si peu spirituel, ou, pour mieux dire, rien de si bas, que quelques mots où tout le monde rit, et surtout celui des *enfans par l'oreille?*

CLIMÈNE.

Fort bien.

ÉLISE.

Ah!

LYSIDAS.

La scène du valet et de la servante au-dedans de la maison, n'est-elle pas d'une longueur ennuyeuse, et tout-à-fait impertinente?

LE MARQUIS.

Cela est vrai.

CLIMÈNE.

Assurément.

ÉLISE.

Il a raison.

LYSIDAS.

Arnolphe ne donne-t-il pas trop librement son argent à Horace? Et puisque c'est le personnage ridicule de la pièce *, falloit-il lui faire faire l'action d'un honnête homme?

LE MARQUIS.

Bon. La remarque est encore bonne.

VARIANTE. * *Puisque c'est le personnage ridicule de la pièce.*

CLIMÈNE.

Admirable.

ÉLISE.

Merveilleuse.

LYSIDAS.

Le sermon et les Maximes ne sont-ils pas des choses ridicules, et qui choquent même le respect que l'on doit à nos mystères?

LE MARQUIS.

C'est bien dit.

CLIMÈNE.

Voilà parlé comme il faut. *⁽¹⁾

ÉLISE.

Il ne se peut rien de mieux. **

LYSIDAS.

Et ce monsieur de la Souche, enfin, qu'on nous fait un homme d'esprit, et qui paroît si sérieux en tant d'endroits, ne descend-il point dans quelque chose de trop comique et de trop outré au cinquième acte, lorsqu'il explique à Agnès la violence de son amour, avec ces roulemens d'yeux extravagans, ces soupirs ridicules, et ces larmes niaises qui font rire tout le monde?

LE MARQUIS.

Morbleu! merveille.

VARIANTES. * *Voilà parler comme il faut.* — ** *Il ne se peut rien dire de mieux.*

---

* (1) *Voilà parlé comme il faut.* — Molière emploie ici le participe, au lieu de l'infinitif qui est plus usité et semble plus grammatical. C'est à peu près ainsi que, dans *les Précieuses ridicules*, il a dit, *c'est trop pommadé*, pour, *c'est trop pommader*.

SCÈNE VII.

CLIMÈNE.

Miracle!

ÉLISE.

Vivat! monsieur Lysidas.

LYSIDAS.

Je laisse cent mille autres choses, de peur d'être ennuyeux.

LE MARQUIS.

Parbleu! chevalier, te voilà mal ajusté.

DORANTE.

Il faut voir.

LE MARQUIS.

Tu as trouvé ton homme, ma foi.*

DORANTE.

Peut-être.

LE MARQUIS.

Réponds, réponds, réponds, réponds.

DORANTE.

Volontiers. Il...

LE MARQUIS.

Réponds donc, je te prie.

DORANTE.

Laisse-moi donc faire. Si...

LE MARQUIS.

Parbleu! je te défie de répondre.

DORANTE.

Oui, si tu parles toujours.

VARIANTE. * *Tu as trouvé ton homme.*

CLIMÈNE.

De grace, écoutons ses raisons.

DORANTE.

Premièrement, il n'est pas vrai de dire que toute la pièce n'est qu'en récits. On y voit beaucoup d'actions qui se passent sur la scène; et les récits eux-mêmes y sont des actions, suivant la constitution du sujet; d'autant qu'ils sont tous faits innocemment, ces récits, à la personne intéressée, qui, par-là, entre à tous coups dans une confusion à réjouir les spectateurs, et prend, à chaque nouvelle, toutes les mesures qu'il peut, pour se parer du malheur qu'il craint.

URANIE.

Pour moi, je trouve que la beauté du sujet de l'École des Femmes consiste dans cette confidence perpétuelle; et ce qui me paroît assez plaisant, c'est qu'un homme qui a de l'esprit, et qui est averti de tout par une innocente qui est sa maîtresse, et par un étourdi qui est son rival, ne puisse avec cela éviter ce qui lui arrive. [1]

LE MARQUIS.

Bagatelle, bagatelle.

CLIMÈNE.

Foible réponse.

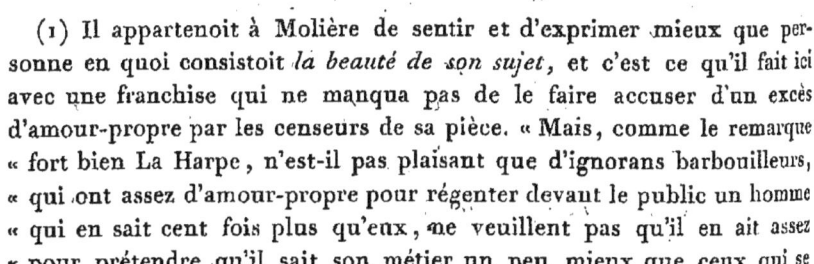

---

(1) Il appartenoit à Molière de sentir et d'exprimer mieux que personne en quoi consistoit *la beauté de son sujet*, et c'est ce qu'il fait ici avec une franchise qui ne manqua pas de le faire accuser d'un excès d'amour-propre par les censeurs de sa pièce. « Mais, comme le remarque « fort bien La Harpe, n'est-il pas plaisant que d'ignorans barbouilleurs, « qui ont assez d'amour-propre pour régenter devant le public un homme « qui en sait cent fois plus qu'eux, ne veuillent pas qu'il en ait assez « pour prétendre qu'il sait son métier un peu mieux que ceux qui se « chargent de le lui enseigner? »

SCÈNE VII.

ÉLISE.

Mauvaises raisons.

DORANTE.

Pour ce qui est des *enfans par l'oreille*, ils ne sont plaisans que par réflexion à Arnolphe [1]; et l'auteur n'a pas mis cela pour être de soi un bon mot, mais seulement pour une chose qui caractérise l'homme [2], et peint d'autant mieux son extravagance, puisqu'il rapporte une sottise triviale qu'a dite Agnès, comme la chose la plus belle du monde, et qui lui donne une joie inconcevable.

LE MARQUIS.

C'est mal répondre.

CLIMÈNE.

Cela ne satisfait point.

ÉLISE.

C'est ne rien dire.

DORANTE.

Quant à l'argent qu'il donne librement, outre que la lettre de son meilleur ami lui est une caution suffisante, il n'est pas incompatible qu'une personne soit ridicule en de certaines choses, et honnête homme en d'autres. Et, pour la scène d'Alain et de Georgette dans le logis, que quelques-uns ont trouvée longue et froide,

---

(1) *Ils ne sont plaisans que par réflexion à Arnolphe.* — Par réflexion à Arnolphe, c'est-à-dire, relativement, en égard à Arnolphe. L'expression est au moins singulière ; elle a besoin, pour être bien comprise, du commentaire que Molière lui-même y ajoute.

(2) Tout le secret du comique de Molière semble être renfermé dans cette phrase. On peut dire de ses plus heureux traits : « Il n'a pas mis « cela pour être de soi un bon mot, mais seulement pour une chose qui « caractérise l'homme. »

il est certain qu'elle n'est pas sans raison, et de même qu'Arnolphe se trouve attrapé pendant son voyage par la pure innocence de sa maîtresse, il demeure au retour long-temps à sa porte par l'innocence de ses valets, afin qu'il soit partout puni par les choses qu'il a cru faire la sûreté de ses précautions.*

LE MARQUIS.

Voilà des raisons qui ne valent rien.

CLIMÈNE.

Tout cela ne fait que blanchir.

ÉLISE.

Cela fait pitié.

DORANTE.

Pour le discours moral que vous appelez un sermon, il est certain que de vrais dévots qui l'ont ouï, n'ont pas trouvé qu'il choquât ce que vous dites; et sans doute que ces paroles d'*enfer* et de *chaudières bouillantes* sont assez justifiées par l'extravagance d'Arnolphe, et par l'innocence de celle à qui il parle. Et quant au transport amoureux du cinquième acte, qu'on accuse d'être trop outré et trop comique, je voudrois bien savoir si ce n'est pas faire la satire des amans, et si les honnêtes gens même et les plus sérieux, en de pareilles occasions, ne font pas des choses...

LE MARQUIS.

Ma foi, chevalier, tu ferois mieux de te taire.

DORANTE.

Fort bien. Mais enfin si nous nous regardions nous-mêmes, quand nous sommes bien amoureux...

VARIANTE. * *Par les choses dont il a cru faire la sûreté de ses précautions.*

SCÈNE VII.

LE MARQUIS.

Je ne veux pas seulement t'écouter.

DORANTE.

Écoute-moi, si tu veux. Est-ce que dans la violence de la passion...

LE MARQUIS.

La, la, la, la, lare, la, la, la, la, la, la.

(*Il chante.*)

DORANTE.

Quoi!...

LE MARQUIS.

La, la, la, la, lare, la, la, la, la, la, la.

DORANTE.

Je ne sais pas si...

LE MARQUIS.

La, la, la, la, lare, la, la, la, la, la, la.

URANIE.

Il me semble que...

LE MARQUIS.

La, la, la, lare, la, la, la, la, la, la, la, la, la, la.

URANIE.

Il se passe des choses assez plaisantes dans notre dispute. Je trouve qu'on en pourroit bien faire une petite comédie, et que cela ne seroit pas trop mal à la queue de l'École des Femmes.

DORANTE.

Vous avez raison.

LE MARQUIS.

Parbleu! chevalier, tu jouerois là-dedans un rôle qui ne te seroit pas avantageux.

DORANTE.

Il est vrai, marquis.

CLIMÈNE.

Pour moi, je souhaiterois que cela se fît, pourvu qu'on traitât l'affaire comme elle s'est passée.

ÉLISE.

Et moi, je fournirois de bon cœur mon personnage.

LYSIDAS.

Je ne refuserois pas le mien, que je pense. (1)

URANIE.

Puisque chacun en seroit content, chevalier, faites un mémoire de tout, et le donnez à Molière, que vous connoissez, pour le mettre en comédie.

CLIMÈNE.

Il n'auroit garde, sans doute, et ce ne seroit pas des vers à sa louange.

URANIE.

Point, point; je connois son humeur: il ne se soucie pas qu'on fronde ses pièces, pourvu qu'il y vienne du monde.

DORANTE.

Oui. Mais quel dénouement pourroit-il trouver à ceci? Car il ne sauroit y avoir ni mariage, ni recon-

---

(1) Ce dernier trait achève de peindre la suffisance de M. Lysidas. Battu sur tous les points par Dorante qui n'a pas même ménagé sa personne, quoiqu'il ne l'ait attaquée qu'indirectement, il croit avoir eu tout l'avantage dans la dispute, et il ne demanderoit pas mieux que de se voir représenter fidèlement dans la petite comédie dont on parle. Telle est, au reste, la fin de toutes les discussions; chacun s'en retire un peu plus affermi dans son opinion, et *content de soi*, comme l'observe fort bien Uranie.

noissance, et je ne sais point par où l'on pourroit faire finir la dispute.

URANIE.

Il faudroit rêver quelque incident pour cela. * (1)

SCÈNE VIII.

CLIMÈNE, URANIE, ÉLISE, DORANTE, LE MARQUIS, LYSIDAS, GALOPIN.

GALOPIN.

Madame, on a servi sur table. (2)

DORANTE.

Ah! voilà justement ce qu'il faut pour le dénouement que nous cherchions, et l'on ne peut rien trouver de plus naturel. On disputera fort et ferme de part et d'autre, comme nous avons fait, sans que personne se rende; un petit laquais viendra dire qu'on a servi, on se levera, et chacun ira souper.

VARIANTE. * *Il faudroit rêver à quelque incident pour cela.*

---

(1) *Il faudroit rêver quelque incident pour cela.* — *Rêver*, signifiant, faire des rêves, s'emploie quelquefois activement : *voilà ce que j'ai rêvé; j'ai rêvé la même chose que vous.* Mais, dans le sens de penser, méditer, il est toujours neutre : *rêver à une chose, sur une chose.* Il en est de même de *songer.*

(2) On disoit autrefois, *on a servi sur table*; aujourd'hui on dit simplement, *on a servi*, ou *vous êtes servi*, parce que l'on tend toujours à abréger les locutions d'un usage fréquent; mais, chez le roi, où le respect pour l'étiquette maintient les anciennes formules, on dit encore, comme jadis, *la viande est servie.*

URANIE.

La comédie ne peut pas mieux finir, et nous ferons bien d'en demeurer là. (1)

---

(1) Uranie a raison; passer du salon dans la salle à manger est le vrai dénouement d'une comédie qui n'est qu'une conversation.

FIN DE LA CRITIQUE DE L'ÉCOLE DES FEMMES.

NOTICE

HISTORIQUE ET LITTÉRAIRE

SUR LA CRITIQUE DE L'ÉCOLE DES FEMMES.

La Critique de l'École des Femmes fut jouée, pour la première fois, le 1er juin 1663, et fut donnée trente-deux fois de suite avec la pièce dont elle étoit l'ingénieuse apologie, et à laquelle elle procura une brillante reprise. Elle fut imprimée deux mois après avoir paru sur le théâtre.

Voici ce que Molière raconte au sujet de cette petite comédie, dans sa préface de *l'École des Femmes* : « L'idée de « ce dialogue me vint après les deux ou trois premières re- « présentations de ma pièce. Je la dis, cette idée, dans une « maison où je me trouvai un soir; et d'abord une personne « de qualité, dont l'esprit est assez connu dans le monde, et « qui me fait l'honneur de m'aimer, trouva le projet assez à « son gré, non seulement pour me solliciter d'y mettre la « main, mais encore pour l'y mettre lui-même, et je fus « étonné que, deux jours après, il me montra toute l'affaire « exécutée d'une manière, à la vérité, beaucoup plus galante « et plus spirituelle que je ne puis faire, mais où je trouvai « des choses trop avantageuses pour moi ; et j'eus peur que, « si je produisois cet ouvrage sur notre théâtre, on ne m'ac- « cusât d'abord d'avoir mendié les louanges qu'on m'y don- « noit. » Je soupçonne que l'ouvrage ne parut pas à Molière tout-à-fait aussi *galant* et aussi *spirituel* qu'il le dit ici; qu'il y vit quelque autre défaut que d'être trop flatteur pour lui, et que la crainte de paroître manquer de modestie fut moins le motif qui l'empêcha d'en faire usage, que le prétexte qui

lui servit pour s'en dispenser. Il y avoit, ce semble, un peu
de présomption de la part d'un homme du monde, quel que
fût son esprit, à travailler d'après une idée de Molière, pour
le compte de Molière même. Il valoit mieux, de toute manière, lui laisser entièrement le soin d'exécuter le projet
qu'il avoit conçu, que de lui prêter, sans son aveu, un secours qu'il pouvoit lui être également embarrassant d'accepter ou de refuser.

Quelle étoit cette personne de qualité, connue par son
esprit et amie de Molière, qui voulut ainsi lui servir de second dans sa querelle contre les détracteurs de *l'École des
Femmes*? De Visé, dans ses *Nouvelles nouvelles*, nomme
l'abbé Dubuisson, qu'il qualifie *un des plus galans hommes
du siècle*. « Cet illustre abbé, dit-il, ayant fait une pièce pour
« la défense de *l'École des Femmes*, et l'ayant portée à l'au-
« teur, celui-ci trouva des raisons pour ne la point jouer,
« encore qu'il avouât qu'elle étoit bonne. Cependant, comme
« son esprit consiste principalement à se savoir bien servir
« de l'occasion, et que cette idée lui a plu, il a fait une pièce
« sur le même sujet, croyant qu'il étoit seul capable de se
« donner des louanges. » Bien que cette anecdote s'accorde
parfaitement avec le récit de Molière, on l'a niée, par la
raison que l'abbé Dubuisson, engagé fort avant dans la société des précieuses, où il avoit le titre de *grand introducteur des ruelles*, ne pouvoit être le partisan de l'auteur des
Précieuses ridicules, au point de se faire son champion. La
réfutation n'est pas absolument convaincante; mais si ce n'est
pas de l'abbé Dubuisson que Molière a voulu parler, il faut
renoncer à connoître le personnage.

Quoi qu'il en soit, Molière fut pendant quelque temps incertain s'il donneroit suite à son projet, et ce ne fut que
cinq mois après la représentation de *l'École des Femmes*, qu'il
fit jouer *la Critique*, tableau malin et pourtant fidèle, où
étoit représentée chacune des différentes espèces de détracteurs, dont l'assemblage formoit la cabale acharnée contre

son dernier ouvrage. On y vit, dans le personnage de Climène, ces femmes prudes et précieuses à la fois, toujours prêtes à prendre la naïveté pour de la bassesse, et la gaieté pour de l'indécence; dans celui du marquis, ces sots du grand monde, qui condamnent d'un mot l'ouvrage qu'ils connoissent à peine et qu'ils seroient hors d'état de juger; enfin, dans celui de M. Lysidas, ces auteurs jaloux et pédans qui cachent leur malin vouloir sous un faux air d'impartialité, et qui dénigrent, pour la plus grande gloire des règles, l'écrivain coupable d'amuser le public qu'ils sont en possession d'ennuyer.

Ces divers ridicules étoient peints avec trop de vérité et de vivacité dans *la Critique*, pour que ceux qui avoient servi de modèles, reconnus par tout le monde, ne se reconnussent pas eux-mêmes, et n'en devinssent pas plus furieux contre l'auteur. De Villiers, acteur de l'hôtel de Bourgogne, fut un des premiers à signaler son courroux. Il composa *Zélinde, ou la véritable Critique de l'École des Femmes, et la Critique de la Critique*, comédie en un acte et en prose (1). Cette pièce, qui paroît ne pas avoir été représentée, n'est qu'un insipide réchauffé de toutes les critiques justes, exagérées et fausses qui avoient été faites de *l'École des Femmes*, et une lourde réfutation de tout ce que Molière avoit dit pour la défense de sa comédie.

---

(1) Les frères Parfaict, copiés par la plupart de ceux qui ont traité du théâtre sous le rapport historique ou littéraire, ont mis sur le compte de de Visé la comédie de *Zélinde*. Elle est de de Villiers, comédien de l'hôtel de Bourgogne. Dans une Lettre sur les affaires du théâtre, que La Harpe, dans son Cours de Littérature (tome V, page 421, de l'édition originale), attribue à ce même de Visé, l'auteur s'excuse d'avoir intitulé, *la Vengeance des Marquis*, une pièce qu'il eût peut-être dû nommer la Vengeance des Comédiens; et, dans un autre endroit, il dit: « Ce qui fut cause que je fis MA *Zélinde*, etc. » L'auteur de la Lettre l'est donc également de la comédie de *Zélinde* et de celle de *la Vengeance des Marquis*. Or, cette dernière pièce est incontestablement l'ouvrage du comédien de Villiers.

Boursault, qui eut, dit-on, la malheureuse fantaisie de se reconnoître dans le Lysidas de *la Critique*, eut l'idée plus malheureuse encore d'en vouloir tirer vengeance, en faisant le *Portrait du Peintre, ou la Contre-critique de l'École des Femmes*. Ce portrait est l'ouvrage d'un pinceau inhabile, et cette contre-critique n'est guère autre chose qu'une plate parodie. On y voit figurer les mêmes personnages à peu près que dans *la Critique*; c'est à peu près aussi la même distribution et le même ordre de scènes; et, dans plus d'un endroit, Boursault ne fait que traduire en méchans vers la prose ingénieuse et facile de Molière. Tout l'artifice du poëte consiste à transposer les rôles, c'est-à-dire à mettre l'ignorance et la sottise du côté des admirateurs de *l'École des Femmes*, le jugement, l'esprit et le goût du côté de ses détracteurs; et, comme de raison, c'est à ceux-ci que demeure tout l'avantage de la contestation.

Le Panégyrique de l'École des Femmes, ou Conversation comique sur les œuvres de M. de Molière, tel est le titre d'un autre ouvrage, dont on ne connoît pas l'auteur, et dont il est difficile de deviner le but. Est-ce une critique? est-ce une apologie? Ce n'est, pour dire vrai, ni l'un ni l'autre, parce que c'est l'un et l'autre à la fois, parce que *l'École des Femmes* n'y est pas moins vivement défendue qu'attaquée, que le bien et le mal s'y balancent assez exactement, et que si la conclusion de cette espèce de controverse est expressément défavorable à Molière, les deux champions de sa pièce, qui finissent par se ranger du parti du blâme, semblent le faire moins par conviction que par condescendance pour leurs maîtresses, ennemies déclarées du poëte comique et de ses ouvrages.

Il n'y a pas moyen de se méprendre à l'intention d'un sieur de la Croix, auteur de *la Guerre comique, ou la Défense de l'École des Femmes*. Cet ouvrage, où la prose et les vers, la narration et le dialogue sont mêlés, est véritablement une apologie; il a bien aussi la forme d'une dispute où *l'École des Femmes* est alternativement louée et critiquée; mais Apollon, pris pour juge du différend, prononce un arrêt en faveur de la pièce.

Il est à remarquer que, depuis *le Cid*, *l'École des Femmes* étoit la première pièce de théâtre qui eût fourni matière à tant de dissertations et de critiques littéraires. C'est que *l'École des Femmes* fit époque comme *le Cid*; c'est que chacun de ces deux ouvrages étoit en France le premier chef-d'œuvre du genre et de l'auteur; c'est que tous deux ils eurent un égal succès, comme ils devoient avoir une égale influence, et que par là ils excitèrent également la haine jalouse des beaux-esprits qui osoient se croire, ceux-ci les rivaux de Corneille, ceux-là les émules de Molière.

Tous les censeurs ridicules dont Molière s'étoit moqué dans *la Critique*, ne se servoient pas de la plume; tous aussi ne se vengèrent pas par des écrits. Les auteurs humiliés excitèrent contre lui le courroux de quelques hommes de la cour, en leur persuadant qu'il les avoit joués dans le rôle du marquis turlupin; et Boursault ne se montra point étranger à cette odieuse manœuvre, lorsque, dans *le Portrait du Peintre*, il annonça une clef imprimée de *la Critique de l'École des Femmes*. Un duc, qu'on ne nomme point, passoit pour être l'auteur de la fameuse exclamation, *tarte à la créme!* répétée dix fois de suite par le marquis comme un argument sans réplique. Ce grand seigneur rencontre un jour Molière, et l'aborde avec les démonstrations d'un homme qui veut lui faire caresse. Molière s'incline, le duc alors lui prend la tête et la frotte rudement contre les boutons de son habit, en disant, *tarte à la créme, Molière, tarte à la créme.* Le roi, qui apprit le même jour cette vengeance brutale, en témoigna son indignation au courtisan qui se l'étoit permise, et consola Molière par les marques d'intérêt les plus touchantes. C'est peut-être en cette circonstance que Molière reçut de Louis XIV l'ordre exprès de se moquer encore une fois de ses ennemis, ordre auquel il obéit en composant *l'Impromptu de Versailles*, où il ne craignit pas d'en faire mention à plusieurs reprises, et dans les termes les moins équivoques.

La Critique de l'École des Femmes n'est point une comédie; c'est proprement une conversation, ou, comme dit Molière lui-même, une dissertation en forme de dialogue. Diverses personnes, les unes ridicules et extravagantes, les autres spirituelles et sensées, arrivent successivement dans un salon et y font cercle. On se met à parler d'une comédie nouvelle qui fait courir tout Paris : ceux-ci en disent du bien, ceux-là en disent du mal. Un homme d'esprit et de goût entreprend de la défendre un peu méthodiquement contre les attaques sournoises d'un auteur, grand partisan des règles et surtout grand ennemi des succès d'autrui. Chacun encourage et soutient le champion de sa cause; mais, bien entendu, ni le critique ni l'apologiste ne réussissent à changer l'opinion de personne. Sur ces entrefaites, un laquais vient dire qu'on a servi; on se lève, et l'on va se mettre à table : c'est là toute la pièce considérée sous le rapport dramatique.

Comme défense de *l'École des Femmes*, elle est tout ce qu'elle pouvoit être, sortant de la plume de l'auteur lui-même : quelques-unes des objections les plus spécieuses qui aient été faites contre l'ouvrage, y sont réfutées avec habileté; les autres sont passées sous silence comme ne méritant pas ou ne permettant pas de réponse, et quelquefois l'éloge se mêle adroitement à la simple apologie.

Mais c'est principalement comme peinture de mœurs et de ridicules, que *la Critique* est tout-à-fait digne de Molière. Connoissant tout l'avantage de l'attaque sur la défense, il songe moins à parer les coups de ses ennemis qu'à leur en porter lui-même; il ne perd pas le temps à prouver froidement qu'ils ont eu tort en le critiquant, il fait voir qu'ils ne pouvoient avoir raison, tant leur esprit est faux, bizarre, inconséquent et rempli d'absurdes préventions; ils ont voulu chasser *l'École des Femmes* du théâtre, il les y traduit eux-mêmes; ils n'ont pas voulu rire à cette pièce, il fait rire d'eux, en les peignant au naturel : ce n'est pas la vengeance d'un auteur entêté de son mérite et qui veut en convaincre les autres ; c'est celle d'un artiste, d'un homme de génie, qui peint gaiement ses ennemis ou plutôt ceux de son art, et qui pense que le meilleur argument en faveur de son talent méconnu est d'en donner une nouvelle preuve

La Critique de l'École des Femmes pourroit être comparée à ces feuilles sur lesquelles un grand peintre jette, avec rapidité, au moment de l'inspiration, des poses, des attitudes, des airs de tête, qu'il doit transporter au besoin dans ses compositions. En parcourant des yeux ce léger crayon, fruit de la circonstance et d'un heureux accès d'humeur satirique contre d'injustes censeurs, on est frappé du nombre de figures originales que Molière a placées depuis dans ses plus importans ouvrages, en leur donnant, à la vérité, le développement et le coloris qu'elles ne pouvoient avoir dans une simple esquisse. Quelques traits détachés du rôle de Climène et du portrait d'Araminte ont servi à composer les personnages de la prude Arsinoé et de la pédante Philaminte. Élise et Uranie semblent se reproduire dans la raisonnable et spirituelle Henriette. Lysidas, si bassement jaloux de ses confrères, et si sottement satisfait de lui-même, se retrouve tout entier dans Trissotin. Enfin, Dorante, ingénieux défenseur de la cour contre un pédant qui l'outrage sans la connoître, reparoît à nos yeux sous le nom de Clitandre. La Critique ne nous offre pas seulement le croquis de la plupart des personnages qui figurent dans les Femmes savantes ; elle nous montre aussi le sujet de cette comédie, tracé en peu de mots, mais avec une précision, une justesse qui ne permettent pas de le méconnoître. Ce même Dorante dit, en parlant des beaux-esprits de profession : « Ce seroit une chose plaisante à mettre sur le « théâtre, que leurs grimaces savantes et leurs raffinemens « ridicules, leur vicieuse coutume d'assassiner les gens de « leurs ouvrages, leur friandise de louanges, leur trafic de « réputation, et leurs ligues offensives et défensives, aussi-

« bien que leurs guerres d'esprit, et leurs combats de prose
« et de vers. » N'est-ce pas là indiquer d'avance les immortelles scènes de Trissotin et de Vadius? N'est-ce pas là montrer dans le lointain, mais bien distinctement, le chef-d'œuvre des *Femmes savantes*, qu'on intituleroit presque aussi bien *les Auteurs ridicules?*

La Critique de l'École des Femmes est la première pièce de ce genre qui ait paru sur le théâtre. Comme tout ce que Molière a créé dans son art, elle a produit des imitations qui sont restées fort au-dessous du modèle. On a oublié depuis long-temps *la Critique du Légataire*, par Regnard; *la Critique du Philosophe marié*, par Destouches; *le Procès de la Femme juge et partie*, par Montfleury; on lira toujours avec plaisir *la Critique de l'École des Femmes*, monument ingénieux d'une juste vengeance, image piquante et vraie d'une conversation où la raison et la folie, l'esprit et la sottise, l'instruction polie et le savoir pédantesque, semblent étaler à l'envi leurs graces et leurs ridicules, et se faire mutuellement valoir par le contraste.

L'IMPROMPTU
DE VERSAILLES,
COMÉDIE EN UN ACTE.

1663.

ACTEURS.[1]

MOLIÈRE, marquis ridicule.
BRÉCOURT, homme de qualité.
DE LA GRANGE, marquis ridicule.
DU CROISY, poëte.
LA THORILLIÈRE, marquis fâcheux.
BÉJART, homme qui fait le nécessaire.
Mademoiselle DU PARC, marquise façonnière.
Mademoiselle BÉJART, prude.
Mademoiselle DE BRIE, sage coquette.
Mademoiselle MOLIÈRE, satirique spirituelle.
Mademoiselle DU CROISY, peste doucereuse.
Mademoiselle HERVÉ, servante précieuse.
QUATRE NÉCESSAIRES.

La scène est à Versailles, dans la salle de la comédie.[2]

---

(1) Cette liste contient, excepté du Parc et de Brie, tous les acteurs qui composoient la troupe de Molière, après la rentrée de 1663, et qui, au nombre de quatorze, suffisoient pour jouer la tragédie et la comédie trois fois par semaine. Afin de ne pas surcharger le commentaire d'un trop grand nombre de détails biographiques, je mettrai, en appendice, à la fin de la pièce, ce que j'ai à dire des acteurs qui y jouoient un rôle, ainsi que des comédiens de l'hôtel de Bourgogne, dont il y est fait mention.

(2) C'est à tort que tous les éditeurs, depuis ceux de 1682 exclusivement, ont placé la scène *dans l'antichambre du roi.* Le sujet de la pièce étant une répétition, le lieu de l'action doit être un théâtre. C'est la prétendue comédie à représenter, qui a pour lieu de scène l'antichambre du roi, puisqu'elle a pour personnages des hommes et des femmes de la cour. Molière dit aux comédiens, scène III de *l'Impromptu*: « Figurez-vous premièrement que la scène est dans l'anti-« chambre du roi. » Si c'étoit là même qu'ils eussent dû répéter, Molière n'auroit pas dit, *figurez-vous.* Ce passage mal compris est cause de l'erreur que je relève.

L'IMPROMPTU
DE VERSAILLES,
COMÉDIE.

SCÈNE PREMIÈRE.

MOLIÈRE, BRÉCOURT, LA GRANGE, DU CROISY, Mesdemoiselles DU PARC, BÉJART, DE BRIE, MOLIÈRE, DU CROISY, HERVÉ.

MOLIÈRE, *seul, parlant à ses camarades qui sont derrière le théâtre.*

Allons donc, messieurs et mesdames, vous moquez-vous avec votre longueur (1), et ne voulez-vous pas tous venir ici? La peste soit des gens! Holà, ho! monsieur de Brécourt!

BRÉCOURT, *derrière le théâtre.*

Quoi?

MOLIÈRE.

Monsieur de la Grange!

LA GRANGE, *derrière le théâtre.*

Qu'est-ce?

MOLIÈRE.

Monsieur du Croisy!

---

(1) *Vous moquez-vous avec votre longueur?* — Dans ce sens, on emploie plus ordinairement aujourd'hui le mot *lenteur*, qui est plus propre, et ne peut prêter à aucune équivoque.

DU CROISY, *derrière le théâtre.*

Plaît-il?

MOLIÈRE.

Mademoiselle du Parc!

MADEMOISELLE DU PARC, *derrière le théâtre.*

Hé bien?

MOLIÈRE.

Mademoiselle Béjart!

MADEMOISELLE BÉJART, *derrière le théâtre.*

Qu'y a-t-il?

MOLIÈRE.

Mademoiselle de Brie!

MADEMOISELLE DE BRIE, *derrière le théâtre.*

Que veut-on?

MOLIÈRE.

Mademoiselle du Croisy!

MADEMOISELLE DU CROISY, *derrière le théâtre.*

Qu'est-ce que c'est?

MOLIÈRE.

Mademoiselle Hervé!

MADEMOISELLE HERVÉ, *derrière le théâtre.*

On y va.

MOLIÈRE.

Je crois que je deviendrai fou avec tous ces gens-ci. Hé!

(*Brécourt, la Grange, du Croisy entrent.*)

Têtebleu! messieurs, me voulez-vous faire enrager aujourd'hui?

SCÈNE I.

BRÉCOURT.

Que voulez-vous qu'on fasse? Nous ne savons pas nos rôles; et c'est nous faire enrager vous-même, que de nous obliger à jouer de la sorte.

MOLIÈRE.

Ah! les étranges animaux à conduire que des comédiens! [1]

(*Mesdemoiselles Béjart, du Parc, de Brie, Molière, du Croisy et Hervé arrivent.*)

MADEMOISELLE BÉJART.

Hé bien! nous voilà. Que prétendez-vous faire?

MADEMOISELLE DU PARC.

Quelle est votre pensée?

MADEMOISELLE DE BRIE.

De quoi est-il question?

MOLIÈRE.

De grace, mettons-nous ici; et puisque nous voilà tous habillés, et que le roi ne doit venir de deux heures, employons ce temps à répéter notre affaire, et voir la manière dont il faut jouer les choses.

LA GRANGE.

Le moyen de jouer ce qu'on ne sait pas?

---

(1) L'exclamation est vive et même un peu brutale. Probablement Molière ne se la fût pas permise dans une pièce, s'il n'eût été comédien lui-même; quoi qu'il en soit, il ne paroît pas que ses camarades en aient été blessés. Aujourd'hui on ne la feroit pas entendre impunément à l'oreille superbe de nos comédiens; c'est une de ces choses qu'on peut encore penser, mais qu'il n'est plus permis de dire.

MADEMOISELLE DU PARC.

Pour moi, je vous déclare que je ne me souviens pas d'un mot de mon personnage.

MADEMOISELLE DE BRIE.

Je sais bien qu'il me faudra souffler le mien d'un bout à l'autre.

MADEMOISELLE BÉJART.

Et moi, je me prépare fort à tenir mon rôle à la main.

MADEMOISELLE MOLIÈRE.

Et moi aussi.

MADEMOISELLE HERVÉ.

Pour moi, je n'ai pas grand' chose à dire.

MADEMOISELLE DU CROISY.

Ni moi non plus; mais avec cela, je ne répondrois pas de ne point manquer.

DU CROISY.

J'en voudrois être quitte pour dix pistoles.

BRÉCOURT.

Et moi, pour vingt bons coups de fouet, je vous assure. (1)

MOLIÈRE.

Vous voilà tous bien malades, d'avoir un méchant

---

(1) Comment Brécourt, qui étoit brave, même querelleur, et par conséquent chatouilleux, a-t-il consenti à dire, pour son propre compte, ce qu'aujourd'hui un poëte comique oseroit à peine mettre dans la bouche d'un laquais? Un galant homme ne doit jamais supposer qu'on puisse lui donner des coups de fouet ou des coups de bâton, et encore moins former le souhait d'en recevoir, à quelque condition que ce soit. Ce n'est qu'une façon de parler sans doute; mais elle n'est pas d'un choix fort heureux.

SCÈNE I.

rôle à jouer! Et que feriez-vous donc si vous étiez en ma place?*

MADEMOISELLE BÉJART.

Qui, vous? Vous n'êtes pas à plaindre; car, ayant fait la pièce, vous n'avez pas peur d'y manquer.

MOLIÈRE.

Et n'ai-je à craindre que le manquement de mémoire? Ne comptez-vous pour rien l'inquiétude d'un succès qui ne regarde que moi seul? Et pensez-vous que ce soit une petite affaire, que d'exposer quelque chose de comique devant une assemblée comme celle-ci; que d'entreprendre de faire rire des personnes qui nous impriment le respect, et ne rient que quand ils veulent?** Est-il auteur qui ne doive trembler lorsqu'il en vient à cette épreuve? Et n'est-ce pas à moi de dire que je voudrois en être quitte pour toutes les choses du monde? (1)

MADEMOISELLE BÉJART.

Si cela vous faisoit trembler, vous prendriez mieux vos précautions, et n'auriez pas entrepris en huit jours ce que vous avez fait.

MOLIÈRE.

Le moyen de m'en défendre, quand un roi me l'a commandé? (2)

*VARIANTES. * A ma place. — ** Que quand elles veulent.

---

(1) Ce passage peut s'appeler une précaution oratoire des plus adroites. Quels juges, si difficiles et si sévères, ne devoient pas être favorablement disposés pour un auteur qui exprimoit, d'une manière si flatteuse pour eux, son embarras et sa frayeur!

(2) Il sembleroit qu'il dût suffire à Molière de cette phrase, pour apprendre aux spectateurs que c'étoit, non seulement avec l'approbation du roi, mais même par son ordre exprès, qu'il avoit fait *l'Im-*

MADEMOISELLE BÉJART.

Le moyen? Une respectueuse excuse fondée sur l'impossibilité de la chose, dans le peu de temps qu'on vous donne; et tout autre, en votre place, ménageroit mieux sa réputation, et se seroit bien gardé de se commettre comme vous faites. Où en serez-vous, je vous prie, si l'affaire réussit mal; et quel avantage pensez-vous qu'en prendront tous vos ennemis? (1)

MADEMOISELLE DE BRIE.

En effet. Il falloit s'excuser avec respect envers le roi, ou demander du temps davantage.

MOLIÈRE.

Mon dieu! mademoiselle, les rois n'aiment rien tant qu'une prompte obéissance, et ne se plaisent point du tout à trouver des obstacles (2). Les choses ne sont bonnes que dans le temps qu'ils les souhaitent; et leur en vouloir reculer le divertissement, est en ôter pour eux toute

---

promptu de Versailles. Mais il n'a pas trouvé que ce fût assez de le dire une fois; il l'a répété, dans la même scène, en des termes encore plus explicites, lorsqu'il fait dire à mademoiselle Béjart: « Mais puisqu'on « vous a commandé de travailler sur le sujet de la critique qu'on a « faite contre vous, etc.»; enfin, dans la scène suivante, parlant encore de la pièce nouvelle, il se fait dire par un marquis fâcheux: « C'est le roi qui vous la fait faire? » à quoi il répond: « Oui, monsieur.» Il ne croyoit pas pouvoir trop insister sur une circonstance si flatteuse pour lui et si désespérante pour ses ennemis.

(1) Ce ton d'autorité et de reproche, où l'on croit sentir un fond de bienveillance, convenoit à la belle-mère de Molière, à une femme qui devoit prendre à cœur les intérêts de fortune et de réputation de son gendre, ne fût-ce qu'en considération du bien-être de sa fille.

(2) La Fontaine a dit de même:

Alléguer l'impossible aux rois, c'est un abus.

SCÈNE I.

la grace. Ils veulent des plaisirs qui ne se fassent point attendre, et les moins préparés leur sont toujours les plus agréables. Nous ne devons jamais nous regarder dans ce qu'ils desirent de nous ; nous ne sommes que pour leur plaire ; et, lorsqu'ils nous ordonnent quelque chose, c'est à nous à profiter vîte de l'envie où ils sont. Il vaut mieux s'acquitter mal de ce qu'ils nous demandent, que de ne s'en acquitter pas assez tôt ; et, si l'on a la honte de n'avoir pas bien réussi, on a toujours la gloire d'avoir obéi vîte à leurs commandemens [1]. Mais songeons à répéter, s'il vous plaît.

MADEMOISELLE BÉJART.

Comment prétendez-vous que nous fassions, si nous ne savons pas nos rôles ?

MOLIÈRE.

Vous les saurez, vous dis-je ; et, quand même vous ne les sauriez pas tout-à-fait, pouvez-vous pas y suppléer de votre esprit, puisque c'est de la prose, et que vous savez votre sujet ?

MADEMOISELLE BÉJART.

Je suis votre servante. La prose est pis encore que les vers. [2]

---

[1] Que ceux qui seroient tentés de reprocher à Molière une soumission trop empressée, trop absolue, tranchons le mot, trop servile aux volontés et aux moindres desirs de Louis-XIV, veuillent bien songer que ce prince venoit de lui accorder une pension, et, ce qui devoit le toucher bien plus encore, de prendre hautement son parti contre ses détracteurs. A cette époque on n'avoit pas encore secoué les préjugés au point de payer les bienfaits par de l'ingratitude, et de se moquer des puissances de la terre, en acceptant leur argent. Il ne pouvoit pas y avoir moins d'un siècle entre Molière et Chamfort, par exemple.

[2] *La prose est pis encore que les vers.* — Pis est le comparatif de

MADEMOISELLE MOLIÈRE.

Voulez-vous que je vous dise? vous deviez faire une comédie où vous auriez joué tout seul.

MOLIÈRE.

Taisez-vous, ma femme, vous êtes une bête.

MADEMOISELLE MOLIÈRE.

Grand merci, monsieur mon mari. Voilà ce que c'est! Le mariage change bien les gens, et vous ne m'auriez pas dit cela il y a dix-huit mois. (1)

MOLIÈRE.

Taisez-vous, je vous prie.

MADEMOISELLE MOLIÈRE.

C'est une chose étrange, qu'une petite cérémonie soit capable de nous ôter toutes nos belles qualités; et qu'un

---

l'adverbe *mal* et de l'adjectif *mauvais*. Comme adjectif, il répond au neutre *pejus*, des Latins; il ne se joint pas à des substantifs masculins ou féminins, mais seulement à des noms et pronoms indéterminés, qui n'ont proprement pas de genre, comme *rien, ce, cela,* etc. : *il y a bien pis, ce qu'il y a de pis, cela est bien pis, voilà qui est pis, il n'y a rien de pis, quelque chose de pis.* D'après cette règle il sembleroit que Molière eût dû dire, *la prose est pire que les vers;* mais cette phrase signifieroit, la prose est plus mauvaise que les vers; et cette idée, qui n'est pas celle de Molière, ne pourroit guère s'adapter qu'au cas où l'on compareroit, sous le rapport de la qualité, la prose et les vers d'un même écrivain; Molière a donc cru devoir sacrifier l'exactitude grammaticale à la justesse du sens, et il a dit, *la prose est pis encore que les vers*, comme s'il eût dit, *la prose, c'est pis; c'est quelque chose de pis que les vers,* c'est-à-dire, de plus difficile à apprendre, à retenir, à réciter.

(1) Il y avoit alors plus de dix-huit mois, il y en avoit vingt que Molière étoit marié. Son mariage est du 14 au 17 février 1662 (on ne sait pas le jour précis), et la première représentation de *l'Impromptu de Versailles* est du 11 au 26 octobre 1663 (la date est également indécise.)

mari et un galant regardent la même personne avec des yeux si différens.

MOLIÈRE.

Que de discours!

MADEMOISELLE MOLIÈRE.

Ma foi, si je faisois une comédie, je la ferois sur ce sujet. Je justifierois les femmes de bien des choses dont on les accuse; et je ferois craindre aux maris la différence qu'il y a de leurs manières brusques, aux civilités des galans. [1]

MOLIÈRE.

Ah! laissons cela. Il n'est pas question de causer maintenant; nous avons autre chose à faire.

MADEMOISELLE BÉJART.

Mais, puisqu'on vous a commandé de travailler sur le sujet de la critique qu'on a faite contre vous, que n'avez-vous fait cette comédie des comédiens, dont vous nous avez parlé il y a long-temps [2]? C'étoit une affaire

---

[1] Quand on se rappelle combien Louis XIV étoit exigeant sur l'étiquette, avec les grands seigneurs de sa cour et les ambassadeurs des puissances étrangères, on ne peut s'empêcher de convenir qu'il y avoit de sa part une facilité bien aimable à trouver bon que des comédiens jouassent devant lui une pièce, où ils figuroient sous leurs propres noms, où ils avoient entre eux des querelles de coulisses, et jusqu'à une querelle de ménage. Sous les règnes suivans, tant de familiarité eût été regardée comme le comble de l'indécence, et le prince qui ne s'en fût point formalisé, eût été accusé d'oublier les bienséances de son rang. Soit orgueil, soit grandeur réelle, Louis XIV se sentoit trop élevé pour que rien pût le dégrader.

[2] N'est-ce là qu'une manière d'amener cette imitation satirique des comédiens de l'hôtel de Bourgogne, que nous allons voir tout à l'heure? Ou bien Molière avoit-il réellement songé à faire une comédie des comédiens? La première opinion est la plus probable.

toute trouvée, et qui venoit fort bien à la chose, et d'autant mieux, qu'ayant entrepris de vous peindre, ils vous ouvroient l'occasion de les peindre aussi, et que cela auroit pu s'appeler leur portrait, à bien plus juste titre, que tout ce qu'ils ont fait ne peut être appelé le vôtre [1]. Car vouloir contrefaire un comédien dans un rôle comique, ce n'est pas le peindre lui-même, c'est peindre d'après lui les personnages qu'il représente, et se servir des mêmes traits et des mêmes couleurs qu'il est obligé d'employer aux différens tableaux des caractères ridicules qu'il imite d'après nature; mais contrefaire un comédien dans des rôles sérieux, c'est le peindre par des défauts qui sont entièrement de lui, puisque ces sortes de personnages ne veulent ni les gestes, ni les tons de voix ridicules, dans lesquels on le reconnoît. [2]

MOLIÈRE.

Il est vrai; mais j'ai mes raisons pour ne le pas faire, et je n'ai pas cru, entre nous, que la chose en valût la peine; et puis il falloit plus de temps pour exécuter cette idée. Comme leurs jours de comédie sont les mêmes que les nôtres [3], à peine ai-je été les voir que trois

---

[1] La comédie de Boursault, contre *l'École des Femmes*, étoit intitulée *le Portrait du Peintre*; c'est à ce titre que Molière fait ici allusion.

[2] Le raisonnement de mademoiselle Béjart, ou plutôt de Molière, est plus ingénieux que juste. Il n'est pas vrai qu'on ne puisse contrefaire un comédien que dans des rôles sérieux. Souvent un acteur comique joint, aux ridicules qu'exige son personnage, d'autres ridicules qui tiennent à sa personne, et dont il est possible d'offrir une imitation plaisante. Qui de nous n'a pas vu plus d'une fois cette espèce de parodie sur les petits théâtres ou dans la société?

[3] Les jours de représentation de la troupe du Palais-Royal et de

ou quatre fois,* depuis que nous sommes à Paris ; je n'ai attrapé de leur manière de réciter, que ce qui m'a d'abord sauté aux yeux, et j'aurois eu besoin de les étudier davantage pour faire des portraits bien ressemblans.

MADEMOISELLE DU PARC.

Pour moi, j'en ai reconnu quelques-uns dans votre bouche.

MADEMOISELLE DE BRIE.

Je n'ai jamais ouï parler de cela.

MOLIÈRE.

C'est une idée qui m'avoit passé une fois par la tête, et que j'ai laissée là comme une bagatelle, une badinerie, qui peut-être n'auroit pas fait rire.

MADEMOISELLE DE BRIE.

Dites-la moi un peu, puisque vous l'avez dite aux autres.

MOLIÈRE.

Nous n'avons pas le temps maintenant.

MADEMOISELLE DE BRIE.

Seulement deux mots. (1)

VARIANTE. * *Les voir trois ou quatre fois.*

---

celle de l'hôtel de Bourgogne, étoient les mardis, les vendredis et les dimanches, c'est-à-dire les mêmes jours qui ont été depuis ceux de l'Opéra.

(1) Observons dès à présent avec quel art cette petite comédie est conduite. La répétition dont il s'agit d'abord ne peut être le sujet entier de la pièce, et tenir lieu de toute autre action. Il faut que l'auteur la suspende, l'interrompe, et y mêle plusieurs incidens, tous appropriés à son dessein, qui est de tourner en ridicule ses divers ennemis, comédiens, auteurs, et gens du monde. Avant donc d'arriver à cette répétition qu'il ne sauroit trop différer, ni faire trop courte, il commence par vider sa querelle avec les comédiens de l'hôtel de Bourgogne, en jetant ici, de la manière la plus naturelle, cet épisode où nous allons voir leur diction et leur action plaisamment parodiées.

MOLIÈRE.

J'avois songé une comédie [1], où il y auroit eu un poëte, que j'aurois représenté moi-même, qui seroit venu pour offrir une pièce à une troupe de comédiens nouvellement arrivés de la campagne*. Avez-vous, auroit-il dit, des acteurs et des actrices qui soient capables de bien faire valoir un ouvrage? Car ma pièce est une pièce... Hé! monsieur, auroient répondu les comédiens, nous avons des hommes et des femmes qui ont été trouvés raisonnables partout où nous avons passé. — Et qui fait les rois parmi vous? — Voilà un acteur qui s'en démêle parfois. — Qui? ce jeune homme bien fait? Vous moquez-vous? Il faut un roi qui soit gros et gras comme quatre; un roi, morbleu! qui soit entripaillé [2] comme il faut; un roi d'une vaste circonférence, et qui puisse remplir un trône de la belle manière [3]. La belle chose qu'un roi d'une taille galante! Voilà déja un grand défaut; mais que je l'entende un peu réciter une

VARIANTE. * De campagne.

---

(1) *J'avois songé une comédie.* — J'ai déja remarqué, dans les notes de *l'Étourdi*, que *songer*, qui est neutre quand il signifie penser, s'emploie quelquefois activement dans le discours familier : on dit, par abréviation ou par euphonie, *j'ai songé une chose*, pour, *j'ai songé à une chose.*

(2) *Entripaillé* paroît être un mot de la création de Molière : on ne le trouve dans aucun vocabulaire. Boursault l'a employé dans sa comédie de *Phaëton.*

  Phébus, de tous les dieux le plus entripaillé,
  En pèse pour le moins une demi-douzaine.

(3) Cette plaisanterie est dirigée contre Montfleury père, comédien de l'hôtel de Bourgogne, dont Molière va contrefaire la déclamation emphatique et outrée. Il étoit d'une corpulence énorme. C'est de lui que Cyrano de Bergerac a dit : *A cause que ce coquin est si gros qu'on ne peut le bâtonner tout entier en un jour, il fait le fier.*

douzaine de vers. Là-dessus le comédien auroit récité, par exemple, quelques vers du roi, de Nicomède :

    Te le dirai-je, Araspe ? il m'a trop bien servi,
      Augmentant mon pouvoir... [1]

le plus naturellement qu'il lui auroit été possible. Et le poëte : Comment ! vous appelez cela réciter ? C'est se railler ; il faut dire les choses avec emphase. Écoutez-moi.

    (*Il contrefait Montfleury, comédien de l'hôtel de Bourgogne.*)

    Te le dirai-je, Araspe ? etc.

Voyez-vous cette posture ? Remarquez bien cela. Là, appuyez comme il faut le dernier vers. Voilà ce qui attire l'approbation, et fait faire le brouhaha. Mais, monsieur, auroit répondu le comédien, il me semble qu'un roi qui s'entretient tout seul avec son capitaine des gardes, parle un peu plus humainement, et ne prend guère ce ton de démoniaque. —Vous ne savez ce que c'est. Allez-vous-en réciter comme vous faites, vous verrez si vous ferez faire aucun ah ! Voyons un peu une scène d'amant et d'amante. Là-dessus une comédienne et un comédien auroient fait une scène ensemble, qui est celle de Camille et de Curiace, [2]

    Iras-tu, ma chère ame, et ce funeste honneur
    Te plaît-il aux dépens de tout notre bonheur ?
    Hélas ! je vois trop bien, etc.

---

(1) Le passage qui commence ainsi, fait partie d'une tirade du rôle de Prusias, acte II, scène I, de *Nicomède*.

(2) Dans *Horace*, acte II, scène V, les deux premiers vers appar-

tout de même que l'autre, et le plus naturellement qu'ils auroient pu. Et le poëte aussitôt : Vous vous moquez, vous ne faites rien qui vaille, et voici comme il faut réciter cela.

(*Il imite mademoiselle de Beauchâteau, comédienne de l'hôtel de Bourgogne.*)

Iras-tu, ma chère ame, etc.
Non, je te connois mieux, etc.

Voyez-vous comme cela est naturel et passionné? Admirez ce visage riant qu'elle conserve dans les plus grandes afflictions. — Enfin, voilà l'idée; et il auroit parcouru de même tous les acteurs et toutes les actrices.

MADEMOISELLE DE BRIE.

Je trouve cette idée assez plaisante, et j'en ai reconnu là dès le premier vers. Continuez, je vous prie.

MOLIÈRE, *imitant Beauchâteau, comédien de l'hôtel de Bourgogne, dans les stances du Cid.*

Percé jusques au fond du cœur, etc.

Et celui-ci, le reconnoîtrez-vous bien dans Pompée, de Sertorius ?

(*Il contrefait Hauteroche, comédien de l'hôtel de Bourgogne.*)

L'inimitié qui règne entre les deux partis,
N'y rend pas de l'honneur, etc.

---

tiennent au rôle de Camille; le troisième commence la réponse de Curiace, et Camille reprend par une tirade dont ces paroles, *Non, je te connois mieux*, sont le premier hémistiche. Ainsi, Molière, dans cet endroit, contrefaisoit alternativement mademoiselle Beauchâteau, dans le rôle de Camille, et je ne sais quel comédien, dans celui de Curiace, peut-être Beauchâteau, son mari.

SCÈNE I.

MADEMOISELLE DE BRIE.

Je le reconnois un peu, je pense.

MOLIÈRE.

Et celui-ci?

(*Imitant de Villiers, comédien de l'hôtel de Bourgogne.*)

Seigneur, Polybe est mort, etc. [1]

MADEMOISELLE DE BRIE.

Oui, je sais qui c'est, mais il y en a quelques-uns d'entre eux, je crois, que vous auriez peine à contrefaire.

MOLIÈRE.

Mon dieu! il n'y en a point qu'on ne pût attraper par quelque endroit, si je les avois bien étudiés [2]! Mais vous me faites perdre un temps qui nous est cher. Songeons à nous, de grace, et ne nous amusons point davantage à discourir. (*à la Grange.*) Vous, prenez garde à bien représenter avec moi votre rôle de marquis.

MADEMOISELLE MOLIÈRE.

Toujours des marquis!

---

[1] Ce passage est de l'*OEdipe*, de Corneille, acte V, scène III. Il n'y a pas dans la tragédie : *seigneur, Polybe est mort*. OEdipe dit à Iphicrate, vieillard arrivé de Corinthe : *eh bien! Polybe est mort?* Et ce vieillard, quelques vers plus loin, dit à OEdipe : *le roi Polybe est mort*. Il est probable que de Villiers, comédien fort médiocre, jouoit le rôle d'Iphicrate, et non celui d'OEdipe.

[2] Ce passage prouve, contre l'avis de beaucoup de personnes, que Molière, en s'abstenant de contrefaire le jeu de Floridor, le plus célèbre comédien de l'hôtel de Bourgogne, à cette époque, n'a pas prétendu faire une exception en sa faveur, et reconnoître au moins tacitement sa supériorité.

MOLIÈRE.

Oui, toujours des marquis. Que diable voulez-vous qu'on prenne pour un caractère agréable de théâtre? Le marquis aujourd'hui est le plaisant de la comédie; et comme, dans toutes les comédies anciennes, on voit toujours un valet bouffon qui fait rire les auditeurs, de même, dans toutes nos pièces de maintenant, il faut toujours un marquis ridicule qui divertisse la compagnie. (1)

MADEMOISELLE BÉJART.

Il est vrai, on ne s'en sauroit passer.

MOLIÈRE.

Pour vous, mademoiselle...

---

(1) On pourroit s'étonner que Molière traitât avec cette irrévérence, ce mépris, une classe d'hommes qui occupoient un rang élevé dans la société, et composoient en partie la cour du monarque. Il a eu soin, à la vérité, de désigner exclusivement les marquis *ridicules;* mais les précieuses, à l'égard desquelles il avoit fait une semblable distinction, n'en furent pas moins toutes furieuses contre lui; et la différence qu'il établit si bien, dans *le Tartuffe*, entre les vrais et les faux dévots, n'empêcha pas que des hommes sincèrement religieux ne lui fissent un reproche d'avoir attaqué l'hypocrisie. Il est donc probable (et les écrits du temps ne laissent guère de doute sur ce point) que les marquis, en général, lui surent fort mauvais gré d'avoir été choisir parmi eux précisément le personnage qu'il assimile au *valet bouffon des comédies anciennes.* Leur colère dut lui causer peu de souci; il avoit pour lui le suffrage du maître, qui trouvoit bon qu'on l'amusât des travers mêmes de ses courtisans. Au reste, il y avoit alors moins d'inconvénient que depuis à tourner une certaine espèce de nobles en ridicule, justement parce que la noblesse étoit encore considérée et puissante. Sous les règnes suivans, le gouvernement ne l'eût point permis, parce qu'elle commençoit à déchoir beaucoup dans l'opinion. Aujourd'hui qu'elle n'a plus ni privilège ni pouvoir, et que nos mœurs, encore plus que nos institutions nouvelles, réduisent à rien son existence, il y auroit quelque lâcheté à l'insulter : ce seroient des attaques sans danger, comme sans objet.

SCÈNE I.

MADEMOISELLE DU PARC.

Mon dieu! pour moi, je m'acquitterai fort mal de mon personnage, et je ne sais pas pourquoi vous m'avez donné ce rôle de façonnière.

MOLIÈRE.

Mon dieu! mademoiselle, voilà comme vous disiez, lorsque l'on vous donna celui de la Critique de l'École des Femmes [1]; cependant vous vous en êtes acquittée à merveille, et tout le monde est demeuré d'accord qu'on ne peut pas mieux faire que vous avez fait [2]. Croyez-moi, celui-ci sera de même; et vous le jouerez mieux que vous ne pensez.

MADEMOISELLE DU PARC.

Comment cela se pourroit-il faire? Car il n'y a point de personne au monde qui soit moins façonnière que moi.

MOLIÈRE.

Cela est vrai; et c'est en quoi vous faites mieux voir que vous êtes excellente comédienne*, de bien représenter un personnage qui est si contraire à votre humeur. Tâchez donc de bien prendre, tous, le caractère de vos rôles, et de vous figurer que vous êtes ce que vous représentez.

VARIANTE. * *Une excellente comédienne.*

---

[1] Ce rôle que joua mademoiselle du Parc dans *la Critique*, étoit le rôle de Climène.

[2] Molière donne peut-être ici le premier exemple de ces complimens pour un acteur ou une actrice, que, depuis lui, tant d'auteurs ont placés dans leurs pièces, et que le public applaudit toujours avec transport, pour peu que l'acteur soit de son goût.

(*à du Croisy.*)

Vous faites le poëte, vous, et vous devez vous remplir de ce personnage, marquer cet air pédant qui se conserve parmi le commerce du beau monde, ce ton de voix sentencieux, et cette exactitude de prononciation qui appuie sur toutes les syllabes, et ne laisse échapper aucune lettre de la plus sévère orthographe.

(*à Brécourt.*)

Pour vous, vous faites un honnête homme de cour, comme vous avez déja fait dans la Critique de l'École des Femmes [1], c'est-à-dire, que vous devez prendre un air posé, un ton de voix naturel, et gesticuler le moins qu'il vous sera possible.

(*à la Grange.*)

Pour vous, je n'ai rien à vous dire. [2]

(*à mademoiselle Béjart.*)

Vous, vous représentez une de ces femmes qui, pourvu qu'elles ne fassent point l'amour, croient que tout le reste leur est permis; de ces femmes qui se retranchent toujours fièrement sur leur pruderie, regardent un chacun de haut en bas, et veulent que toutes les plus belles qualités que possèdent les autres, ne

---

[1] On voit ici que, dans *la Critique*, Brécourt remplissoit le rôle de Dorante.

[2] Cette parole que Molière adresse à la Grange, est très-flatteuse pour lui; elle suffiroit seule pour lui assurer la réputation d'un bon comédien. C'est ainsi que Racine, expliquant aux comédiens les rôles d'une de ses tragédies, dit à Baron : *Pour vous, monsieur, je n'ai point d'instructions à vous donner : votre ame et votre génie vous en diront plus que mes instructions n'en pourroient faire entendre.*

soient rien en comparaison d'un misérable honneur [1] dont personne ne se soucie. Ayez toujours ce caractère devant les yeux, pour en bien faire les grimaces.

(*à mademoiselle de Brie.*)

Pour vous, vous faites une de ces femmes qui pensent être les plus vertueuses personnes du monde, pourvu qu'elles sauvent les apparences; de ces femmes qui croient que le péché n'est que dans le scandale, qui veulent conduire doucement les affaires qu'elles ont, sur le pied d'attachement honnête, et appellent amis ce que les autres nomment galans. Entrez bien dans ce caractère.

(*à mademoiselle Molière.*)

Vous, vous faites le même personnage que dans la Critique [2], et je n'ai rien à vous dire, non plus qu'à mademoiselle du Parc.

(*à mademoiselle du Croisy.*)

Pour vous, vous représentez une de ces personnes qui prêtent doucement des charités à tout le monde [3]; de ces femmes qui donnent toujours le petit coup de langue en passant, et seroient bien fâchées d'avoir souf-

---

(1) *Misérable honneur.* — Cette association hardie de deux termes qui, pour ainsi dire, impliquent et se détruisent l'un l'autre, se trouve aussi dans *le Misanthrope:*

Son misérable honneur ne voit pour lui personne.

(2) C'est-à-dire le personnage d'Élise.

(3) *Prêter des charités à quelqu'un*, est une expression proverbiale, qui n'est plus guère en usage, et qui signifie, vouloir faire croire que quelqu'un a fait ou dit quelque chose qu'il n'a ni fait ni dit.

fert qu'on eût dit du bien du prochain. Je crois que vous ne vous acquitterez pas mal de ce rôle.

(*à mademoiselle Hervé.*)

Et pour vous, vous êtes la soubrette de la précieuse, qui se mêle de temps en temps dans la conversation, et attrape, comme elle peut, tous les termes de sa maîtresse. Je vous dis tous vos caractères, afin que vous vous les imprimiez fortement dans l'esprit [1]. Commençons maintenant à répéter, et voyons comme cela ira. Ah! voici justement un fâcheux! Il ne nous falloit plus que cela.

SCÈNE II.

LA THORILLIÈRE, MOLIÈRE, BRÉCOURT, LA GRANGE, DU CROISY, Mesdemoiselles DU PARC, BÉJART, DE BRIE, MOLIÈRE, DU CROISY, HERVÉ.

LA THORILLIÈRE.

Bonjour, monsieur Molière.

---

[1] Tout ce passage est fort curieux. Ce n'est pas un personnage créé par Molière, c'est Molière lui-même que nous voyons agir et que nous entendons parler. Le voilà dans une situation où il se trouvoit souvent : c'étoit de cette manière sans doute qu'il expliquoit aux comédiens les rôles dont il les chargeoit; c'étoit ainsi que, développant à leurs yeux le caractère de chaque personnage, il leur apprenoit à le revêtir des formes les plus vraies et les plus expressives. Au reste, ces instructions, qu'il donne aux comédiens, sont autant de traits qu'il lance, en passant, contre ses ennemis des deux sexes, tant de la cour que de la ville; et c'est encore une espèce d'épisode qui lui sert à différer la répétition annoncée.

SCÈNE II.

MOLIÈRE.

Monsieur, votre serviteur. (*à part.*) La peste soit de l'homme !

LA THORILLIÈRE.

Comment vous en va ?

MOLIÈRE.

Fort bien, pour vous servir. (*aux actrices.*) Mesdemoiselles, ne...

LA THORILLIÈRE.

Je viens d'un lieu où j'ai bien dit du bien de vous.

MOLIÈRE.

Je vous suis obligé. (*à part.*) Que le diable t'emporte ! (*aux acteurs.*) Ayez un peu soin...

LA THORILLIÈRE.

Vous jouez une pièce nouvelle aujourd'hui ?

MOLIÈRE.

Oui, monsieur. (*aux actrices.*) N'oubliez pas...

LA THORILLIÈRE.

C'est le roi qui vous la fait faire ? *

MOLIÈRE.

Oui, monsieur. (*aux acteurs.*) De grace, songez...

LA THORILLIÈRE.

Comment l'appelez-vous ?

MOLIÈRE.

Oui, monsieur.

LA THORILLIÈRE.

Je vous demande comment vous la nommez.

VARIANTE. * *Qui vous l'a fait faire.*

MOLIÈRE.

Ah! ma foi, je ne sais [1]. (*aux actrices.*) Il faut, s'il vous plaît, que vous...

LA THORILLIÈRE.

Comment serez-vous habillés?

MOLIÈRE.

Comme vous voyez. (*aux acteurs.*) Je vous prie...

LA THORILLIÈRE.

Quand commencerez-vous?

MOLIÈRE.

Quand le roi sera venu. (*à part.*) Au diantre le questionneur!

LA THORILLIÈRE.

Quand croyez-vous qu'il vienne?

MOLIÈRE.

La peste m'étouffe, monsieur, si je le sais.

LA THORILLIÈRE.

Savez-vous point...

MOLIÈRE.

Tenez, monsieur, je suis le plus ignorant homme du monde. Je ne sais rien de tout ce que vous pourrez me demander, je vous jure. (*à part.*) J'enrage! Ce bourreau vient avec un air tranquille vous faire des questions, et ne se soucie pas qu'on ait en tête d'autres affaires. [2]

---

[1] L'impatience et la préoccupation peuvent-elles se peindre mieux et en moins de mots que dans les réponses de Molière à cet impitoyable questionneur?

[2] Tout ce commencement de scène se retrouve, avec de très-légers

SCÈNE II.

LA THORILLIÈRE.

Mesdemoiselles, votre serviteur.

MOLIÈRE.

Ah! bon, le voilà d'un autre côté.

LA THORILLIÈRE, *à mademoiselle du Croisy.*

Vous voilà belle comme un petit ange. Jouez-vous toutes deux aujourd'hui? (*en regardant mademoiselle Hervé.*)

MADEMOISELLE DU CROISY.

Oui, monsieur.

LA THORILLIÈRE.

Sans vous, la comédie ne vaudroit pas grand'chose. (1)

MOLIÈRE, *bas, aux actrices.*

Vous ne voulez pas faire en aller cet homme-là? (2)

MADEMOISELLE DE BRIE, *à la Thorillière.*

Monsieur, nous avons ici quelque chose à répéter ensemble.

---

changemens, dans le prologue du *Rendez-vous des Tuileries, ou le Coquet trompé*, comédie de Baron, jouée en 1685. *L'Impromptu de Versailles* avoit été imprimé trois ans auparavant, dans l'édition des œuvres de Molière, publiée par la Grange et Vinot : ainsi, Baron ne pouvoit espérer que son plagiat restât ignoré.

(1) Notez que le compliment s'adresse aux deux plus foibles actrices de la troupe. C'est une sottise de plus dans la bouche de ce marquis ridicule ; mais les deux comédiennes étoient bonnes personnes, si elles ne s'en sont pas fâchées.

(2) Molière semble dire ceci avec un peu d'humeur, en homme qui s'aperçoit que ces deux dames, probablement un peu coquettes, ne sont pas fâchées de s'entendre conter des douceurs par cet importun marquis, et qu'elles ne le repousseront pas, si on ne les y oblige. Tous ces petits détails sont touchés avec une justesse et une finesse admirables.

LA THORILLIÈRE.

Ah! parbleu! je ne veux pas vous empêcher; vous n'avez qu'à poursuivre.

MADEMOISELLE DE BRIE.

Mais...

LA THORILLIÈRE.

Non, non, je serois fâché d'incommoder personne. Faites librement ce que vous avez à faire.

MADEMOISELLE DE BRIE.

Oui; mais...

LA THORILLIÈRE.

Je suis homme sans cérémonie, vous dis-je, et vous pouvez répéter ce qui vous plaira. *

MOLIÈRE.

Monsieur, ces demoiselles ont peine à vous dire qu'elles souhaiteroient fort que personne ne fût ici pendant cette répétition.

LA THORILLIÈRE.

Pourquoi? il n'y a point de danger pour moi.

MOLIÈRE.

Monsieur, c'est une coutume qu'elles observent, et vous aurez plus de plaisir quand les choses vous surprendront.

LA THORILLIÈRE.

Je m'en vais donc dire que vous êtes prêts.

MOLIÈRE.

Point du tout, monsieur; ne vous hâtez pas, de grace. (1)

VARIANTE. * *Ce qu'il vous plaira.*

―――――――――――――

(1) Cette petite scène est tout-à-fait jolie. Ceux qui fréquentent les coulisses, l'ont eue plus d'une fois sous les yeux; les autres peuvent se

SCÈNE III.

MOLIÈRE, BRÉCOURT, LA GRANGE, DU CROISY, Mesdemoiselles DU PARC, BÉJART, DE BRIE, MOLIÈRE, DU CROISY, HERVÉ.

MOLIÈRE.

Ah! que le monde est plein d'impertinens! Or sus, commençons. Figurez-vous donc premièrement que la scène est dans l'antichambre du roi; car c'est un lieu où il se passe tous les jours des choses assez plaisantes. Il est aisé de faire venir là toutes les personnes qu'on veut, et on peut trouver des raisons même pour y autoriser la venue des femmes que j'introduis. La comédie s'ouvre par deux marquis qui se rencontrent.

(*à la Grange.*)

Souvenez-vous bien, vous, de venir, comme je vous ai dit, là, avec cet air qu'on nomme le bel air, peignant votre perruque, et grondant une petite chanson entre vos dents [1]. La, la, la, la, la, la. Rangez-vous donc, vous autres, car il faut du terrain à deux marquis; et

---

figurer qu'ils y assistent: c'est la vérité même. L'épisode, d'ailleurs, est heureusement imaginé pour couper la grande scène ou plutôt l'unique scène de la pièce, et toujours pour retarder cette répétition qui ne doit arriver que le plus tard possible.

(1) *Grondant une petite chanson entre vos dents.*— Gronder une chanson est une locution qu'on ne trouve dans aucun dictionnaire, et que l'usage semble n'avoir pas adoptée. C'est cependant celle qui exprime le mieux l'action de chanter sans ouvrir la bouche, et par conséquent sans articuler, action qui est des plus communes et que nous ne pouvons rendre que par une périphrase. La Fontaine a dit aussi dans sa comédie de *Ragotin; Grondez-vous point un air?*

ils ne sont pas gens à tenir leur personne dans un petit espace [1]. (*à la Grange.*) Allons, parlez.

LA GRANGE.

« Bonjour, marquis. »

MOLIÈRE.

Mon dieu! ce n'est point là le ton d'un marquis; il faut le prendre un peu plus haut; et la plupart de ces messieurs affectent une manière de parler particulière pour se distinguer du commun : *Bonjour, marquis.* Recommencez donc.

LA GRANGE.

« Bonjour, marquis.

MOLIÈRE.

« Ah! marquis, ton serviteur.

LA GRANGE.

« Que fais-tu là ?

MOLIÈRE.

« Parbleu! tu vois; j'attends que tous ces messieurs
« aient débouché la porte, pour présenter là mon visage.

LA GRANGE.

« Têtebleu! quelle foule! Je n'ai garde de m'y aller
« frotter, et j'aime bien mieux entrer des derniers.

MOLIÈRE.

« Il y a là vingt gens qui sont fort assurés de n'entrer
« point [2], et qui ne laissent pas de se presser, et d'occu-
« per toutes les avenues de la porte.

---

(1) A cause de leurs grands gestes et des ridicules écarts qu'ils font à droite et à gauche, lorsqu'ils se rencontrent et se saluent.

(2) *Il y a là vingt gens qui sont fort assurés de n'entrer point.* — La

SCÈNE III.

LA GRANGE.

« Crions nos deux noms à l'huissier, afin qu'il nous
« appelle.

MOLIÈRE.

« Cela est bon pour toi; mais pour moi, je ne veux
« pas être joué par Molière.

LA GRANGE.

« Je pense pourtant, marquis, que c'est toi qu'il joue
« dans la Critique.

MOLIÈRE.

« Moi? Je suis ton valet; c'est toi-même en propre
« personne.

LA GRANGE.

« Ah! ma foi, tu es bon de m'appliquer ton person-
« nage.

MOLIÈRE.

« Parbleu! je te trouve plaisant de me donner ce
« qui t'appartient.

LA GRANGE, *riant*.

« Ah! ah! ah! cela est drôle.

MOLIÈRE, *riant*.

« Ah! ah! ah! cela est bouffon.

LA GRANGE.

« Quoi! tu veux soutenir que ce n'est pas toi qu'on
« joue dans le marquis de la Critique?

---

mot *gens* ne se dit point d'un nombre déterminé, à moins qu'il ne soit accompagné de certains adjectifs; ainsi, on ne dit pas *deux gens*, et l'on dit, *deux jeunes gens, ce sont deux pauvres gens, deux braves gens*, etc. On dit, *mille gens l'ont vu*; mais cela confirme la règle, au lieu de la détruire, puisque *mille*, dans cette phrase, est pour un nombre indéterminé. Molière devoit dire : *il y a là vingt personnes*, etc.

MOLIÈRE.

« Il est vrai, c'est moi. *Détestable, morbleu! détes-*
« *table! tarte à la créme!* C'est moi, c'est moi, assuré-
« ment, c'est moi.

LA GRANGE.

« Oui, parbleu! c'est toi, tu n'as que faire de railler;
« et, si tu veux, nous gagerons, et verrons qui a raison
« des deux.

MOLIÈRE.

« Et que veux-tu gager encore?

LA GRANGE.

« Je gage cent pistoles que c'est toi.

MOLIÈRE.

« Et moi, cent pistoles que c'est toi.

LA GRANGE.

« Cent pistoles comptant?

MOLIÈRE.

« Comptant. Quatre-vingt-dix pistoles sur Amyntas,
« et dix pistoles comptant.

LA GRANGE.

« Je le veux.

MOLIÈRE.

« Cela est fait.

LA GRANGE.

« Ton argent court grand risque.

MOLIÈRE.

« Le tien est bien aventuré.

LA GRANGE.

« A qui nous en rapporter?

SCÈNE III.

MOLIÈRE, *à Brécourt.*

« Voici un homme qui nous jugera. Chevalier... [1]

BRÉCOURT.

« Quoi ? »

MOLIÈRE.

Bon. Voilà l'autre qui prend le ton de marquis ; vous ai-je pas dit que vous faites un rôle où l'on doit parler naturellement ?

BRÉCOURT.

Il est vrai.

MOLIÈRE.

Allons donc. « Chevalier...

BRÉCOURT.

« Quoi ?

MOLIÈRE.

« Juge-nous un peu sur une gageure que nous avons « faite.

BRÉCOURT.

« Et quelle ?

---

[1] Molière met ici en scène deux marquis ridicules, dont chacun se défend d'avoir été joué dans *la Critique de l'École des Femmes*, et veut rejeter sur l'autre le ridicule honneur d'avoir servi de modèle à Molière. Cependant, s'il en faut croire les ennemis de Molière, plusieurs des gens de cour dont il s'étoit moqué, loin de désavouer la ressemblance et de s'en fâcher, en tiroient vanité, et n'en témoignoient que plus d'amitié à l'auteur. De Visé le dit en plusieurs endroits ; et Boursault, dans *le Portrait du Peintre*, introduit un comte qui veut à toute force être un des turlupins dont il est question dans *la Critique*, et qui est près de s'emporter contre ceux qui en doutent. De part et d'autre, on parloit dans le sens de son intérêt : Molière ne vouloit pas convenir qu'on dût se reconnoître ni même reconnoître les autres dans ses portraits ; et ses ennemis cherchoient à établir le contraire, afin de lui susciter des désagrémens.

MOLIÈRE.

« Nous disputons qui est le marquis de la Critique
« de Molière; il gage que c'est moi, et moi je gage que
« c'est lui.

BRÉCOURT.

« Et moi, je juge que ce n'est ni l'un ni l'autre. Vous
« êtes fous tous deux, de vouloir vous appliquer ces
« sortes de choses; et voilà de quoi j'ouïs l'autre jour se
« plaindre Molière, parlant à des personnes qui le char-
« geoient de même chose que vous. Il disoit que rien
« ne lui donnoit du déplaisir, comme d'être accusé de
« regarder quelqu'un dans les portraits qu'il fait [1]; que
« son dessein est de peindre les mœurs sans vouloir tou-
« cher aux personnes [2], et que tous les personnages qu'il
« représente sont des personnages en l'air, et des fan-
« tômes proprement, qu'il habille à sa fantaisie, pour
« réjouir les spectateurs; qu'il seroit bien fâché d'y avoir
« jamais marqué qui que ce soit; et que, si quelque
« chose étoit capable de le dégoûter de faire des comé-
« dies, c'étoit les ressemblances qu'on y vouloit toujours
« trouver, et dont ses ennemis tâchoient malicieusement
« d'appuyer la pensée, pour lui rendre de mauvais offices
« auprès de certaines personnes à qui il n'a jamais pensé.

---

[1] *Regarder quelqu'un dans les portraits qu'on fait.* — On diroit aujourd'hui, *avoir en vue quelqu'un.*

[2] *Son dessein est de peindre les mœurs sans vouloir toucher aux personnes.* — Phèdre a dit de même:

Neque enim notare singulos mens est mihi,
Verùm ipsam vitam et mores hominum ostendere.

« Mon dessein n'est pas de censurer personne en particulier; je ne
« veux que peindre la vie et les mœurs des hommes en général. »

SCÈNE III.

« Et, en effet, je trouve qu'il a raison : car pourquoi
« vouloir, je vous prie, appliquer tous ses gestes et toutes
« ses paroles, et chercher à lui faire des affaires en di-
« sant hautement : il joue un tel, lorsque ce sont des
« choses qui peuvent convenir à cent personnes? Comme
« l'affaire de la comédie est de représenter en général
« tous les défauts des hommes, et principalement des
« hommes de notre siècle, il est impossible à Molière de
« faire aucun caractère qui ne rencontre quelqu'un dans
« le monde ; et, s'il faut qu'on l'accuse d'avoir songé
« toutes les personnes * où l'on peut trouver les défauts
« qu'il peint, il faut, sans doute, qu'il ne fasse plus de
« comédies. (1)

MOLIÈRE.

« Ma foi, chevalier, tu veux justifier Molière, et épar-
« gner notre ami que voilà.

LA GRANGE.

« Point du tout. C'est toi qu'il épargne ; et nous trou-
« verons d'autres juges.

MOLIÈRE.

« Soit. Mais dis-moi, chevalier, crois-tu pas que ton

VARIANTE. * *D'avoir songé à toutes les personnes.*

---

(1) Molière pose et discute parfaitement la question. Un poëte comique doit peindre, non des individus, mais des espèces seulement. Quand il n'a point manqué à cette règle, c'est le compromettre mal à propos, c'est l'exposer à d'injustes inimitiés, que d'indiquer tel ou tel individu à la malignité publique, comme l'original d'un prétendu portrait, dont les traits, partagés entre un grand nombre de personnes, ne peuvent se trouver réunis dans aucune en particulier. Quant à ceux qui veulent se reconnoître dans ces sortes de portraits, ils ont un double tort, puisqu'ils accusent le peintre d'un mauvais procédé dont il est innocent, et qu'ils s'accusent eux-mêmes d'un ridicule qu'on ne s'étoit peut-être pas encore avisé de remarquer en eux.

« Molière est épuisé maintenant, et qu'il ne trouvera
« plus de matière, pour...

BRÉCOURT.

« Plus de matière? Hé! mon pauvre marquis, nous
« lui en fournirons toujours assez, et nous ne prenons
« guère le chemin de nous rendre sages pour tout ce
« qu'il fait et tout ce qu'il dit. » [1]

MOLIÈRE.

Attendez. Il faut marquer davantage tout cet endroit.
Écoutez-le moi dire un peu. « Et qu'il ne trouvera
« plus de matière pour... — Plus de matière? Hé! mon
« pauvre marquis, nous lui en fournirons toujours assez,
« et nous ne prenons guère le chemin de nous rendre
« sages pour tout ce qu'il fait et tout ce qu'il dit. Crois-
« tu qu'il ait épuisé dans ses comédies tout le ridicule
« des hommes? Et, sans sortir de la cour, n'a-t-il pas
« encore vingt caractères de gens où il n'a point touché?
« N'a-t-il pas, par exemple, ceux qui se font les plus
« grandes amitiés du monde, et qui, le dos tourné, font
« galanterie de se déchirer l'un l'autre? N'a-t-il pas ces
« adulateurs à outrance, ces flatteurs insipides, qui n'as-
« saisonnent d'aucun sel les louanges qu'ils donnent, et
« dont toutes les flatteries ont une douceur fade qui fait
« mal au cœur à ceux qui les écoutent? N'a-t-il pas ces
« lâches courtisans de la faveur, ces perfides adorateurs

---

(1) *Nous ne prenons guère le moyen de nous rendre sages pour tout ce qu'il fait et tout ce qu'il dit.* — *Pour* a, dans cette phrase, une acception qu'il n'est pas d'abord facile de déterminer, et qui semble au moins extraordinaire. *Pour tout ce qu'il fait et tout ce qu'il dit* doit signifier ici, eu égard à tout, en raison de tout ce qu'il fait et de tout ce qu'il dit.

SCÈNE III.   289

« de la fortune, qui vous encensent dans la prospérité,
« et vous accablent dans la disgrace? N'a-t-il pas ceux
« qui sont toujours mécontens de la cour, ces suivans
« inutiles, ces incommodes assidus, ces gens, dis-je,
« qui, pour services, ne peuvent compter que des impor-
« tunités, et qui veulent que l'on les récompense d'avoir
« obsédé le prince dix ans durant? N'a-t-il pas ceux qui
« caressent également tout le monde, qui promènent
« leurs civilités à droit et à gauche *(1), et courent à tous
« ceux qu'ils voient, avec les mêmes embrassades, et les
« mêmes protestations d'amitiés? — Monsieur, votre très-
« humble serviteur. Monsieur, je suis tout à votre ser-
« vice. Tenez-moi des vôtres, mon cher. Faites état de
« moi, monsieur, comme du plus chaud de vos amis.
« Monsieur, je suis ravi de vous embrasser. Ah! mon-
« sieur, je ne vous voyois pas! Faites-moi la grace de
« m'employer. Soyez persuadé que je suis entièrement à
« vous. Vous êtes l'homme du monde que je révère le
« plus. Il n'y a personne que j'honore à l'égal de vous.
« Je vous conjure de le croire. Je vous supplie de n'en
« point douter. Serviteur. Très-humble valet. — Va, va,
« marquis, Molière aura toujours plus de sujets qu'il
« n'en voudra; et tout ce qu'il a touché jusqu'ici, n'est
« rien que bagatelle, au prix de ce qui reste.(2) » Voilà
à peu près comme cela doit être joué.

VARIANTE. * *A droite et à gauche.*

---

(1) On disoit alors, *à droit* et non pas, *à droite.* Le dictionnaire de l'Académie, de 1694, en fait foi.

(2) Quelques personnes ont témoigné de l'étonnement de ce que Molière n'a mis au théâtre aucun des caractères qu'il passe en revue dans cette tirade. Je crois qu'il a moins voulu y indiquer de véritables su-

BRÉCOURT.

C'est assez.

MOLIÈRE.

Poursuivez.

BRÉCOURT.

« Voici Climène et Élise. »

MOLIÈRE, *à mesdemoiselles du Parc et Molière.*
Là-dessus vous arriverez toutes deux. (*à mademoiselle du Parc.*) Prenez bien garde, vous, à vous déhancher comme il faut, et à faire bien des façons [1]. Cela vous contraindra un peu; mais qu'y faire? Il faut parfois se faire violence.

MADEMOISELLE MOLIÈRE.

« Certes, madame, je vous ai reconnue de loin, et
« j'ai bien vu à votre air que ce ne pouvoit être une
« autre que vous. »

---

jets de comédie, que faire une énumération maligne de quelques-uns des vices et des ridicules les plus habituels chez les gens de cour. Comme c'est en partie pour se venger d'eux qu'il a fait *l'Impromptu de Versailles*, cette espèce de galerie convenoit parfaitement à ses vues; sans compter que, la pièce étant destinée pour la cour, il étoit plus piquant de choisir là que partout ailleurs les modèles de ses portraits satiriques. Ces prétendus sujets de comédie dont il sembloit menacer les courtisans, étoient peut-être aussi un moyen de les tenir en respect, de les engager à moins décrier ses ouvrages, qu'ils n'avoient fait jusquelà. Quoi qu'il en soit, si Molière, qui n'avoit encore fait ni *le Misanthrope*, ni *le Tartuffe*, ni *les Femmes savantes*, ni *l'Avare*, ni *le Bourgeois gentilhomme*, etc., eût voulu repousser un peu sérieusement le reproche qu'on lui faisoit d'être déjà épuisé, il eût indiqué plusieurs de ces grands caractères qui lui restoient à peindre, au lieu de se renfermer dans la cour, comme il dit, et de se borner à esquisser quelques travers particuliers aux habitans de ce pays-là.

(1) Dans *la Critique*, Élise dit de Climène, dont mademoiselle du Parc répète ici le rôle : « C'est la plus grande façonnière du monde; il
« sembloit que tout son corps soit démonté, et que les mouvemens de ses
« hanches, de ses épaules, et de sa tête, n'aillent que par ressorts. »

SCÈNE III.

MADEMOISELLE DU PARC.

« Vous voyez. Je viens attendre ici la sortie d'un
« homme avec qui j'ai une affaire à démêler.

MADEMOISELLE MOLIÈRE.

« Et moi de même. »

MOLIÈRE.

Mesdames, voilà des coffres qui vous serviront de fauteuils.

MADEMOISELLE DU PARC.

« Allons, madame, prenez place, s'il vous plaît.

MADEMOISELLE MOLIÈRE.

« Après vous, madame. »

MOLIÈRE.

Bon. Après ces petites cérémonies muettes, chacun prendra place, et parlera assis, hors les marquis, qui tantôt se leveront, et tantôt s'asseoiront [1], suivant leur inquiétude naturelle. « Parbleu ! chevalier, tu devrois
« faire prendre médecine à tes canons.

BRÉCOURT.

« Comment ?

MOLIÈRE.

« Ils se portent fort mal.

BRÉCOURT.

« Serviteur à la turlupinade !

---

(1) *Et tantôt s'asseoiront.* — *Asseoir* est un verbe irrégulier, dont la conjugaison a beaucoup varié et n'est pas encore entièrement fixée. Molière dit au futur, *je m'asseoirai, ils s'asseoiront*, et il a pour lui quelques autorités. Suivant l'Académie, il faut dire, *je m'assiérai, ils s'assiéront* ; ou bien, *je m'asseyerai, ils s'asseyeront* : le premier est le plus usité.

MADEMOISELLE MOLIÈRE.

« Mon dieu! madame, que je vous trouve le teint
« d'une blancheur éblouissante, et les lèvres d'un cou-
« leur de feu surprenant! * (1)

MADEMOISELLE DU PARC.

« Ah! que dites-vous là, madame? ne me regardez
« point, je suis du dernier laid aujourd'hui.

MADEMOISELLE MOLIÈRE.

« Hé! madame, levez un peu votre coîffe.

MADEMOISELLE DU PARC.

« Fi! Je suis épouvantable, vous dis-je, et je me fais
« peur à moi-même.

MADEMOISELLE MOLIÈRE.

« Vous êtes si belle!

MADEMOISELLE DU PARC.

« Point, point.

MADEMOISELLE MOLIÈRE.

« Montrez-vous.

VARIANTE. * D'une couleur de feu surprenante.

---

(1) C'est fort mal à propos que les derniers éditeurs de Molière, à commencer par Bret, ont mis, *d'une couleur de feu surprenante.* On dit, *un beau couleur de feu*; *le couleur de feu est ma couleur favorite*; *cette étoffe est d'un couleur de rose charmant.* Tous les noms simples, qui désignent des couleurs, étant masculins, tels que *le rouge, le noir, le bleu, le vert, le jaune, le violet, l'orangé,* etc., il est présumable que les mots composés, *couleur de feu, couleur de chair, couleur de rose,* etc., ont quitté leur genre propre, pour prendre celui de la catégorie de noms à laquelle ils appartiennent. C'est ainsi qu'en minéralogie on a cessé de dire, *la platine,* pour dire, *le platine,* attendu que tous les noms de métaux sont masculins.

SCÈNE III.

MADEMOISELLE DU PARC.

« Ah ! fi donc, je vous prie !

MADEMOISELLE MOLIÈRE.

« De grace.

MADEMOISELLE DU PARC.

« Mon dieu, non.

MADEMOISELLE MOLIÈRE.

« Si fait.

MADEMOISELLE DU PARC.

« Vous me désespérez.

MADEMOISELLE MOLIÈRE.

« Un moment.

MADEMOISELLE DU PARC.

« Hai.

MADEMOISELLE MOLIÈRE.

« Résolument vous vous montrerez. On ne peut point
« se passer de vous voir.

MADEMOISELLE DU PARC.

« Mon dieu ! que vous êtes une étrange personne !
« Vous voulez furieusement ce que vous voulez.

MADEMOISELLE MOLIÈRE.

« Ah ! madame, vous n'avez aucun désavantage à pa-
« roître au grand jour, je vous jure ! Les méchantes
« gens, qui assuroient que vous mettiez quelque chose !
« Vraiment, je les démentirai bien maintenant.

MADEMOISELLE DU PARC.

« Hélas ! je ne sais pas seulement ce qu'on appelle
« mettre quelque chose. Mais où vont ces dames ?

MADEMOISELLE DE BRIE.

« Vous voulez bien, mesdames, que nous vous don-

« nions en passant la plus agréable nouvelle du monde.
« Voilà monsieur Lysidas qui vient de nous avertir qu'on
« a fait une pièce contre Molière, que les grands comé-
« diens vont jouer.

MOLIÈRE.

« Il est vrai, on me l'a voulu lire; et c'est un nommé
« Br... Brou... Brossaut qui l'a faite.

DU CROISY.

« Monsieur, elle est affichée sous le nom de Bour-
« sault; mais, à vous dire le secret, bien des gens ont
« mis la main à cet ouvrage, et l'on en doit concevoir
« une assez haute attente. Comme tous les auteurs et
« tous les comédiens regardent Molière comme leur plus
« grand ennemi, nous nous sommes tous unis pour le
« desservir. Chacun de nous a donné un coup de pin-
« ceau à son portrait; mais nous nous sommes bien gar-
« dés d'y mettre nos noms; il lui auroit été trop glo-
« rieux de succomber, aux yeux du monde, sous les
« efforts de tout le Parnasse; et, pour rendre sa défaite
« plus ignominieuse, nous avons voulu choisir tout ex-
« près un auteur sans réputation. (1)

---

(1) Rien de plus sanglant, de plus cruel que ce dernier trait. Boursault fut fort mortifié de n'être regardé que comme un prête-nom; il s'en plaignit amèrement dans la préface du *Portrait du Peintre*. On avoit apparemment attribué une part dans cet ouvrage à quelque homme célèbre, à Corneille peut-être, qui, comme on l'a pu voir, fut accusé d'avoir cabalé contre *l'École des Femmes*. « Les grands hommes, dit
« Boursault à ce sujet, n'ont point d'occupations si basses; ils ne tra-
« vaillent qu'alors qu'il y a de la gloire à acquérir, et c'est dire assez
« clairement que Molière n'a rien à craindre d'eux. Pour moi, je
« suis redevable à l'outrage qu'il m'a voulu faire : croire ma pièce
« digne de ceux qui sont accusés d'y avoir mis la main, c'est de-

SCÈNE III.

MADEMOISELLE DU PARC.

« Pour moi, je vous avoue que j'en ai toutes les joies
« imaginables.

MOLIÈRE.

« Et moi aussi. Par la sambleu ! le railleur sera raillé ;
« il aura sur les doigts, ma foi.

MADEMOISELLE DU PARC.

« Cela lui apprendra à vouloir satiriser tout. Com-
« ment ! cet impertinent ne veut pas que les femmes
« aient de l'esprit ! Il condamne toutes nos expressions
« élevées, et prétend que nous parlions toujours terre à
« terre !

MADEMOISELLE DE BRIE.

« Le langage n'est rien ; mais il censure tous nos atta-
« chemens, quelque innocens qu'ils puissent être ; et, de
« la façon qu'il en parle, c'est être criminelle que d'avoir
« du mérite.

MADEMOISELLE DU CROISY.

« Cela est insupportable. Il n'y a pas une femme qui
« puisse plus rien faire. Que ne laisse-t-il en repos nos
« maris, sans leur ouvrir les yeux, et leur faire prendre
« garde à des choses dont ils ne s'avisent pas ?

MADEMOISELLE BÉJART.

« Passe pour tout cela ; mais il satirise même les
« femmes de bien, et ce méchant plaisant leur donne le
« titre d'honnêtes diablesses. [1]

« meurer d'accord de son mérite, et toutes les injures qu'on me dit
« dans le galimatias que Molière appelle *Impromptu*, ne peuvent dé-
« truire la bonne opinion qu'il a fait concevoir de mon ouvrage. »

[1] Ceci a trait au vers de *l'École des Femmes* :
  Ces dragons de vertu, ces honnêtes diablesses.

MADEMOISELLE MOLIÈRE.

« C'est un impertinent. Il faut qu'il en ait tout le
« saoul.

DU CROISY.

« La représentation de cette comédie, madame, aura
« besoin d'être appuyée, et les comédiens de l'hôtel...

MADEMOISELLE DU PARC.

« Mon dieu! qu'ils n'appréhendent rien. Je leur ga-
« rantis le succès de leur pièce, corps pour corps.

MADEMOISELLE MOLIÈRE.

« Vous avez raison, madame. Trop de gens sont in-
« téressés à la trouver belle. Je vous laisse à penser si
« tous ceux qui se croient satirisés par Molière, ne pren-
« dront pas l'occasion de se venger de lui en applau-
« dissant à cette comédie.

BRÉCOURT, *ironiquement.*

« Sans doute; et pour moi je réponds de douze mar-
« quis, de six précieuses, de vingt coquettes, et de
« trente cocus, qui ne manqueront pas d'y battre des
« mains.

MADEMOISELLE MOLIÈRE.

« En effet. Pourquoi aller offenser toutes ces per-
« sonnes-là, et particulièrement les cocus, qui sont les
« meilleures gens du monde?

MOLIÈRE.

« Par la sambleu! on m'a dit qu'on le va dauber, lui,
« et toutes ses comédies, de la belle manière, et que les
« comédiens et les auteurs, depuis le cèdre jusqu'à
« l'hyssope, sont diablement animés contre lui.

MADEMOISELLE MOLIÈRE.

« Cela lui sied fort bien. Pourquoi fait-il de méchantes

« pièces que tout Paris va voir, et où il peint si bien les
« gens, que chacun s'y connoît? Que ne fait-il des co-
« médies comme celles de monsieur Lysidas? Il n'auroit
« personne contre lui, et tous les auteurs en diroient du
« bien. Il est vrai que de semblables comédies n'ont pas
« ce grand concours de monde; mais, en revanche, elles
« sont toujours bien écrites, personne n'écrit contre
« elles, et tous ceux qui les voient, meurent d'envie de
« les trouver belles. (1)

DU CROISY.

« Il est vrai que j'ai l'avantage de ne me point faire
« d'ennemis, et que tous mes ouvrages ont l'approba-
« tion des savans.

MADEMOISELLE MOLIÈRE.

« Vous faites bien d'être content de vous. Cela vaut
« mieux que tous les applaudissemens du public, et que
« tout l'argent qu'on sauroit gagner aux pièces de Mo-
« lière. Que vous importe qu'il vienne du monde à vos
« comédies, pourvu qu'elles soient approuvées par mes-
« sieurs vos confrères?

LA GRANGE.

« Mais quand jouera-t-on le Portrait du Peintre?

DU CROISY.

« Je ne sais; mais je me prépare fort à paroître des
« premiers sur les rangs, pour crier: Voilà qui est beau!

---

(1) Puisque Boursault avoit absolument voulu se reconnoître dans le Lysidas de *la Critique*, c'est bien lui, pour le coup, que Molière désigne ici par ce nom. Les comédies qu'il avoit faites avant *le Portrait du Peintre*, étoient tout-à-fait dignes du mépris avec lequel Molière en parle : c'étoient *le Mort vivant, les Cadenas*, et *les Menteurs qui ne mentent point*.

MOLIÈRE.

« Et moi de même, parbleu !

LA GRANGE.

« Et moi aussi, dieu me sauve !

MADEMOISELLE DU PARC.

« Pour moi, j'y paierai de ma personne comme il
« faut; et je réponds d'une bravoure d'approbation, qui
« mettra en déroute tous les jugemens ennemis. C'est
« bien la moindre chose que nous devions faire, que
« d'épauler de nos louanges le vengeur de nos intérêts !

MADEMOISELLE MOLIÈRE.

« C'est fort bien dit.

MADEMOISELLE DE BRIE.

« Et ce qu'il nous faut faire toutes.

MADEMOISELLE BÉJART.

« Assurément.

MADEMOISELLE DU CROISY.

« Sans doute.

MADEMOISELLE HERVÉ.

« Point de quartier à ce contrefaiseur de gens.

MOLIÈRE.

« Ma foi, chevalier, mon ami, il faudra que ton Mo-
« lière se cache.

BRÉCOURT.

« Qui, lui ? Je te promets, marquis, qu'il fait dessein
« d'aller sur le théâtre, rire avec tous les autres du
« portrait qu'on a fait de lui. (1)

---

(1) Molière tint parole. Il alla voir jouer *le Portrait du Peintre* sur le

SCÈNE III.

MOLIÈRE.

« Parbleu! ce sera donc du bout des dents qu'il rira.

BRÉCOURT.

« Va, va, peut-être qu'il y trouvera plus de sujets de
« rire que tu ne penses. On m'a montré la pièce; et,
« comme tout ce qu'il y a d'agréable, sont effectivement
« les idées qui ont été prises de Molière [1], la joie que
« cela pourra donner, n'aura pas lieu de lui déplaire,
« sans doute; car, pour l'endroit où l'on s'efforce de le
« noircir [2], je suis le plus trompé du monde, si cela est

---

théâtre même de l'hôtel de Bourgogne, où son arrivée excita un long
brouhaha, et il paroit qu'il y fit assez bonne contenance; c'est du moins
ce qu'on peut conclure d'un passage de *la Vengeance des Marquis*, par
de Villiers, où il est dit que Molière *fit tout ce qu'il put pour rire, mais
qu'il n'en avoit pas beaucoup d'envie.*

(1) *Tout ce qu'il y a d'agréable, sont effectivement les idées qui
ont été prises de Molière.* — *Tout.... sont* semble d'abord contrarier la
règle de l'accord du verbe avec son sujet; mais il n'y auroit pas l'apparence même de l'incorrection, si la phrase étoit ainsi tournée : *les idées
qui ont été prises de Molière sont effectivement tout ce qu'il y a d'agréable.*
La phrase est exactement la même, c'est-à-dire que, dans les deux
exemples, elle est formée des mêmes mots liés entre eux par le même
rapport grammatical : seulement, dans le second, les deux membres sont
transposés par une hyperbate fort naturelle et fort usitée. Molière a pré-
féré ce tour comme ayant plus de vivacité. Racine a dit de même dans
les Plaideurs :

..... Tout ce qu'il dit sont autant d'impostures.

— Molière avoit raison : *le Portrait du Peintre* n'est en effet qu'une
espèce de contre-épreuve de *la Critique de l'École des Femmes*; et il
mérite d'autant mieux ce nom, que, comme dans une contre-épreuve
véritable, tous les objets y sont à rebours. Par exemple, dans *le Portrait du Peintre*, l'homme raisonnable est celui qui dit le plus de mal de
l'École des Femmes, tandis que, dans *la Critique*, c'est celui qui en
prend la défense.

(2) Quel est, dans *le Portrait du Peintre*, cet endroit où Molière pré-

« approuvé de personne; et quant à tous les gens qu'ils
« ont tâché d'animer contre lui, sur ce qu'il fait, dit-on,
« des portraits trop ressemblans [1]; outre que cela est
« de fort mauvaise grace, je ne vois rien de plus ridicule
« et de plus mal repris *; et je n'avois pas cru jusqu'ici
« que ce fût un sujet de blâme pour un comédien, que
« de peindre trop bien les hommes.

LA GRANGE.

« Les comédiens m'ont dit qu'ils l'attendoient sur la
« réponse, et que...

BRÉCOURT.

« Sur la réponse? Ma foi, je le trouverois un grand
« fou, s'il se mettoit en peine de répondre à leurs in-
« vectives. Tout le monde sait assez de quel motif elles
« peuvent partir; et la meilleure réponse qu'il leur puisse
« faire, c'est une comédie qui réussisse comme toutes

VARIANTE. * Et de plus mal pris.

---

tend que *l'on s'efforce de le noircir?* C'est apparemment celui où Boursault l'accuse d'avoir témoigné du mépris pour les choses qu'on doit respecter, en faisant, dans *l'École des Femmes*, la parodie, ou, comme il dit, la satire du sermon :

Votre ami du sermon nous a fait la satire,
Et, de quelque façon que le sens en soit pris,
Pour ce que l'on respecte on n'a point de mépris.

Il est possible, du reste, que Boursault, à l'impression, ait adouci ou retranché quelques-uns des traits les plus injurieux pour Molière.

[1] Ce reproche n'est pas moins fondé que le précédent. Molière étoit soupçonné d'avoir pris, pour modèles de ses personnages ridicules, des personnes connues et appartenant à la plus haute classe de la société. Boursault appuie autant qu'il peut sur cette idée; il parle même d'une *Clef imprimée* de *la Critique de l'École des Femmes*, où doivent se trouver, entre autres, les noms de trois marquis que Molière auroit voulu peindre. J'ignore si cette clef est une fiction de Boursault, ou si c'étoit une réalité.

« ses autres. Voilà le vrai moyen de se venger d'eux
« comme il faut; et, de l'humeur dont je les connois,
« je suis fort assuré qu'une pièce nouvelle qui leur en-
« levera le monde, les fâchera bien plus que toutes les
« satires qu'on pourroit faire de leurs personnes. (1)

MOLIÈRE.

« Mais, chevalier... »

MADEMOISELLE BÉJART.

Souffrez que j'interrompe pour un peu la répétition.
(à Molière.) Voulez-vous que je vous die (2) ? Si j'avois
été en votre place, j'aurois poussé les choses autrement.
Tout le monde attend de vous une réponse vigoureuse;
et, après la manière dont on m'a dit que vous étiez
traité dans cette comédie, vous étiez en droit de tout
dire contre les comédiens, et vous deviez n'en épargner
aucun. (3)

---

(1) Il est plaisant que Molière, dans la pièce même où il répond aux
comédiens de l'hôtel de Bourgogne, établisse, par de bonnes raisons,
qu'il ne doit pas leur répondre, et qu'il ne leur répondra point. Mais tel
est l'artifice de cette petite comédie de *l'Impromptu*, qu'il semble n'être
pas en contradiction avec lui-même. Il avoue, par la bouche d'un de
ses personnages, qu'il auroit tort de se venger en public des comédiens
de l'hôtel, et la satire qu'il a faite précédemment de leur jeu, est censée
n'avoir eu pour témoins que ses camarades.

(2) *Voulez-vous que je vous die?* — J'ai déja remarqué *que je die*,
pour, *que je dise*, dans la prose des *Précieuses ridicules*. C'étoit l'ancienne
façon de parler. Elle subsistoit encore dans la conversation par un reste
d'habitude, et, après qu'elle en eut été bannie, elle se refugia pour
quelque temps dans les vers, à titre de licence.

(3) Voici qui est bien adroit encore, et la répétition ne pouvoit être
plus ingénieusement interrompue. Molière garde pour lui-même les apparences et les honneurs de la modération; mais, afin de ne rien perdre,
il déchaîne contre les comédiens mademoiselle Béjart, que sa qualité de

MOLIÈRE.

J'enrage de vous ouïr parler de la sorte; et voilà votre manie, à vous autres femmes. Vous voudriez que je prisse feu d'abord contre eux, et qu'à leur exemple j'allasse éclater promptement en invectives et en injures. Le bel honneur que j'en pourrois tirer, et le grand dépit que je leur ferois! Ne se sont-ils pas préparés de bonne volonté à ces sortes de choses? Et, lorsqu'ils ont délibéré s'ils joueroient le Portrait du Peintre, sur la crainte d'une riposte, quelques-uns d'entre eux n'ont-ils pas répondu : Qu'il nous rende toutes les injures qu'il voudra, pourvu que nous gagnions de l'argent? N'est-ce pas là la marque d'une ame fort sensible à la honte? et ne me vengerois-je pas bien d'eux, en leur donnant ce qu'ils veulent bien recevoir?

MADEMOISELLE DE BRIE.

Ils se sont fort plaints, toutefois, de trois ou quatre mots que vous avez dits d'eux dans la Critique et dans vos Précieuses.

MOLIÈRE.

Il est vrai, ces trois ou quatre mots sont fort offensans, et ils ont grande raison de les citer. Allez, allez, ce n'est pas cela. Le plus grand mal que je leur aie fait, c'est que j'ai eu le bonheur de plaire un peu plus qu'ils n'auroient voulu; et tout leur procédé, depuis que nous sommes venus à Paris, a trop marqué ce qui les touche. Mais laissons-les faire tant qu'ils voudront; toutes leurs

---

femme et de belle-mère rend plus excusable dans son emportement. On va voir, par la réponse de Molière, ce que c'est que sa modération, et comme il sait épargner ses ennemis.

SCÈNE III.

entreprises ne doivent point m'inquiéter. Ils critiquent mes pièces, tant mieux ; et dieu me garde d'en faire jamais qui leur plaise* ! ce seroit une mauvaise affaire pour moi.

MADEMOISELLE DE BRIE.

Il n'y a pas grand plaisir pourtant à voir déchirer ses ouvrages.

MOLIÈRE.

Et qu'est-ce que cela me fait ? N'ai-je pas obtenu de ma comédie tout ce que j'en voulois obtenir, puisqu'elle a eu le bonheur d'agréer aux augustes personnes à qui particulièrement je m'efforce de plaire ? N'ai-je pas lieu d'être satisfait de sa destinée, et toutes leurs censures ne viennent-elles pas trop tard ? Est-ce moi, je vous prie, que cela regarde maintenant ? et, lorsqu'on attaque une pièce qui a eu du succès, n'est-ce pas attaquer plutôt le jugement de ceux qui l'ont approuvée, que l'art de celui qui l'a faite ? (1)

MADEMOISELLE DE BRIE.

Ma foi, j'aurois joué ce petit monsieur l'auteur, qui se mêle d'écrire contre des gens qui ne songent pas à lui. (2)

VARIANTE. * *Qui leur plaisent.*

---

(1) Molière fait ici preuve de beaucoup d'adresse, en plaçant sa comédie de *l'École des Femmes* sous la protection de Louis XIV, et en établissant une espèce de solidarité entre ce monarque et lui. Il y auroit toutefois peu de noblesse et de générosité dans cette manœuvre habile, s'il n'eût eu à détourner de dessus son ouvrage que les traits innocens d'une simple critique littéraire ; mais il faut se souvenir que les censeurs auxquels il avoit affaire, ne l'avoient accusé de rien moins que d'avoir voulu outrager la religion et les bonnes mœurs.

(2) Même artifice que tout à l'heure. Molière, pour avoir occasion de

MOLIÈRE.

Vous êtes folle. Le beau sujet à divertir la cour, que monsieur Boursault! Je voudrois bien savoir de quelle façon on pourroit l'ajuster, pour le rendre plaisant, et si, quand on le berneroit sur un théâtre*, il seroit assez heureux pour faire rire le monde. Ce lui seroit trop d'honneur que d'être joué devant une auguste assemblée; il ne demanderoit pas mieux; et il m'attaque de gaieté de cœur, pour se faire connoître, de quelque façon que ce soit. C'est un homme qui n'a rien à perdre, et les comédiens ne me l'ont déchaîné, que pour m'engager à une sotte guerre, et me détourner, par cet artifice, des autres ouvrages que j'ai à faire; et cependant, vous êtes assez simples pour donner toutes dans ce panneau. Mais enfin, j'en ferai ma déclaration publiquement. Je ne prétends faire aucune réponse à toutes leurs critiques et leurs contre-critiques. Qu'ils disent tous les maux du monde de mes pièces, j'en suis d'accord. Qu'ils s'en saisissent après nous; qu'ils les retournent comme un habit pour les mettre sur leur théâtre, et tâchent à profiter de quelque agrément qu'on y trouve, et d'un peu de bonheur que j'ai [1]; j'y consens, ils en ont besoin, et je serai bien aise de contribuer à les faire

VARIANTE. * Sur le théâtre.

---

revenir à la charge contre Boursault, qu'il semble pourtant avoir écrasé du premier coup, se fait reprocher par mademoiselle de Brie de l'avoir ménagé. S'il a eu ce tort, on peut dire qu'il le répare bien par la manière dont il s'en excuse. Pauvre Boursault!

[1] C'est évidemment au *Portrait du Peintre* que Molière fait allusion ici. Boursault, pour critiquer *la Critique de l'École des Femmes*, l'avoit effectivement *retournée comme un habit*. C'est la seconde fois que Molière en fait l'observation.

subsister, pourvu qu'ils se contentent de ce que je puis leur accorder avec bienséance. La courtoisie doit avoir des bornes; et il y a des choses qui ne font rire, ni les spectateurs, ni celui dont on parle. Je leur abandonne de bon cœur mes ouvrages, ma figure, mes gestes, mes paroles, mon ton de voix, et ma façon de réciter, pour en faire et dire tout ce qu'il leur plaira, s'ils en peuvent tirer quelque avantage. Je ne m'oppose point à toutes ces choses, et je serai ravi que cela puisse réjouir le monde; mais en leur abandonnant tout cela, ils me doivent faire la grace de me laisser le reste, et de ne point toucher à des matières de la nature de celles sur lesquelles on m'a dit qu'ils m'attaquoient dans leurs comédies [1]. C'est de quoi je prierai civilement cet honnête monsieur qui se mêle d'écrire pour eux, et voilà toute la réponse qu'ils auront de moi.

MADEMOISELLE BÉJART.

Mais enfin....

MOLIÈRE.

Mais enfin, vous me feriez devenir fou. Ne parlons point de cela davantage; nous nous amusons à faire des discours, au lieu de répéter notre comédie. Où en étions-nous? Je ne m'en souviens plus.

MADEMOISELLE DE BRIE.

Vous en étiez à l'endroit....

MOLIÈRE.

Mon dieu! J'entends du bruit; c'est le roi qui arrive

---

[1] Au ton sévère de cette phrase, dont les expressions sont graves et mesurées, on voit clairement que Molière se plaint du passage où Boursault cherche à rendre sa religion suspecte.

assurément; et je vois bien que nous n'aurons pas le temps de passer outre. Voilà ce que c'est de s'amuser. Oh bien! faites donc, pour le reste, du mieux qu'il vous sera possible.

MADEMOISELLE BÉJART.

Par ma foi, la frayeur me prend, et je ne saurois aller jouer mon rôle, si je ne le répète tout entier.

MOLIÈRE.

Comment, vous ne sauriez aller jouer votre rôle?

MADEMOISELLE BÉJART.

Non.

MADEMOISELLE DU PARC.

Ni moi, le mien.

MADEMOISELLE DE BRIE.

Ni moi non plus.

MADEMOISELLE MOLIÈRE.

Ni moi.

MADEMOISELLE HERVÉ.

Ni moi.

MADEMOISELLE DU CROISY.

Ni moi.

MOLIÈRE.

Que pensez-vous donc faire? Vous moquez-vous toutes de moi?

SCÈNE IV.

BÉJART, MOLIÈRE, LA GRANGE, DU CROISY, Mesdemoiselles DU PARC, BÉJART, DE BRIE, MOLIÈRE, DU CROISY, HERVÉ.

BÉJART.

Messieurs, je viens vous avertir que le roi est venu, et qu'il attend que vous commenciez.

MOLIÈRE.

Ah! monsieur, vous me voyez dans la plus grande peine du monde, je suis désespéré à l'heure que je vous parle! Voici des femmes qui s'effraient, et qui disent qu'il leur faut répéter leurs rôles, avant que d'aller commencer. Nous demandons, de grace, encore un moment. Le roi a de la bonté, et il sait bien que la chose a été précipitée.

SCÈNE V.

MOLIÈRE, LA GRANGE, DU CROISY, Mesdemoiselles DU PARC, BÉJART, DE BRIE, MOLIÈRE, DU CROISY, HERVÉ.

MOLIÈRE.

Hé! de grace, tâchez de vous remettre, prenez courage, je vous prie.

MADEMOISELLE DU PARC.

Vous devez vous aller excuser.

MOLIÈRE.

Comment m'excuser?

SCÈNE VI.

MOLIÈRE, LA GRANGE, DU CROISY, Mesdemoiselles DU PARC, BÉJART, DE BRIE, MOLIÈRE, DU CROISY, HERVÉ, UN NÉCESSAIRE. (1)

UN NÉCESSAIRE.

Messieurs, commencez donc.

MOLIÈRE.

Tout à l'heure, monsieur. Je crois que je perdrai l'esprit de cette affaire-ci, et...

SCÈNE VII.

MOLIÈRE, LA GRANGE, DU CROISY, Mesdemoiselles DU PARC, BÉJART, DE BRIE, MOLIÈRE, DU CROISY, HERVÉ, UN NÉCESSAIRE, UN SECOND NÉCESSAIRE.

LE SECOND NÉCESSAIRE.

Messieurs, commencez donc.

MOLIÈRE.

Dans un moment, monsieur. (*à ses camarades.*) Hé quoi donc. Voulez-vous que j'aie l'affront.....

---

(1) On dit d'un homme qui fait l'empressé dans une maison, qui s'y mêle de tout, qu'*il fait le nécessaire* :

> Ils font partout les nécessaires,
> Et, partout importuns, devroient être chassés.
> LA FONTAINE.

C'est dans ce sens qu'on appelle ici, substantivement, des *nécessaires*, ces gens qui viennent dire à Molière de commencer, sans en avoir reçu la mission de personne.

SCÈNE VIII.

MOLIÈRE, LA GRANGE, DU CROISY, Mesdemoiselles DU PARC, BÉJART, DE BRIE, MOLIÈRE, DU CROISY, HERVÉ, UN NÉCESSAIRE, UN SECOND NÉCESSAIRE, UN TROISIÈME NÉCESSAIRE.

LE TROISIÈME NÉCESSAIRE.

Messieurs, commencez donc.

MOLIÈRE.

Oüi, monsieur, nous y allons. Hé! que de gens se font de fête [1], et viennent dire, Commencez donc, à qui le roi ne l'a pas commandé!

SCÈNE IX.

MOLIÈRE, LA GRANGE, DU CROISY, Mesdemoiselles DU PARC, BÉJART, DE BRIE, MOLIÈRE, DU CROISY, HERVÉ, UN NÉCESSAIRE, UN SECOND NÉCESSAIRE, UN TROISIÈME NÉCESSAIRE, UN QUATRIÈME NÉCESSAIRE.

LE QUATRIÈME NÉCESSAIRE.

Messieurs, commencez donc.

MOLIÈRE.

Voilà qui est fait, monsieur. (*à ses camarades.*) Quoi donc, recevrai-je la confusion?....

---

(1) *Se faire de fête*, c'est proprement se faire d'une fête, s'introduire dans une fête à laquelle on n'a point été invité. De là le sens métaphorique, s'entremettre de quelque affaire, et vouloir s'y rendre nécessaire, sans y avoir été appelé.

SCÈNE X.

BÉJART, MOLIÈRE, LA GRANGE, DU CROISY, Mesdemoiselles DU PARC, BÉJART, DE BRIE, MOLIÈRE, DU CROISY, HERVÉ.

MOLIÈRE.

Monsieur, vous venez pour nous dire de commencer, mais....

BÉJART.

Non, messieurs, je viens pour vous dire qu'on a dit au roi l'embarras où vous vous trouviez, et que, par une bonté toute particulière, il remet votre nouvelle comédie à une autre fois, et se contente, pour aujourd'hui, de la première que vous pourrez donner.

MOLIÈRE.

Ah! monsieur, vous me redonnez la vie! Le roi nous fait la plus grande grace du monde de nous donner du temps, pour ce qu'il avoit* souhaité; et nous allons tous le remercier des extrêmes bontés qu'il nous fait paroître.⁽¹⁾

VARIANTE. * Pour ce qu'il a souhaité.

---

(1) *La Critique de l'École des Femmes* n'ayant point d'action, point de nœud, ne pouvoit avoir de dénouement. Le poëte tire parti de cette impossibilité même; il s'en joue, il en plaisante, et un laquais qui vient annoncer qu'on a servi, est le *Deus ex machiná* au moyen duquel la pièce se termine. *L'Impromptu de Versailles* est un peu plus une comédie : il y a une espèce d'action, et une apparence de nœud.

FIN DE L'IMPROMPTU DE VERSAILLES.

DÉTAILS BIOGRAPHIQUES

SUR LES ACTEURS

De l'Impromptu de Versailles.

J'ai pensé que quelques détails biographiques sur tous les comédiens dont la troupe de Molière étoit composée à l'époque où fut joué *l'Impromptu de Versailles*, se rattachoient assez naturellement au commentaire de cette pièce, dans laquelle ils figurent presque tous sous leur propre nom. J'y ai joint des notes du même genre sur ceux des comédiens de l'hôtel de Bourgogne, dont Molière tourne le jeu en ridicule dans cette comédie. M. Lemazurier, auteur de la *Galerie historique des acteurs du Théâtre-François*, a bien voulu me fournir tous ces détails, où il a porté son exactitude ordinaire : je les donne tels qu'il a pris la peine de les rédiger lui-même.

TROUPE DE MOLIÈRE.

Guillaume MARCOUREAU, sieur de BRÉCOURT, prit de très-bonne heure le parti du théâtre, et, après avoir joué plusieurs années en province, entra au théâtre du Marais, d'où il passa en mai 1662, dans la troupe de Molière. Il en sortit à la clôture de 1664, pour se réunir à la troupe de l'hôtel de Bourgogne.

A la réunion des deux troupes, qui eut lieu le 25 août 1680, Brécourt ne fit point partie de la nouvelle association, mais il y fut admis, par ordre du roi, le 8 janvier 1682, avec demi-part, obtint part entière le 19 juin 1684, et mourut le 28 mars 1685. Tous ces faits sont constans, ces dates positives : il en existe une preuve authentique, et l'on verra bientôt pourquoi l'on insiste sur cela.

Brécourt fut un très-grand comédien et un très-mauvais sujet. Suivant des mémoires du temps, où il ne paroît pas calomnié, il aimoit avec excès le vin, le jeu et les femmes; de plus il avoit l'humeur spadassine, querelleuse, violente : c'étoit assez l'humeur du temps.

Envisageons-le d'abord comme comédien.

Charmé de son jeu dans le rôle d'*Alain* de *l'École des Femmes*, Louis XIV ne put s'empêcher de dire : *Cet homme-là feroit rire des pierres !*

Il remplissoit dans la tragédie les seconds rôles, et il joua d'original ceux d'*Antiochus* dans *Bérénice*, de *Taxile* dans *Alexandre*, de *Britannicus*, etc.

Il étoit de moyenne taille, d'une assez belle figure, mais extrêmement pâle.

Hors de la scène, Brécourt, à ce qu'il paroît, se fit souvent de mauvaises affaires, et ne s'en tira pas aussi bien que d'une scène assez longue qu'il joua en 1678, à la chasse du roi, avec un sanglier qui l'atteignit à la botte, et le tint quelque temps en échec. Il parvint cependant à lui enfoncer son épée dans le corps jusqu'à la garde, et le tua roide. Louis XIV, témoin de cette action vigoureuse, lui en fit compliment, en lui demandant s'il n'étoit point blessé. Le soir il la raconta devant toute la cour, et certifia qu'il n'avoit jamais vu donner un si vigoureux coup d'épée. A cette époque, on ne connoissoit pas la méthode de combattre la bête fauve à coups de fusil comme une bécassine : on l'attaquoit corps à corps; il y avoit un peu plus de mérite et de courage.

Tous les coups d'épée de Brécourt ne lui attirèrent pas autant de louanges. Ayant eu le malheur de tuer un cocher sur la route de Fontainebleau, il fut obligé de quitter la France, et se retira en Hollande, où il entra dans une troupe françoise qui étoit entretenue par le prince d'Orange.

Il revint cependant à Paris; mais on est forcé de dire que la cause de son retour ne fut pas plus honorable que celle de son départ. Le ministère françois voulut faire enlever un homme qui, de même que Brécourt, s'étoit réfugié en Hollande. Sans cesse occupé des moyens qui pouvoient faciliter son retour dans sa patrie, Brécourt s'offrit pour cette entreprise dangereuse, et promit d'en rendre bon compte; il étoit connu pour un homme de main, et l'on s'en fia à lui. Le coup manqua cependant; et Brécourt, jugeant que sa vie n'étoit pas en sûreté après la découverte d'un semblable dessein, prit sur le champ la poste et revint en France. La bonne volonté dont il avoit donné des preuves au péril de sa tête, lui valut sa grace, et même l'autorisation de rentrer au théâtre.

Voilà tout ce qui est avéré sur les aventures très-romanesques de Brécourt. Dans son ouvrage intitulé : *Du Second Théâtre-François*, M. Lemercier ajoute que ce fut à Brécourt, rentré au théâtre avant la réunion de 1680, qu'elle fut due, et qu'il l'obtint par son crédit auprès des ministres.

M. Lemercier a été trompé par les renseignemens qui lui ont été fournis. Avant la réunion, Brécourt ne faisoit partie ni de la troupe de la rue Mazarine, ni de celle de l'hôtel de Bourgogne, et il ne rentra dans la nouvelle société que le 8 janvier 1682.

D'après les mêmes documens, M. Lemercier lui attribue trois meurtres; c'est bien assez d'un; la réputation de Brécourt est déja suffisamment mauvaise.

Acteur et bretteur, Brécourt fut encore auteur de comédies du genre le plus bas et le plus trivial. Les moins inconnues sont *la Noce de Village*, *le Jaloux invisible*, et *Timon*. Celle-ci lui coûta la vie : il se rompit une veine par les efforts qu'il fit pour en bien rendre le principal rôle, et mourut des suites de cet accident.

Les premiers éditeurs des œuvres de Molière imprimoient à la suite de ses comédies celle de Brécourt, qui a pour titre *l'Ombre de Molière*. Elle est fort indigne de cet honneur et n'en jouit plus depuis long-temps.

Charles VARLET, sieur DE LA GRANGE, né à Amiens, entra dans la troupe de Molière le 25 avril 1659, après avoir exercé son état en province avec distinction, fut conservé à la réunion de 1680, et mourut, sans avoir quitté le théâtre, le 1er mars 1692.

C'étoit un excellent acteur et un très-honnête homme; il avoit du sens, de l'esprit, de la conduite; sous tous les rapports il fut utile à sa société, dont il géra les affaires avec une grande exactitude et une probité scrupuleuse.

Il joua d'original tous les *premiers rôles* des pièces de Molière, et celle-ci prouve tout ce qu'il valoit. *Pour vous, je n'ai rien à vous dire.* Dans la bouche de Molière, quel éloge que cette phrase si simple !

Molière lui céda l'emploi d'orateur dans la troupe du Palais-Royal; après sa mort, il le remplit au théâtre de la rue Mazarine; il le conserva après la réunion de 1680. Cet emploi, dont presque personne n'a d'idée aujourd'hui, étoit d'une très-grande importance dans un temps où les comédiens parloient tous les jours au public. La Grange s'y distingua singulièrement; il avoit du feu, de la hardiesse, de la grace, et ne plaisoit pas moins en débitant ses *complimens* (terme technique) qu'en jouant ses rôles.

Il ne fut pas heureux dans son intérieur. Sa femme, Marie Ragueneau, actrice assez estimée dans *les caractères*, étoit fort laide et cependant fort coquette. Des enfans qu'il en eut, il ne conserva qu'une fille qu'il aimoit beaucoup; et, l'ayant mariée à un homme qui la rendit malheureuse, il en mourut de chagrin.

PHILIBERT GASSAUD, sieur DU CROISY, étoit un gentilhomme de Beauce, qui se trouvoit chef d'une troupe de province lorsqu'il entra dans celle de Molière, le 25 avril 1659.

On ne sait pas bien précisément quel emploi jouoit du Croisy, mais on ne peut douter qu'il n'eût beaucoup de talent, pour la comédie du moins, puisque Molière lui confia le rôle de *Tartuffe*. Il joua aussi *le Philosophe* du *Bourgeois gentilhomme*, *Marphurius* du *Mariage forcé*, *Harpin* dans *la Comtesse d'Escarbagnas*, etc. Il fut conservé à la réunion de 1680, quitta le théâtre le 18 avril 1689, avec la pension de 1000 francs, et mourut vers la fin de 1695. L'une de ses deux filles, Marie-Angélique Gassaud, femme de Paul Poisson, entra dans la troupe de Molière en 1670, et mourut en 1756, à 98 ans. Il peut donc encore exister des personnes qui aient entendu parler de Molière à l'une des actrices de sa troupe, et il y a cent quarante-cinq ans qu'il est mort.

N. LENOIR, sieur DE LA THORILLIÈRE, étoit un gentilhomme qui se sentit une vocation si décidée pour l'état de comédien, qu'il demanda à Louis XIV la permission de quitter l'armée où il servoit comme capitaine de cavalerie, pour entrer au théâtre du Marais. Le roi fut surpris de cette demande, lui donna quelque temps pour faire ses réflexions; et, La Thorillière ayant persisté dans son dessein, il y consentit.

La Thorillière entra dans la troupe du Palais-Royal en même temps que Brécourt, la quitta après la mort de Molière, pour passer à l'hôtel de Bourgogne, où il remplaça Lafleur, et y joua jusqu'en 1679. On conjecture qu'il mourut, en cette année, du chagrin que lui causa le mariage de sa fille Thérèse Lenoir, avec Dancourt qui l'avoit enlevée.

La Thorillière étoit un grand et bel homme, qui jouoit parfaitement les rois et les paysans. Cependant il pouvoit prendre pour lui une partie du reproche que Molière adresse dans cette pièce à mademoiselle Beauchâteau. Dans les plus tristes situations, dans l'emportement le plus terrible, on lui voyoit un visage riant qui s'accordoit mal avec les sentimens dont il devoit être animé.

Il composa et fit jouer, au Palais-Royal, le 2 décembre 1667, une tragédie intitulée *Cléopâtre*. Elle eut onze représentations, ce qui annonce quelque succès; et ne fut cependant pas imprimée.

Son fils fut un très-grand comédien, et son petit-fils un bon acteur.

BÉJART le jeune joua la comédie de très-bonne heure, et fut camarade de Molière dans la province. Arrivé avec lui à Paris, en 1658, il s'y fit beaucoup de réputation; et, quoique devenu boîteux par un accident qui honoroit son courage, il n'en continua pas moins de plaire au public. Le troupeau servile des imitateurs donna en cette occasion une preuve de son goût; parce que Béjart boîtoit, tous les comédiens de province qui jouoient son emploi, se crurent obligés de boîter, sans faire attention que cela n'étoit nécessaire que dans *l'Avare*, où Molière, sûr de l'affection que le public portoit à Béjart, n'avoit pas craint de faire dire à Harpagon : *Je ne me plais point à voir ce chien de boîteux-là.* Il est douteux qu'une pareille application fût saisie aujourd'hui d'une manière favorable pour l'acteur; le public n'accepte plus le talent en compensation des infirmités physiques.

Béjart étoit brave, et avoit beaucoup de présence d'esprit.

Il quitta le théâtre à la clôture de 1670, et fut le premier à qui l'on accorda la pension de 1000 francs, qu'il conserva jusqu'à sa mort, arrivée le 29 septembre 1678.

DU PARC, dit GROS-RENÉ, étoit un des meilleurs acteurs de la troupe de Molière.

En 1645, il faisoit partie d'une troupe bourgeoise, qui jouoit au faubourg Saint-Germain, et prenoit le nom de *l'Illustre Théâtre*. Cette association n'ayant pas été heureuse, Molière qui en étoit aussi, proposa à ses camarades de courir la province. Ils agréèrent son projet, et leur troupe fut bientôt aussi célèbre que l'avoient été celles de Filandre et de Floridor. Du Parc contribua beaucoup au succès général de l'entreprise, mais particulièrement à celui du *Dépit amoureux*, seconde comédie de Molière, dans laquelle il jouoit sous son nom de théâtre, et qu'il faut lire pour connoître le caractère du genre adopté par du Parc; caractère soutenu, mais moins développé dans le *Cocu imaginaire*.

Du Parc mourut le 4 novembre 1664; et sa mort affligea tellement ses camarades, qu'ils ne jouèrent pas ce jour-là, quoique ce fût un mardi, jour qui leur appartenoit, d'après le partage qu'ils avoient fait de la semaine avec les comédiens italiens. Sa part fut continuée à mademoiselle du Parc, jusqu'à Pâques de l'année 1665.

Les historiens du théâtre se sont trompés quand ils ont dit que du Parc quitta la troupe du Palais-Royal pour entrer à l'hôtel de Bourgogne; ils l'ont confondu avec sa femme.

EDME WILQUIN, sieur DE BRIE, faisoit partie, ainsi que sa femme, de la troupe de Molière, lorsque cette troupe quitta la province avec son chef, pour venir débuter à Paris, en 1658. Après la mort de Molière, de Brie fut conservé, mais seulement avec demi-part, dans la nouvelle troupe formée de la réunion de celles du Marais et du Palais-Royal; il y mourut le 9 mars 1676.

Ce fut de Brie qui joua d'original le rôle de *M. Loyal* dans *le Tartuffe*. Ce renseignement étant à peu près le seul qui reste sur cet acteur, on est fondé à croire qu'il n'avoit pas de talent. Comme l'on sait d'ailleurs qu'il étoit spadassin, et que Molière ne l'aimoit pas, on pourroit être étonné que, jusqu'à la mort de cet homme illustre, il eût compté, parmi ses camarades, pour une part entière, si l'on ne savoit aussi que Molière aimoit beaucoup mademoiselle de Brie, dont les consolations lui étoient fort utiles dans ses chagrins conjugaux, et que mademoiselle de Brie avoit du talent pour deux. Ces sortes de compensations n'ont pas été très-rares au théâtre.

Mademoiselle DU PARC. Elle s'engagea avec son mari dans la troupe de Molière lorsqu'il partit pour la province, et revint avec lui, en 1658, à Paris, où elle eut beaucoup de succès.

Racine, frappé du talent qu'elle avoit montré en jouant le rôle d'*Axiane*, dans sa tragédie d'*Alexandre*, forma le projet de la faire entrer à l'hôtel de Bourgogne, où il avoit résolu de donner dorénavant ses ouvrages. Il y réussit; et cette espèce d'enlèvement d'une actrice fort utile à Molière, le brouilla sans retour avec Racine. Mademoiselle du Parc joua le rôle d'*Andromaque* en 1667, et les comédiens de l'hôtel de Bourgogne n'eurent pas de peine à voir qu'ils avoient fait une bonne acquisition ; mais ils n'en profitèrent pas long-temps. Mademoiselle du Parc mourut le 11 décembre 1668.

Cette actrice étoit belle, avoit beaucoup de graces, et possédoit le talent de la danse, bien plus rare à cette époque qu'il ne l'est aujourd'hui. Son éloge seroit inutile après celui que Molière a fait d'elle dans cette pièce.

Mademoiselle BÉJART. Cette actrice, dont la fille épousa Molière, joua pendant plusieurs années en Languedoc et en Provence, prit parti dans la troupe de Molière en 1645, vint à Paris avec lui, en 1658, et y joua les reines et les soubrettes jusqu'à sa mort, arrivée le 17 février 1672, un an jour pour jour avant celle de son gendre.

Mademoiselle Béjart avoit un talent très-remarquable et un caractère très-difficile. Elle tourmenta Molière avant son mariage ; sa fille le tourmenta après.

On ne connoît avec certitude, parmi les rôles établis par mademoiselle Béjart, que ceux de *Dorine* dans *le Tartuffe*, et de *Jocaste* dans *la Thébaïde* de Racine.

Mademoiselle DE BRIE. On prétend que Molière, amoureux de mademoiselle du Parc, et n'ayant pu réussir auprès d'elle, se retourna du côté de mademoiselle de Brie, qui l'accueillit plus favorablement ; que sa liaison avec elle dura jusqu'à son mariage, et recommença peu de temps après, lorsque le caractère de sa femme lui eut causé des chagrins dont la complaisante mademoiselle de Brie eut la bonté de le consoler.

Cette anecdote n'est pas bien sûre; ce qui l'est plus, c'est que la conquête de mademoiselle de Brie avoit son prix; elle étoit grande, bien faite, extrêmement jolie; elle conserva long-temps un air de jeunesse, et c'étoit de plus une excellente actrice. Molière trouvoit en elle tout ce qui pouvoit lui convenir comme homme, comme auteur, comme directeur.

Mademoiselle de Brie joua d'original le rôle d'*Agnès* dans *l'École des Femmes*, et son succès y fut si grand qu'elle le garda jusqu'à sa retraite; d'Hannetaire ajoute, jusqu'à soixante-cinq ans; cela est impossible. Mademoiselle de Brie, qui vint à Paris avec Molière en 1658, fut conservée à la réunion de 1680, et quitta le théâtre à la clôture de 1685, avec la pension de 1000 francs. Si elle avoit soixante-cinq ans en 1685, ce seroit donc à une actrice de quarante-deux ans que Molière auroit confié le rôle d'*Agnès* dans *l'École des Femmes*, jouée en 1662. Il y a là quelque petite erreur d'une vingtaine d'années.

Mademoiselle de Brie mourut le 19 novembre 1706.

MARIE CLAVEAU, femme de Philbert Gassaud, sieur du Croisy, entra avec lui dans la troupe de Molière, en 1659.

Cette actrice étoit si médiocre, pour ne pas dire plus, qu'à la clôture de 1664, la moitié de la troupe ne vouloit plus qu'elle eût part, et qu'un an après, l'autre moitié fut du même avis. Elle se retira à Pâques 1665.

Mademoiselle HERVÉ. Elle a été tellement inconnue, que les frères Parfaict, dans leur *Histoire du Théâtre-Fran-*

çois, ont paru croire que c'étoit une débutante qui ne fut pas reçue. Elle le fut si bien, qu'arrivée à Paris en 1658 avec la troupe de Molière, mademoiselle Hervé y resta pendant toute la vie de ce grand homme. Ensuite elle passa au théâtre de Guénégaud, où elle resta jusqu'à sa mort arrivée le 3 juillet 1675, n'ayant jamais eu de talent, et ayant toujours eu part entière, excepté dans les deux années qui suivirent la réunion des troupes du Palais-Royal et du Marais.

Cela s'explique quand on sait que mademoiselle Hervé étoit la même que madame Aubry, femme de Jean-Baptiste Aubry, maître paveur et poëte tragique, qu'elle s'appeloit Geneviève Béjart, et que Molière avoit épousé sa nièce.

ARMANDE-CLAIRE-ÉLISABETH-GRESINDE BÉJART, fille de mademoiselle Béjart, et d'un gentilhomme nommé M. de Modène, épousa Molière en février 1662, se remaria, le 31 mai 1677, avec Isaac-François Guérin, sieur d'Estriché, excellent acteur de la troupe du Marais, réunie à celle du Palais-Royal, fut conservée à la seconde réunion de 1680, se retira du théâtre le 14 octobre 1694, avec la pension de 1000 francs, et mourut le 3 novembre 1700.

Une grande partie des détails de sa vie, entrant nécessairement dans celle de Molière, cet article doit être court, et ne peut concerner que la comédienne, non la femme de l'auteur célèbre qui lui dut une existence pénible, et peut-être une mort prématurée.

Cette actrice étoit belle, fort aimable pour tout autre que pour son mari, auquel son talent ne la rendoit point indigne d'être associée, et d'une coquetterie excessive. Pour juger des graces de sa personne, et des charmes de son esprit, il faut lire le portrait que *Cléonte* fait de sa maîtresse dans *le Bourgeois gentilhomme*; tous les auteurs du temps prétendent que Molière y a peint sa femme sous le nom de *Lucile*, et cela est fort vraisemblable.

Sous les traits de *Célimène* du *Misanthrope*, d'*Elmire* du *Tartuffe*, de *Lucile* du *Bourgeois gentilhomme*, d'*Angélique* du *Malade imaginaire*, de *la Princesse d'Élide*, etc., elle contribua au succès des ouvrages de Molière; et, dans *le Parisien* de Champmeslé, on la vit jouer admirablement, et avec la plus grande finesse, un rôle écrit tout entier en italien.

Sa voix étoit charmante; elle chantoit avec beaucoup de goût, et n'en mettoit pas moins dans sa parure, où seulement elle outroit trop la magnificence. Que de raisons pour plaire, pour amasser autour d'elle des flots d'adorateurs, pour désespérer Molière qui l'adoroit, et dont cent fois elle mit à bout toute la philosophie !

Jeanne Le Doux, personne qui aimoit à obliger son prochain, et Marie Simonet, femme de Hervé de la Tourelle, qui, de concert avec la Le Doux, abusant de la ressemblance qu'elle avoit dans ses traits et dans sa taille avec madame Molière, avoit osé se livrer, sous ce nom, à M. Lescot, magistrat de Grenoble, furent condamnées, pour cette espiéglerie, à 20 francs d'amende, et à être fustigées de verges devant la maison où demeuroit cette actrice. Ce fut la chambre des vacations qui confirma cette sentence, par arrêt du 17 octobre 1675, et on l'exécuta le 24.

Les annalystes du théâtre ont regardé cette anecdote

comme douteuse. Mais que dire contre un arrêt en parchemin?

TROUPE DE L'HOTEL DE BOURGOGNE.

ZACHARIE JACOB, connu au théâtre sous le nom de MONTFLEURY, étoit un gentilhomme d'Anjou.

D'abord page du duc de Guise, il le quitta bientôt pour courir la province avec une troupe de comédiens, et vers 1635 il entra dans celle de l'hôtel de Bourgogne.

En 1638, il épousa Jeanne de la Chalpe, veuve de Pierre Rousseau, écuyer, sieur Duclos, comédien du roi. Le cardinal de Richelieu voulut que la noce se fît dans sa maison de campagne de Ruel.

Montfleury mourut en décembre 1667, pendant le cours des représentations d'*Andromaque*. Racine lui avoit confié le rôle d'*Oreste*; et ce rôle, suivant une tradition populaire, fut la cause de sa mort; il se rompit, dit-on, une veine, par les efforts prodigieux qu'il fit pour bien rendre la scène des fureurs. Rien n'est moins avéré que cette cause de sa mort, quoiqu'elle ait été généralement reçue.

Lorsque nous lisons, dans *l'Impromptu de Versailles*, qu'*il faut qu'un roi de théâtre soit gros et gras comme quatre, entripaillé comme il faut, d'une vaste circonférence, afin de remplir un trône de la belle manière*, et que nous y reconnoissons le portrait fidèle de Montfleury, qui étoit si gros que, suivant Cyrano de Bergerac, on ne pouvoit le bâtonner tout entier dans un jour, nous avons bien de la peine à comprendre comment il pouvoit représenter *Oreste*.

Cependant, outre le choix de Racine, qui seul formeroit un préjugé favorable pour Montfleury, il est certain que de son temps on le regardoit comme un très-grand acteur, et cela n'empêche pas que la critique de Molière ne soit juste. Jusqu'au temps du célèbre Baron, les plus grands acteurs de l'hôtel de Bourgogne, excepté Floridor, n'eurent pas un débit naturel.

Un auteur, contemporain de Montfleury, assure *qu'il avoit de l'esprit infiniment, et qu'il s'en fit une large effusion dans sa famille*. La seule preuve qui reste du sien, c'est une tragédie intitulée *la Mort d'Asdrubal*, jouée en 1647; et ce n'est pas une preuve très-forte, quoique d'ailleurs la pièce vaille bien celles de Scudéry. Son fils, Antoine-Jacob Montfleury, auteur de *la Femme juge et partie*, a laissé de meilleurs titres.

L'une de ses filles fut célèbre au théâtre, sous le nom de madame d'Ennebaut. C'est d'elle qu'il est question dans le sonnet sur *Phèdre :*

> Une grosse Aricie, au teint rouge, aux crins blonds,
> N'est là que pour montrer, etc.

Noel le Breton, sieur de HAUTEROCHE, né à Paris en 1617, y mourut en 1707, âgé de 90 ans.

Fils d'un huissier au parlement, qui jouissoit d'une fortune considérable, il reçut une bonne éducation, et n'en profita guère. Il avoit du goût pour l'épée; ses parens voulurent le mettre dans la robe. Ils lui achetèrent une charge de conseiller au Châtelet; ils arrêtèrent son mariage avec la fille d'un de leurs amis; Hauteroche ne voulut ni de la charge, ni de la femme; et, comme le *Dorante* de Corneille, il emporta tout l'argent dont il put se saisir, et passa en Espagne. Son voyage ne fut pas heureux : des joueurs le débarrassèrent de ses fonds à Valladolid, mais des comédiens le recueillirent à Valence; puis il fut directeur d'une troupe en Allemagne, et enfin il vint débuter à Paris.

Dès 1654, il étoit au théâtre du Marais; il passa ensuite à l'hôtel de Bourgogne, fut conservé à la réunion de 1680, et se retira en 1682, avec une pension de 1000 francs.

Hauteroche étoit d'une haute taille, d'une maigreur étonnante, et cependant d'une forte santé. Il jouoit avec beaucoup de succès les grands confidens tragiques et d'autres rôles plus importans. Mais il seroit inconnu actuellement, s'il n'eût pas composé des comédies dont plusieurs ont au moins le mérite d'être fort plaisantes. Il en est resté quatre au théâtre : *le Deuil, le Cocher supposé, Crispin médecin,* et *l'Esprit follet. Le Souper mal apprété,* qui ne se joue plus, est assez agréable.

DE VILLIERS. Il est heureux pour lui que Molière se soit moqué de son débit emphatique; cette mention, qui n'est pas très-honorable, l'a sauvé de l'oubli.

A peine sait-on cependant qu'il fut acteur de l'hôtel de Bourgogne, et auteur de comédies. Comme acteur, il fut surpassé par son fils; comme auteur comique, il fut l'égal de Dorimond et de Chevalier, c'est-à-dire, au-dessous des plus médiocres; et *la Vengeance des Marquis,* pièce en un acte et en prose, par laquelle il crut répondre à *l'Impromptu de Versailles,* est au-dessous de rien. Au reste, un homme un peu plus habile que de Villiers, Montfleury fils, ne fut pas plus heureux en répondant à Molière : *l'Impromptu de l'hôtel de Condé* est la plus pauvre rapsodie qu'on puisse voir. De Villiers et Beauchâteau y jouoient sous leurs noms. De Villiers se retira du théâtre vers 1670.

François CHATELET, dit BEAUCHATEAU, étoit gentilhomme. Entraîné par un penchant irrésistible, il débuta en 1633 à l'hôtel de Bourgogne, et y fut reçu.

Quoique Beauchâteau ne fût pas sans talent, on sait très-peu de chose sur sa carrière dramatique. On croit qu'il joua d'original le rôle d'*Alcippe* dans *le Menteur*.

Il mourut en 1665.

Madeleine DU BOUGET, femme du précédent, étoit une des bonnes actrices de son temps; elle avoit de la beauté et beaucoup d'esprit. Son camarade Raymond Poisson en parle d'une manière fort honorable dans son *Poëte Basque*. Voyons, dit le baron de Calazious,

Voyons la Beauchâteau :
Pour une femme, elle a de l'esprit comme un diable.

On disoit alors *la Champmeslé*, *la Beauchâteau*. Dans le siècle suivant, les petits-maîtres de la rue St.-Denis disoient *la Lecouvreur*, lorsque le cardinal de Fleury disoit mademoiselle *Lecouvreur*. Il n'y a plus aujourd'hui que quelques provinciaux qui disent *la Duchesnois*.

Mademoiselle Beauchâteau joua d'original dans les pièces de Corneille. Scudéry (*Observations sur le Cid*) nous apprend qu'elle remplissoit le rôle de *l'Infante*.

En 1673, elle faisoit encore partie de la troupe de l'hôtel de Bourgogne; mais peu de temps après, elle quitta le théâtre avec une pension de 1000 francs, et se retira à Versailles, où elle mourut le 6 janvier 1683.

NOTICE
HISTORIQUE ET LITTÉRAIRE
SUR L'IMPROMPTU DE VERSAILLES.

La sottise et l'envie avoient décrié *l'École des Femmes*. Molière, dans *la Critique*, les couvrit de ridicule, mais ne les réduisit pas au silence. Elles n'en devinrent que plus furieuses; elles avoient à venger leurs affronts, et à punir Molière d'un nouveau succès. Les comédiens de l'hôtel de Bourgogne, moins piqués de quelques traits qu'il avoit lancés contre eux, que jaloux des succès toujours croissans du théâtre dont il étoit le fondateur et le soutien, cherchèrent un champion capable de bien servir leur ressentiment; et ils crurent l'avoir trouvé dans Boursault, auteur encore obscur de quelques mauvaises comédies, à qui Molière n'avoit peut-être jamais songé, mais qu'une des plus perfides suggestions de l'amour-propre avoit porté à se reconnoître dans le personnage de Lysidas. Boursault fit *le Portrait du Peintre*, petite comédie, servilement calquée sur *la Critique de l'École des Femmes*, dont elle différoit en ces deux points seulement, qu'elle étoit écrite en vers, et qu'elle manquoit d'esprit. Le *Peintre* étoit Molière; et, à son nom près, rien de ce qui pouvoit le désigner n'avoit été omis dans le *Portrait*; on y parloit de son *École des Femmes*, de sa *Critique*; et des passages de ces deux pièces étoient malignement commentés ; enfin, on outrageoit en lui l'auteur ; et l'homme même n'étoit pas entièrement épargné. L'ouvrage eut ce succès de scandale qu'obtiendront toujours au théâtre les personnalités cruelles de la satire, substituées aux innocentes généralités de la censure comique.

Molière fut blessé; il se plaignit avec indignation. Ses plaintes parvinrent au roi, qui entra dans ses intérêts assez vivement pour vouloir qu'il se vengeât, et lui en donner l'ordre exprès. Tout porte à croire que Molière reçut et exécuta cet ordre pendant un séjour qu'il fit à la cour avec sa troupe, du 11 au 26 octobre 1663 : le titre même d'*Impromptu de Versailles*, exprime à la fois ces deux circonstances, du lieu où la pièce fut composée, et de la vîtesse avec laquelle elle fut faite et mise au théâtre. La date de la représentation donnée devant le roi est indécise. Le 4 novembre suivant, la pièce fut jouée à Paris, et elle y eut dix-neuf représentations consécutives. Molière ne la fit point imprimer ; elle a été publiée, pour la première fois, dans l'édition de ses œuvres, donnée en 1682, par La Grange et Vinot.

Boursault, livré à la risée universelle, n'ayant, pour se consoler, que le suffrage des ennemis de Molière, et de quelques partisans exclusifs des comédiens de l'hôtel, fit imprimer son *Portrait du Peintre*, avec une préface chagrine et amère, où il se plaignoit des injures de Molière en l'injuriant, et témoignoit surtout un grand dépit de ce qu'on avoit voulu lui ravir le mérite et la gloire de son ouvrage, en le faisant passer pour un simple prête-nom. C'étoit, à cette époque même, être injuste envers Boursault, que de ne le pas croire capable d'une si foible production : aujourd'hui on ne doute pas qu'elle ne fût de lui ; mais on en est fâché pour l'auteur du *Mercure galant* et des deux *Ésope*.

Molière, dans *l'Impromptu de Versailles*, s'étoit moqué de la déclamation emphatique et outrée des comédiens de l'hôtel de Bourgogne. La piété filiale leur fit trouver un vengeur dans Montfleury, dont le père, un de leur meilleurs acteurs, étoit un de ceux que Molière avoit le plus tournés en ridicule. Montfleury fils, qui n'avoit point encore fait *la Femme juge et partie*, donna *l'Impromptu de l'hôtel de Condé* (1), comédie en un acte et en vers, où un personnage, nommé Alcidon, contrefait Molière, à son tour, dans le rôle de César, de *la Mort de Pompée*. Le passage est trop curieux pour qu'on ne me pardonne pas de le rapporter ici.

ALCIDON.

Il est vrai qu'il (Molière) récite avecque beaucoup d'art,
Témoin dedans Pompée, alors qu'il fait César.
Madame, avez-vous vu, dans ces tapisseries,
Ces héros de roman ?

---

(1) On ignore pourquoi la pièce de Montfleury est intitulée *l'Impromptu de l'hôtel de Condé*; et sur ce point, heureusement de peu d'importance, on est réduit aux simples conjectures. Boursault a dédié son *Portrait du Peintre* à M. le Duc, qui semble n'avoir pas eu pour Molière la même amitié que le grand Condé, son père. Il est possible que l'hôtel de Condé, qu'habitoit ce prince, ait été, en quelque sorte, l'atelier où se forgeoient toutes les critiques contre *l'École des Femmes*, et que Montfleury, pour faire sa cour, ait imaginé de constater cette circonstance par le titre même de sa pièce.

LA MARQUISE.

Oui.

LE MARQUIS.

Belles railleries !

ALCIDON.

Il est fait tout de même. Il vient, le nez au vent,
Les pieds en parenthèse, et l'épaule en avant;
Sa perruque, qui suit le côté qu'il avance,
Plus pleine de laurier qu'un jambon de Mayence;
Les mains sur les côtés, d'un air peu négligé;
La tête sur le dos, comme un mulet chargé;
Les yeux fort égarés; puis, débitant ses rôles,
D'un hoquet éternel sépare ses paroles;
Et, lorsque l'on lui dit : *Et commandez ici*.

(Il répond :)

Connoissez-vous César de lui parler ainsi ? etc.

Ce portrait est mal peint, peut-être un peu chargé ; mais on est fondé à croire qu'il ne manque pas de ressemblance. Molière avoit sa part des foiblesses qu'il savoit si bien reprendre dans les autres : une de ses manies étoit de jouer la tragédie qu'il jouoit mal; et plus d'une fois il exigea de Mignard, son ami, qu'il fît violence à son goût, en le peignant, dans quelque rôle tragique, sous ce costume bizarrement mêlé d'antique et de moderne, qu'on appeloit alors l'habit romain. L'auteur de ce commentaire possède un de ces portraits : la perruque farcie de laurier, l'épaule en avant, la main sur la hanche; tout s'y trouve, et la peinture héroïque de Mignard force à reconnoître une certaine fidélité dans la description grotesque de Montfleury.

Après la vengeance des comédiens, vint la vengeance des

marquis; c'est sous ce titre même que de Villiers, mauvais acteur de l'hôtel de Bourgogne, et plus mauvais auteur, donna une pièce en un acte et en prose, dans laquelle ce galant homme, reprochant à Molière l'usage des personnalités, s'en permit des plus outrageantes à son égard, et poussa l'impudence satirique jusqu'à dire, dans les termes les moins ambigus, qu'il étoit en réalité ce qu'un de ses Sganarelles n'est qu'en imagination. Du reste, il contrefait aussi le jeu de Molière, qui lui avoit fait l'honneur de contrefaire le sien, et prétend, comme Montfleury, que la parodie des comédiens de l'hôtel, dans *l'Impromptu de Versailles*, n'est qu'une facétie usée, dont l'auteur payoit depuis long-temps son écot à la table des grands.

De Villiers ne trouva point que *la Vengeance des Marquis* les vengeât suffisamment, ou plutôt que Molière y fût assez insulté, assez compromis surtout. Il écrivit une *Lettre sur les affaires du théâtre*, dans laquelle il l'accusoit, non seulement d'avoir outragé toute la noblesse du royaume, mais même d'avoir offensé la majesté souveraine, que cette noblesse environne et soutient; accusation non moins absurde que perfide, fondée sur le plus grossier des paralogismes, celui qui, concluant du particulier au général et de l'individu à l'espèce, veut voir la satire injuste de toute une classe d'hommes respectables et respectés, dans la juste critique d'un petit nombre d'hommes ridicules qui en font partie. Assurément ni la personne, ni la qualité même des marquis dont les actions et les discours étoient sages, ne recevoit la moindre atteinte de quelques traits lancés contre quelques étourdis qui s'embrassoient convulsivement, faisoient de grands gestes, poussoient de grands éclats de voix, débitoient de méchantes pointes, outroient les modes les plus outrées, et se donnoient en spectacle jusque sur les théâtres publics.

L'odieuse imputation faite à Molière est depuis longtemps tombée dans le mépris qu'elle a toujours mérité : mais il est un reproche qu'il n'a pas essuyé de ses comtemporains, et que l'on fait encore tous les jours à sa mémoire, celui d'avoir nommé Boursault en plein théâtre. Chose remarquable! L'auteur de *l'Écossaise*, et celui des *Philosophes* sont ceux qui ont le plus insisté sur le tort de Molière, qui l'ont le plus durement blâmé. « *L'Impromptu de Versailles*, « dit Voltaire, est une satire cruelle et outrée.... La licence « de l'ancienne comédie grecque n'alloit pas plus loin. » — « Molière, dit M. Palissot, abusa de la vengeance. » Sans me livrer, pour la défense de Molière, à des récriminations trop faciles, qui d'ailleurs ne décideroient point la question, je me bornerai à dire qu'il ne fut point l'agresseur; que, s'il blessa cruellement l'amour-propre de Boursault, qui l'avoit provoqué, il ne porta pas du moins la plus légère atteinte à son honneur, et qu'en cela il fit preuve d'une modération dont son ennemi ne lui avoit point donné l'exemple. J'ajouterai qu'à cette époque les bienséances n'avoient pas interdit aux poëtes comiques, aussi rigoureusement qu'elles l'ont fait depuis, la liberté de nommer des personnages vivans; et que sûrement Louis XIV n'auroit autorisé ni de sa présence, ni de son approbation, le procédé de Molière, si ces mêmes bienséances, dont il étoit un arbitre sévère, en eussent été aussi offensées que nous nous le figurons d'après nos idées actuelles. Observons, d'ailleurs, que Boursault, dont nous plaignons aujourd'hui la disgrace, en considération de deux ou trois bons ouvrages, et d'autant d'actions honnêtes qui recommandent également sa mémoire, étoit encore au dernier rang des écrivains, quand il eut la folle audace d'insulter Molière, et que c'est, si j'ose ainsi m'exprimer, par une espèce d'anachronisme assez fréquent dans l'histoire critique des arts, que nous transportons à l'auteur des *Cadenas*, et du *Mort vivant*, un intérêt qui n'est dû qu'à celui du *Mercure galant*, et d'*Ésope à la Cour*. Du reste, il sembloit être dans la destinée de Boursault d'être en guerre avec les poëtes les plus redoutables de son temps. Il avoit fait *le Portrait du Peintre* contre Molière ; il fit contre Boileau *la Satire des Satires* ; mais du moins cette fois il se défendoit au lieu d'attaquer ; et Boileau aima mieux employer son crédit pour empêcher la représentation de la pièce, que son talent pour en châtier l'auteur. Molière combattant sur le même terrain que son ennemi, et avec les mêmes armes, si ce n'est avec des armes égales, sera sans doute trouvé plus excusable, et c'est tout l'avantage qu'on veut ici réclamer pour lui.

Molière, qui sembloit déja avoir épuisé les traits du ridicule contre ses ennemis de la cour et de la ville, dans *la Critique de l'École des Femmes*, ne fut peut-être pas moins embarrassé que flatté de l'ordre que lui donna Louis XIV, de se moquer d'eux une seconde fois : c'étoit lui prescrire de recommencer son propre ouvrage, au risque de demeurer inférieur à lui-même, et de procurer un véritable triomphe à ses adversaires, loin de leur faire essuyer un nouvel échec. Molière avoit besoin de tout le secours de son art pour se tirer d'un pas si difficile : son art ne lui fut pas infidèle.

Le sujet véritable de *l'Impromptu de Versailles* est la satire des acteurs, des auteurs et des courtisans qui se sont ligués contre *l'École des Femmes*; le sujet apparent est la répétition de cette pièce que le roi a commandé à Molière de composer : la scène est donc un théâtre, et les personnages sont des comédiens. Une comédie dans une comédie est, pour le dire en passant, une idée originale et ingénieuse que Molière n'a point créée, puisque *l'Illusion comique*, de Corneille, existoit, mais qu'il a exécutée plus heureusement que l'inventeur, et que, depuis *l'Impromptu*, l'on a souvent mise en œuvre. Je l'ai déja fait entendre, la répétition pour laquelle les comédiens sont rassemblés, ne peut être qu'un prétexte, ou, si l'on veut, qu'un principe d'action propre à faire naître des incidens, des épisodes satiriques, tels que cette plaisante imitation du jeu des comédiens de l'hôtel de Bourgogne; cette arrivée d'un marquis ridicule qui assomme Molière de ses questions, et les actrices de ses fadeurs; enfin, cette dispute si heureusement imaginée, où Molière, blâmé d'un excès de modération envers ses ennemis, les accable, les écrase par la manière même dont il démontre qu'il a dû les ménager. La répétition, long-temps retardée et subitement interrompue, n'est elle-même qu'un épisode de la pièce. Dans cette suite de scènes qui semblent naître fortuitement les unes des autres, il existe cependant un nœud, et par conséquent il en résulte un dénouement. C'est le roi qui fait l'un et l'autre; car, dans cette comédie, faite par son ordre, il joue, sans paroître, un rôle des plus importans. La pièce qu'on n'a pu parvenir à répéter, et qu'il doit à l'heure même honorer de sa présence, sera-t-elle représentée, ou ne le sera-t-elle point? Que feront les comédiens, et que dira le roi? Voilà le nœud. Un homme vient dire à la troupe que le roi, informé de son embarras, renonce à la pièce nouvelle, et qu'il se contentera de la première qu'on voudra lui donner. Voilà le dénouement. Il est foible; mais le nœud n'étoit pas fort, et l'action étoit bien légère : les proportions sont donc observées. Un rapprochement plus singulier qu'instructif, c'est que la plus foible des comédies de Molière sous le rapport de l'action, *l'Impromptu de Versailles*, et la plus forte peut-être à tous égards, *le Tartuffe*, sont toutes deux dénouées par un moyen semblable, c'est-à-dire par un message de Louis XIV.

LE MARIAGE FORCÉ,

COMÉDIE EN UN ACTE.

1664.

AVERTISSEMENT
DU COMMENTATEUR.

C'est mal à propos que jusqu'ici, dans toutes les éditions de Molière, *le Mariage forcé* a été placé après *la Princesse d'Élide* : il doit la précéder, puisqu'il a été représenté, pour la première fois, le 29 janvier 1664, tandis que *la Princesse d'Élide* ne l'a été que le 6 mai de la même année.

ACTEURS.

SGANARELLE.
GÉRONIMO.
DORIMÈNE, jeune coquette, promise à Sganarelle.
ALCANTOR, père de Dorimène.
ALCIDAS, frère de Dorimène.
LYCASTE, amant de Dorimène.
PANCRACE, docteur aristotélicien.
MARPHURIUS, docteur pyrrhonien.
Deux Égyptiennes. *

La scène est dans une place publique.

VARIANTE. * Dans toute la pièce, les éditions modernes substituent le mot *Bohémiennes* au mot *Égyptiennes*, que portent l'édition originale et même celle de 1682.

ALCANTOR.

Monsieur, voila sa main, vous n'avez qu'à donner la vôtre.

Le Mariage forcé, Scène XVII.

LE MARIAGE
FORCÉ
COMÉDIE

SCÈNE PREMIÈRE

SGANARELLE, *parlant à ceux qui sont dans sa maison.*

Je suis de retour dans un moment. Que l'on ait bien soin du logis, et que tout aille comme il faut. Si l'on m'apporte de l'argent, que l'on vienne me quérir vite chez le seigneur Géronimo; et, au contraire, si l'on vient me demander, qu'on dise que je suis sorti, et que je ne dois revenir de toute la journée.

...

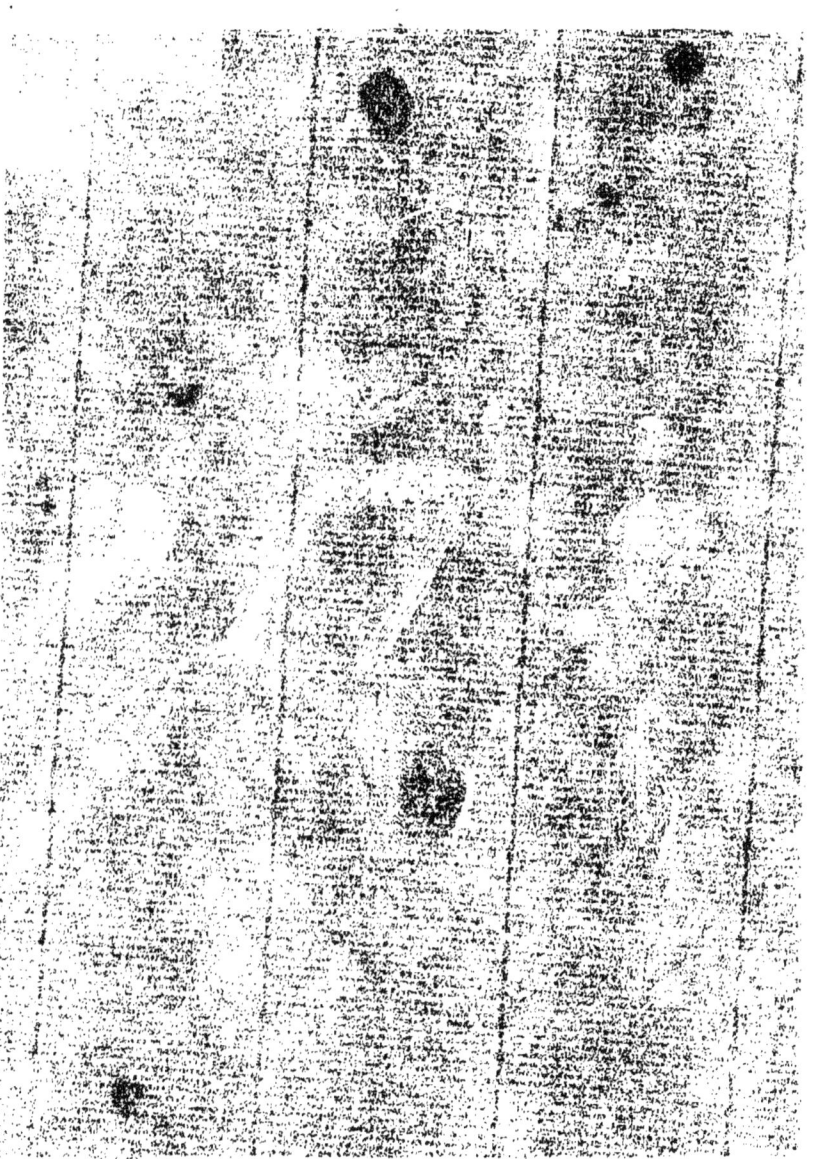

LE MARIAGE FORCÉ,

COMÉDIE.

SCÈNE PREMIÈRE.

SGANARELLE, *parlant à ceux qui sont dans sa maison.*

JE suis de retour dans un moment. Que l'on ait bien soin du logis, et que tout aille comme il faut. Si l'on m'apporte de l'argent, que l'on me vienne quérir vîte chez le seigneur Géronimo; et, si l'on vient m'en demander, qu'on dise que je suis sorti, et que je ne dois revenir de toute la journée. (1)

---

(1) Voilà un caractère révélé du premier mot, bien naturellement et par le personnage lui-même. Nous voyons que Sganarelle est un homme qui aime beaucoup l'argent; et, si une autre passion vient à le jeter dans quelque folie ruineuse, nous serons tout disposés à nous moquer de lui, au lieu de le plaindre.

Ces instructions données à des valets par un personnage qui sort de chez lui, sont fort communes au théâtre, témoin Chicaneau des *Plaideurs*, Tartuffe, et dix autres.

LE MARIAGE FORCÉ.

SCÈNE II.

SGANARELLE, GÉRONIMO.

GÉRONIMO, *ayant entendu les dernières paroles de Sganarelle.*

Voilà un ordre fort prudent.

SGANARELLE.

Ah! seigneur Géronimo, je vous trouve à propos ; et j'allois chez vous vous chercher.

GÉRONIMO.

Et pour quel sujet, s'il vous plaît?

SGANARELLE.

Pour vous communiquer une affaire que j'ai en tête, et vous prier de m'en dire votre avis.

GÉRONIMO.

Très-volontiers. Je suis bien aise de cette rencontre, et nous pouvons parler ici en toute liberté.

SGANARELLE.

Mettez donc dessus [1], s'il vous plaît. Il s'agit d'une chose de conséquence, que l'on m'a proposée; et il est bon de ne rien faire sans le conseil de ses amis.

GÉRONIMO.

Je vous suis obligé de m'avoir choisi pour cela. Vous n'avez qu'à me dire ce que c'est.

---

(1) *Mettez dessus*, pour, mettez votre chapeau sur votre tête, ancienne façon de parler elliptique qui n'est plus en usage.

SCÈNE II.

SGANARELLE.

Mais, auparavant, je vous conjure de ne me point flatter du tout, et de me dire nettement votre pensée.

GÉRONIMO.

Je le ferai, puisque vous le voulez.

SGANARELLE.

Je ne vois rien de plus condamnable qu'un ami qui ne nous parle pas franchement.

GÉRONIMO.

Vous avez raison.

SGANARELLE.

Et, dans ce siècle, on trouve peu d'amis sincères.

GÉRONIMO.

Cela est vrai.

SGANARELLE.

Promettez-moi donc, seigneur Géronimo, de me parler avec toute sorte de franchise.

GÉRONIMO.

Je vous le promets.

SGANARELLE.

Jurez-en votre foi.

GÉRONIMO.

Oui, foi d'ami. Dites-moi seulement votre affaire.

SGANARELLE.

C'est que je veux savoir de vous si je ferai bien de me marier.

GÉRONIMO.

Qui, vous?

SGANARELLE.

Oui, moi-même, en propre personne. Quel est votre avis là-dessus?

GÉRONIMO.

Je vous prie auparavant de me dire une chose.

SGANARELLE.

Et quoi?

GÉRONIMO.

Quel âge pouvez-vous bien avoir maintenant?

SGANARELLE.

Moi?

GÉRONIMO.

Oui.

SGANARELLE.

Ma foi, je ne sais; mais je me porte bien.

GÉRONIMO.

Quoi! vous ne savez pas à peu près votre âge?

SGANARELLE.

Non, est-ce qu'on songe à cela? (1)

GÉRONIMO.

Hé! dites-moi un peu, s'il vous plaît : combien aviez-vous d'années lorsque nous fîmes connoissance?

---

(1) Sganarelle aime tant à savoir la vérité sur tout ce qui le touche, qu'il ne sait pas même son âge : du moins, s'il le sait, il n'en veut pas convenir, parce qu'il voit où tend la question de Géronimo. Et voilà cet homme qui tout à l'heure faisoit jurer à son ami de lui parler avec toute franchise. Que cela est vrai! que cela est comique! Les vieillards, qui ne veulent pas se familiariser avec l'idée d'une fin prochaine, disent, comme Sganarelle : Que fait l'âge? Quand on se porte bien, on n'est pas vieux.

SCÈNE II.

SGANARELLE.

Ma foi, je n'avois que vingt ans alors.

GÉRONIMO.

Combien fûmes-nous ensemble à Rome?

SGANARELLE.

Huit ans.

GÉRONIMO.

Quel temps avez-vous demeuré en Angleterre?

SGANARELLE.

Sept ans.

GÉRONIMO.

Et en Hollande, où vous fûtes ensuite?

SGANARELLE.

Cinq ans et demi.

GÉRONIMO.

Combien y a-t-il que vous êtes revenu ici?

SGANARELLE.

Je revins en cinquante-six.*

GÉRONIMO.

De cinquante-six à soixante-huit **[1], il y a douze ans, ce me semble. Cinq ans en Hollande, font dix-sept;

VARIANTES. * *En cinquante-deux.* — ** *De cinquante-deux à soixante-quatre.*

---

[1] L'édition originale porte *soixante-huit*, parce que c'est en 1668 seulement que la pièce fut imprimée, et que l'éditeur (qui étoit Molière sans doute) voulut mettre les deux dates d'accord. Les éditeurs de 1682, considérant uniquement l'année où *le Mariage forcé* fut joué pour la première fois, ont substitué *soixante-quatre* à *soixante-huit*, et plus haut, par conséquent, *cinquante-deux* à *cinquante-six*.

sept ans en Angleterre, font vingt-quatre; huit dans notre séjour à Rome, font trente-deux; et vingt que vous aviez lorsque nous nous connûmes, cela fait justement cinquante-deux. Si bien, seigneur Sganarelle, que, sur votre propre confession [1], vous êtes environ à votre cinquante-deuxième ou cinquante-troisième année.

SGANARELLE.

Qui, moi? cela ne se peut pas.

GÉRONIMO.

Mon dieu! le calcul est juste; et, là-dessus je vous dirai franchement et en ami, comme vous m'avez fait promettre de vous parler, que le mariage n'est guère votre fait. C'est une chose à laquelle il faut que les jeunes gens pensent bien mûrement avant que de la faire; mais les gens de votre âge n'y doivent point penser du tout; et, si l'on dit que la plus grande de toutes les folies est celle de se marier, je ne vois rien de plus mal à propos que de la faire, cette folie, dans la saison où nous devons être plus sages [2]. Enfin, je vous en dis nettement ma pensée. Je ne vous conseille point de songer au mariage; et je vous trouverois le plus ridicule du monde, si, ayant été libre jusqu'à cette heure, vous alliez vous charger maintenant de la plus pesante des chaînes.

---

(1) *Sur votre propre confession.* — On diroit aujourd'hui, *de votre propre aveu.*

(2) *Dans la saison où nous devons être plus sages.* — Le superlatif relatif, *le plus sages*, seroit plus correct que le comparatif, qui veut nécessairement être suivi du second terme de la comparaison, exprimé ou sous-entendu.

SCÈNE II.

SGANARELLE.

Et moi, je vous dis que je suis résolu de me marier, et que je ne serai point ridicule en épousant la fille que je recherche. (1)

GÉRONIMO.

Ah! c'est une autre chose! Vous ne m'aviez pas dit cela.

SGANARELLE.

C'est une fille qui me plaît, et que j'aime de tout mon cœur.

GÉRONIMO.

Vous l'aimez de tout votre cœur?

SGANARELLE.

Sans doute, et je l'ai demandée à son père.

GÉRONIMO.

Vous l'avez demandée?

SGANARELLE.

Oui. C'est un mariage qui se doit conclure ce soir; et j'ai donné ma parole. (2)

---

(1) Dans *Pantagruel*, Panurge consulte toutes sortes de personnes, des amis, des devins, des philosophes, etc., pour savoir s'il doit se marier, et s'il sera cocu, en cas qu'il se marie. Il repousse les avis qui contrarient son desir; il interprète à son avantage les réponses qui sont obscures; enfin, il est de ces gens qui demandent des conseils pour ne pas les suivre, et n'en faire qu'à leur tête. C'est cet épisode du roman de Rabelais qui a fourni à Molière l'idée du *Mariage forcé*; il y a même pris le sujet d'une scène toute entière, et plusieurs traits que je ferai remarquer à mesure qu'ils se présenteront.

(2) Il a *donné sa parole* qu'il épouseroit Dorimène. N'oublions pas qu'il a fait *jurer* à Géronimo *sa foi* qu'il lui diroit franchement son avis sur ce mariage. Cette espèce de conflit de sermens qui impliquent, est une chose bien plaisante, et qui ne sort pas des bornes de la vérité.

GÉRONIMO.

Oh! mariez-vous donc⁽¹⁾! Je ne dis plus mot.

SGANARELLE.

Je quitterois le dessein que j'ai fait⁽²⁾! Vous semble-t-il, seigneur Géronimo, que je ne sois plus propre à songer à une femme? Ne parlons point de l'âge que je puis avoir; mais regardons seulement les choses. Y a-t-il homme de trente ans qui paroisse plus frais et plus vigoureux que vous me voyez? N'ai-je pas tous les mouvemens de mon corps aussi bons que jamais; et voit-on que j'aie besoin de carrosse ou de chaise pour cheminer? N'ai-je pas encore toutes mes dents les meilleures du monde? (*Il montre ses dents.*) Ne fais-je pas vigoureusement mes quatre repas par jour, et peut-on voir un estomac qui ait plus de force que le mien? (*Il tousse.*) Hem, hem, hem. Eh! qu'en dites-vous?

GÉRONIMO.

Vous avez raison, je m'étois trompé. Vous ferez bien de vous marier.

SGANARELLE.

J'y ai répugné autrefois; mais j'ai maintenant de puissantes raisons pour cela. Outre la joie que j'aurai de posséder une belle femme, qui me fera mille caresses*, qui me dorlotera⁽³⁾, et me viendra frotter lors-

---

VARIANTE. — * *Qui me fera mille caresses* est omis dans l'édition de 1734 et dans les suivantes.

---

(1) Pantagruel dit de même à Panurge : « Mariez-vous doncque, de « par Dieu. »

(2) *Je quitterois le dessein que j'ai fait!* — Il n'est plus d'usage de dire, *le dessein que j'ai fait;* on dit, *le dessein que j'ai conçu, que j'ai formé.*

(3) Cette phrase est imitée de Rabelais. Panurge dit: « Par mes son-

que je serai las; outre cette joie, dis-je, je considère qu'en demeurant comme je suis, je laisse périr dans le monde la race des Sganarelles; et qu'en me mariant, je pourrai me voir revivre en d'autres moi-même; que j'aurai le plaisir de voir des créatures qui seront sorties de moi, de petites figures qui me ressembleront comme deux gouttes d'eau, qui se joueront continuellement dans la maison, qui m'appelleront leur papa quand je reviendrai de la ville, et me diront de petites folies les plus agréables du monde. Tenez, il me semble déja que j'y suis, et que j'en vois une demi-douzaine autour de moi. (1)

GÉRONIMO.

Il n'y a rien de plus agréable que cela; et je vous conseille de vous marier le plus vite que vous pourrez.

SGANARELLE.

Tout de bon, vous me le conseillez?

GÉRONIMO.

Assurément. Vous ne sauriez mieux faire.

« geries, j'avois une femme jeune, galante, belle en perfection, laquelle « me traictoit et entretenoit mignonnement, comme ung petit dorelot. » *Dorelot* est un vieux mot qui signifie, mignon, enfant gâté, et d'où est venu le verbe *dorloter*, dont Molière se sert en cet endroit.

(1) Panurge, parmi les motifs qui le portent au mariage, allègue, comme fait ici Sganarelle, le desir d'avoir des enfans qui l'amusent et dans lesquels il puisse se survivre. « Je n'aurois jamais aultrement, dit-il, « fils ne filles légitimes, esquels j'eusse espoir mon nom et armes per- » pétuer, esquels je puisse laisser mes héritaiges et acquets... avec les- « quels je me puisse ébaudir... comme je vois journellement vostre tant « bening et debonnaire père faire avecq vous, et font touts gents de bien « en leur sérrail et privé. » *Pantagruel*, liv. 3, ch. 9.

SGANARELLE.

Vraiment, je suis ravi que vous me donniez ce conseil en véritable ami. (1)

GÉRONIMO.

Hé! quelle est la personne, s'il vous plaît, avec qui vous vous allez marier?

SGANARELLE.

Dorimène.

GÉRONIMO.

Cette jeune Dorimène, si galante et si bien parée?

SGANARELLE.

Oui.

GÉRONIMO.

Fille du seigneur Alcantor?

SGANARELLE.

Justement.

GÉRONIMO.

Et sœur d'un certain Alcidas, qui se mêle de porter l'épée? (2)

SGANARELLE.

C'est cela.

GÉRONIMO.

Vertu de ma vie!

---

(1) Ce trait est bien fort; mais il est vrai. L'homme qui ne consulte que pour être approuvé, doit nécessairement prendre une approbation pour un conseil.

(2) Cette circonstance prépare la scène où Alcidas viendra proposer à Sganarelle de se couper la gorge avec lui.

SCÈNE II.

SGANARELLE.

Qu'en dites-vous ?

GÉRONIMO.

Bon parti ! Mariez-vous promptement.

SGANARELLE.

N'ai-je pas raison d'avoir fait ce choix ?

GÉRONIMO.

Sans doute. Ah ! que vous serez bien marié ! Dépêchez-vous de l'être.

SGANARELLE.

Vous me comblez de joie, de me dire cela. Je vous remercie de votre conseil, et je vous invite ce soir à mes noces.

GÉRONIMO.

Je n'y manquerai pas ; et je veux y aller en masque, afin de les mieux honorer. [1]

SGANARELLE.

Serviteur.

GÉRONIMO, *à part.*

La jeune Dorimène, fille du seigneur Alcantor, avec le seigneur Sganarelle, qui n'a que cinquante-trois ans ! O le beau mariage ! O le beau mariage ! [2]

(*Ce qu'il répète plusieurs fois en s'en allant.*)

---

[1] Comme *le Mariage forcé* étoit originairement une comédie-ballet, ce mot de Géronimo étoit jeté en avant pour annoncer une dernière scène, dans laquelle, en effet, il venoit à la tête d'une mascarade formée des jeunes gens de la ville, *pour honorer les noces* de Sganarelle. Le mot a pu rester, malgré la suppression du ballet, comme une ironie assez maligne de la part de Géronimo.

[2] Cette première scène d'une petite comédie à laquelle on fait assez

SCÈNE III.

SGANARELLE, seul.

Ce mariage doit être heureux, car il donne de la joie à tout le monde, et je fais rire tous ceux à qui j'en parle. Me voilà maintenant le plus content des hommes. (1)

SCÈNE IV.

DORIMÈNE, SGANARELLE.

DORIMÈNE, *dans le fond du théâtre, à un petit laquais qui la suit.*

Allons, petit garçon, qu'on tienne bien ma queue, et qu'on ne s'amuse pas à badiner. (2)

---

peu d'attention, est une des meilleures que Molière ait faites. Il n'en a point dont la marche soit plus naturelle et plus variée dans ses mouvemens, dont le dialogue soit plus vrai, le comique plus franc et plus naïf. Il faudroit en citer tous les mots, pour en faire remarquer tous les traits heureux. Pouvoit-on mettre en action, avec plus de vie et de relief, cette vérité banale, que la plupart des gens ne demandent un conseil qu'avec leur parti pris d'avance, et la ferme résolution de s'y tenir? La première scène des *Trois Cousines*, de Dancourt, est une imitation assez heureuse de celle du *Mariage forcé;* mais que l'homme d'esprit qui copie, est loin de l'homme de génie qui invente!

(1) Voilà le vrai comique; voilà le comique de Molière. Ses personnages font rire sans s'en apercevoir, ou, s'ils s'en aperçoivent, sans se douter que c'est d'eux qu'on rit; bien différens de ces personnages factices qui ne font sourire qu'à force de bons mots, ou, ce qui est pis encore, en faisant des épigrammes contre eux-mêmes.

(2) Sganarelle, à son entrée en scène, s'est fait connoitre pour un

SCÈNE IV.

SGANARELLE, *à part, apercevant Dorimène.*

Voici ma maîtresse qui vient. Ah! qu'elle est agréable! Quel air, et quelle taille! Peut-il y avoir un homme qui n'ait, en la voyant, des démangeaisons de se marier? (*à Dorimène.*) Où allez-vous, belle mignonne, chère épouse future de votre époux futur?

DORIMÈNE.

Je vais faire quelques emplettes.

SGANARELLE.

Hé bien! ma belle, c'est maintenant que nous allons être heureux l'un et l'autre. Vous ne serez plus en droit de me rien refuser; et je pourrai faire avec vous tout ce qu'il me plaira, sans que personne s'en scandalise. Vous allez être à moi depuis la tête jusqu'aux pieds, et je serai maître de tout; de vos petits yeux éveillés, de votre petit nez fripon, de vos lèvres appétissantes, de vos oreilles amoureuses, de votre petit menton joli, de vos petits tétons rondelets, de votre... (1) Enfin, toute votre personne sera à ma discrétion, et je serai à même, pour vous caresser comme je voudrai. N'êtes-vous pas bien aise de ce mariage, mon aimable pouponne?

---

homme intéressé, avare. Dorimène, dès son premier mot, s'annonce comme une femme vaine, altière, qui aime le luxe et l'apparat. On voit tout de suite que ce mariage-là sera bien assorti, et l'on dit avec Géronimo : *O le beau mariage!*

(1) Ce que Sganarelle exprime est indécent; ce qu'il n'exprime pas l'est bien plus encore. Le fameux *le...* de *l'École des Femmes* finit du moins par n'être qu'un ruban; mais *votre...* est tout ce qu'on veut; et, s'il y a plusieurs manières de l'entendre, il n'y en a certainement pas une qui soit honnête. Cette observation, faite dans l'intérêt des mœurs publiques, puisqu'il s'agit d'une pièce de théâtre, n'empêche pas de

DORIMÈNE.

Tout-à-fait aise, je vous jure. Car enfin, la sévérité de mon père m'a tenue jusques ici dans une sujétion la plus fâcheuse du monde. Il y a je ne sais combien que j'enrage du peu de liberté qu'il me donne, et j'ai cent fois souhaité qu'il me mariât, pour sortir promptement de la contrainte où j'étois avec lui, et me voir en état de faire ce que je voudrai. Dieu merci, vous êtes venu heureusement pour cela, et je me prépare désormais à me donner du divertissement, et à réparer, comme il faut, le temps que j'ai perdu. Comme vous êtes un fort galant homme, et que vous savez comme il faut vivre, je crois que nous ferons le meilleur ménage du monde ensemble, et que vous ne serez point de ces maris incommodes, qui veulent que leurs femmes vivent comme des loups-garous. Je vous avoue que je ne m'accommoderois pas de cela, et que la solitude me désespère. J'aime le jeu, les visites, les assemblées, les cadeaux [1] et les promenades ; en un mot, toutes les choses de plaisir : et vous devez être ravi d'avoir une femme de mon humeur. Nous n'aurons jamais aucun démêlé en-

---

rendre justice au mérite de vérité qui brille dans la tirade un peu trop érotique de Sganarelle. Comme tous les motifs raisonnables doivent le détourner du projet d'épouser Dorimène, il est clair qu'il ne peut y être incité que par un mouvement de cette convoitise toute sensuelle, qui est particulière à certains vieillards. Se faisant une image délicieuse des privautés du mariage, il croit que sa future doit en être également charmée, et ne s'aperçoit pas que ce qui est voluptueux pour lui, ne doit être que dégoûtant pour elle.

(1) Je l'ai déja remarqué plus d'une fois, *cadeau* n'étoit pas alors, comme aujourd'hui, synonyme de *présent;* il signifioit proprement, repas donné à une femme.

semble; et je ne vous contraindrai point dans vos actions., comme j'espère que, de votre côté, vous ne me contraindrez point dans les miennes; car, pour moi, je tiens qu'il faut avoir une complaisance mutuelle, et qu'on ne se doit point marier pour se faire enrager l'un l'autre. Enfin, nous vivrons, étant mariés, comme deux personnes qui savent leur monde. Aucun soupçon jaloux ne nous troublera la cervelle; et c'est assez que vous serez assuré de ma fidélité, comme je serai persuadée de la vôtre [1]. Mais qu'avez-vous ? je vous vois tout changé de visage. [2]

SGANARELLE.

Ce sont quelques vapeurs qui me viennent de monter à la tête.

DORIMÈNE.

C'est un mal aujourd'hui qui attaque beaucoup de gens [3]; mais notre mariage vous dissipera tout cela. Adieu. Il me tarde déja que je n'aie des habits raison-

---

(1) *C'est assez que vous serez assuré,* etc. — *C'est assez que, il suffit que,* veulent le subjonctif après eux, à moins qu'ils ne soient eux-mêmes au subjonctif, comme dans cette phrase : *qu'il vous suffise que je l'ai voulu.* Molière devoit donc dire : *c'est assez que vous soyez assuré,* ou, s'il vouloit marquer davantage le futur, *il suffira que vous soyez assuré,* etc.

(2) *Changé de visage* ne peut s'employer comme participe, par la raison qu'on ne dit pas, *il est changé de visage,* mais, *il a changé de visage.* On dit, *changé,* absolument: *vous êtes changé, je vous trouve changé.*

(3) On voit, par ce mot de Dorimène, que l'espèce d'affection mélancolique appelée *vapeurs,* qui a fait une si grande fortune dans le siècle dernier, étoit nouvelle à l'époque du *Mariage forcé,* et pourtant commençoit à se répandre beaucoup. La mode en fut, dit-on, apportée en France

nables, pour quitter vîte ces guenilles⁽¹⁾. Je m'en vais de ce pas achever d'acheter* toutes les choses qu'il me faut, et je vous enverrai les marchands.⁽²⁾

SCÈNE V.⁽³⁾

GÉRONIMO, SGANARELLE.

GÉRONIMO.

Ah! seigneur Sganarelle, je suis ravi de vous trouver encore ici; et j'ai rencontré un orfèvre, qui, sur le bruit

VARIANTE. * *Je m'en vais de ce pas acheter.*

---

par un abbé Ruccellaï, gentilhomme florentin, que le maréchal d'Ancre introduisit à la cour de Louis XIII, où il acquit une sorte de célébrité par ses profusions et ses recherches en tout genre, et principalement par une excessive délicatesse d'organes, qui lui rendoit sensibles et douloureuses les plus légères impressions de la température.

(1) *Il me tarde déjà que je n'aie*, etc. — Autrefois, la négation faisoit nécessairement partie de cette phrase impersonnelle; depuis, on a eu le choix de l'admettre ou de la rejeter: aujourd'hui on la supprime le plus généralement. *Il me tardoit que vous vinssiez; il me tarde que nous soyons arrivés.*

(2) Dans plus d'une comédie, une jeune fille, promise à un homme qu'elle hait, affecte de lui donner une mauvaise idée de son caractère, de son humeur, pour le dégoûter d'elle, et le déterminer à rompre le mariage projeté. Ici, il n'en est pas de même : Dorimène, qui sait que Sganarelle est engagé par sa parole, et qui, d'ailleurs, compte peut-être sur son frère, le spadassin, pour la lui faire tenir, ne feint rien, et se montre telle qu'elle est, en avouant à son futur époux son goût pour la liberté, la dépense et le plaisir. Ce seroit de la maladresse de sa part, si ce n'étoit de l'effronterie. Il faut que tous les motifs se réunissent pour détourner Sganarelle de ce mariage, afin qu'il le conclue bien malgré lui, et que le bâton d'Alcidas ait tout l'honneur du dénouement.

(3) Dans la comédie-ballet, Sganarelle, après le départ de Dorimène,

SCÈNE V.

que vous cherchez quelque beau diamant en bague pour faire un présent à votre épouse, m'a fort prié de vous venir parler pour lui, et de vous dire qu'il en a un à vendre, le plus parfait du monde.

SGANARELLE.

Mon dieu! cela n'est pas pressé.

GÉRONIMO.

Comment! que veut dire cela? Où est l'ardeur que vous montriez tout à l'heure?

SGANARELLE.

Il m'est venu, depuis un moment, de petits scrupules sur le mariage. Avant que de passer plus avant, je voudrois bien agiter à fond cette matière, et que l'on m'expliquât un songe que j'ai fait cette nuit, et qui vient tout à l'heure de me revenir dans l'esprit [1]. Vous savez que les songes sont comme des miroirs, où l'on découvre quelquefois tout ce qui nous doit arriver. Il me sembloit que j'étois dans un vaisseau, sur une mer bien agitée; et que...

GÉRONIMO.

Seigneur Sganarelle, j'ai maintenant quelque petite

---

s'endormoit dans un coin du théâtre, et avoit un songe que figuroient des personnages chantans et dansans : ce songe terminoit le premier acte de la pièce qui, en cet état, en avoit trois. La scène V, entre Géronimo et Sganarelle, commençoit le second acte.

(1) Ce songe est encore un emprunt fait à Rabelais. Pantagruel conseille à Panurge d'avoir recours à l'oniromancie, pour savoir si le mariage qu'il projette sera heureux ou malheureux. Panurge se procure un songe, dont il fait part à ses amis, en les priant de l'interpréter; ils lui prédisent qu'*il sera coquu et aura belles cornes;* mais il n'en veut rien croire.

affaire qui m'empêche de vous ouïr. Je n'entends rien du tout aux songes; et, quant au raisonnement du mariage, vous avez deux savans, deux philosophes vos voisins, qui sont gens à vous débiter tout ce qu'on peut dire sur ce sujet. Comme ils sont de sectes différentes, vous pouvez examiner leurs diverses opinions là-dessus. Pour moi, je me contente de ce que je vous ai dit tantôt, et demeure votre serviteur.

SGANARELLE, *seul.*

Il a raison. Il faut que je consulte un peu ces gens-là sur l'incertitude où je suis.

SCÈNE VI.

PANCRACE, SGANARELLE.

PANCRACE, *se tournant du côté par où il est entré, et sans voir Sganarelle.*

Allez, vous êtes un impertinent, mon ami, un homme [ignare de toute bonne discipline,]* bannissable de la république des lettres.

SGANARELLE.

Ah! bon. En voici un fort à propos.

PANCRACE, *de même, sans voir Sganarelle.*

Oui, je te soutiendrai par vives raisons, [je te mon-

VARIANTE. * Dans cette scène, l'édition de 1682, suivie par toutes les autres, offre plusieurs passages que ne renferme pas l'édition originale, et parmi lesquels il s'en trouve un d'une grande étendue. Ces passages, qui ne sont pas de simples variantes, mais de véritables additions, sont-ils de la main de Molière, ou de la façon des comédiens? c'est ce qu'il est absolument impossible de décider. Dans le doute, je n'ose les exclure du texte; mais je ne les y admets qu'en les renfermant entre deux crochets.

trerai par Aristote, le philosophe des philosophes,] que tu es un ignorant, [un] ignorantissime, ignorantifiant et ignorantifié, par tous les cas et modes imaginables.

SGANARELLE, *à part.*

Il a pris querelle contre quelqu'un. (*à Pancrace.*) Seigneur...

PANCRACE, *de même, sans voir Sganarelle.*

Tu veux te mêler de raisonner, et tu ne sais pas seulement les élémens de la raison.

SGANARELLE, *à part.*

La colère l'empêche de me voir. (*à Pancrace.*) Seigneur...

PANCRACE, *de même, sans voir Sganarelle.*

C'est une proposition condamnable dans toutes les terres de la philosophie.

SGANARELLE, *à part.*

Il faut qu'on l'ait fort irrité. (*à Pancrace.*) Je...

PANCRACE, *de même, sans voir Sganarelle.*

Toto cœlo, totâ viâ aberras. (1)

SGANARELLE.

Je baise les mains à monsieur le docteur.

PANCRACE.

Serviteur.

---

(1) Pancrace rassemble ici en une seule phrase deux expressions proverbiales qu'Érasme a recueillies dans ses *Adages*, l'une de Térence, *totâ errare viâ;* l'autre de Macrobe, *toto cœlo errare*, et qui toutes deux veulent dire, donner dans la plus grande des erreurs, être à mille lieues de la vérité. Rabelais a traduit littéralement, *toto cœlo errare :* « Qui « aultrement la nomme, erre par tout le ciel. »

SGANARELLE.

Peut-on ?...

PANCRACE, *se retournant vers l'endroit par où il est entré.*

Sais-tu bien ce que tu as fait? un syllogisme *in Balordo*.

SGANARELLE.

Je vous...

PANCRACE, *de même.*

La majeure en est inepte, la mineure impertinente, et la conclusion ridicule. (1)

---

(1) Il est difficile de donner des notions bien exactes, et en même temps instructives, du jargon scolastique de Pancrace dans tout le cours de cette scène: toutefois, comme il rappelle, à fort peu de chose près, les questions sur la philosophie, qui s'agitoient sérieusement alors dans nos écoles, et qui s'y sont perpétuées plus de cent ans encore après la mort de Molière, il ne sera pas hors de propos de chercher ici à le faire entendre.

Un syllogisme, comme l'indique très-bien Pancrace, est un argument composé de trois propositions, dont la première s'appelle *majeure*, la seconde *mineure*, et la troisième *conclusion* ou *conséquence*. L'ancienne école avoit reconnu que, sur soixante-quatre modes de syllogismes possibles, en raison des différentes sortes de propositions, dix-neuf seulement de ces modes donnoient des syllogismes réguliers, c'est-à-dire, bien concluans. Ces dix-neuf modes sont exprimés par quatre vers techniques les plus dénués de sens qu'on ait pu imaginer; mais ce n'est pas le sens des mots qu'il faut y chercher. Ils commencent par, *Barbara Celarent Darii Ferio*, etc.; et la logique de Port-Royal n'a pas dédaigné de nous les conserver. Dans ces mots si insignifians, on ne considère que les voyelles, après être convenu que chacune désignera une espèce de proposition: *a* exprime une proposition universelle affirmative; *o*, une proposition particulière négative, etc., etc. Le syllogisme *in Balordo*, dont parle Pancrace, caractérisé par les trois voyelles *a*, *o*, *o*, est donc un syllogisme dont la *majeure* seroit *affirmative universelle*, et dont la *mineure*, ainsi que la *conclusion*, seroit *particulière négative*: et cet argument seroit régulier. Pour épuiser tout ce qu'il y a à remarquer sur les deux phrases

SCÈNE VI.

SGANARELLE.

Je...

PANCRACE, *de même.*

Je creverois plutôt que d'avouer ce que tu dis ; et je soutiendrai mon opinion jusqu'à la dernière goutte de mon encre.

SGANARELLE.

Puis-je...

PANCRACE, *de même.*

Oui, je défendrai cette proposition, *pugnis et calcibus, unguibus et rostro.* [1]

SGANARELLE.

Seigneur Aristote, peut-on savoir ce qui vous met si fort en colère ?

PANCRACE.

Un sujet le plus juste du monde.

SGANARELLE.

Et quoi, encore ?

PANCRACE.

Un ignorant m'a voulu soutenir une proposition erro-

---

de Pancrace, qui sont l'objet de cette note, j'ajouterai que le mot *Balordo* ne se trouve pas dans les quatre fameux vers techniques, *Barbara Celarent;* etc., mais que *Baroco* s'y trouve : or, les voyelles de *Baroco* et de *Balordo* étant les mêmes, et disposées de la même manière, Pancrace a très-bien pu employer *Balordo* au lieu de *Baroco*, puisqu'il en résulte le même mode de syllogisme : il a pu même le préférer, puisqu'il paroît un peu plus injurieux pour l'adversaire qu'il poursuit de ses apostrophes.

[1] « A coups de poing et à coups de pied, à coups d'ongles et à coups « de bec. »

née, une proposition épouvantable, effroyable, exécrable. (1)

SGANARELLE.

Puis-je demander ce que c'est?

PANCRACE.

Ah! seigneur Sganarelle, tout est renversé aujourd'hui, et le monde est tombé dans une corruption générale. Une licence épouvantable règne partout; et les magistrats, qui sont établis pour maintenir l'ordre dans cet état, devroient rougir de honte*, en souffrant un scandale aussi intolérable que celui dont je veux parler. (2)

SGANARELLE.

Quoi donc?

PANCRACE.

N'est-ce pas une chose horrible, une chose qui crie vengeance au ciel, que d'endurer qu'on dise publiquement la forme d'un chapeau?

SGANARELLE.

Comment?

VARIANTE. * *Devroient mourir de honte.*

---

(1) *Une proposition épouvantable, effroyable, exécrable;* plus bas, *une licence épouvantable,* et *un scandale intolérable.* L'abus et l'entassement des épithètes hyperboliques remonte déjà haut, comme on voit. La passion, toujours exagérée, a commencé le mal; et aujourd'hui, sans rien ressentir, sans prétendre à produire aucun effet, on emploie à tout propos des expressions énergiques, dont la force est par-là détruite pour toujours. C'est un malheur pour la conversation et pour les écrits.

(2) Cette phrase de Pancrace, cet appel à la sévérité des *magistrats* n'avoit presque pas le caractère de l'exagération comique, à une époque où beaucoup de gens regrettoient qu'on eût laissé tomber en désuétude l'arrêt du Parlement, du 4 septembre 1624, qui défendoit, *à peine de la vie,* d'enseigner une doctrine contraire à celle d'Aristote.

SCÈNE VI.

PANCRACE.

Je soutiens qu'il faut dire la figure d'un chapeau, et non pas la forme ; d'autant qu'il y a cette différence entre la forme et la figure, que la forme est la disposition extérieure des corps qui sont animés, et la figure, la disposition extérieure des corps qui sont inanimés : et puisque le chapeau est un corps inanimé, il faut dire la figure d'un chapeau, et non pas la forme. (*se retournant encore du côté par où il est entré.*) Oui, ignorant que vous êtes, c'est comme il faut parler* ; et ce sont les termes exprès d'Aristote dans le chapitre de la qualité. (1)

SGANARELLE, *à part.*

Je pensois que tout fût perdu (2). (*à Pancrace.*) Seigneur docteur, ne songez plus à tout cela. Je...

VARIANTE. * *C'est ainsi qu'il faut parler.*

---

(1) Il y a bien dans Aristote un chapitre, et même plusieurs chapitres sur la *qualité* ; et il n'en est pas ici comme du chapitre des *chapeaux* dans *le Médecin malgré lui* ; mais du reste, dans aucun de ces chapitres, ni ailleurs, il ne compare la forme à la figure, quoique souvent il parle de figure, et plus souvent encore de forme. Ces deux mots ont quelque synonymie en françois, et ceux qui paroissent leur correspondre dans les langues anciennes n'en ont aucune. La figure, chez les anciens, étoit quelque chose de purement extérieur ; elle se réduisoit aux linéamens qui terminent les corps. La forme, au contraire, pénétroit en quelque sorte dans la substance ; et voilà pourquoi il est si souvent question, dans l'école péripatéticienne surtout, des *formes substantielles.* La citation de Pancrace n'est donc point exacte, ce qui ne surprendra personne ; mais son raisonnement et sa colère n'en sont pas moins comiques : ils ont presque fait proverbe.

(2) *Je pensois que tout fût perdu.* — Dans les phrases affirmatives, comme celle-ci, *penser* et *croire* veulent après eux l'indicatif. Le verbe de la proposition subordonnée ne se met au subjonctif que quand la phrase

PANCRACE.

Je suis dans une colère, que je ne me sens pas. (1)

SGANARELLE.

Laissez la forme et le chapeau en paix. J'ai quelque chose à vous communiquer. Je...

PANCRACE.

Impertinent fieffé ! *

SGANARELLE.

De grace, remettez-vous. Je...

PANCRACE.

Ignorant !

SGANARELLE.

Eh ! mon dieu. Je...

PANCRACE.

Me vouloir soutenir une proposition de la sorte !

SGANARELLE.

Il a tort. Je...

PANCRACE.

Une proposition condamnée par Aristote !

SGANARELLE.

Cela est vrai. Je...

VARIANTE. * Impertinent !

---

est négative ou interrogative. Il faudroit donc, *je pensois, je croyois que tout étoit perdu.* Du reste, la phrase de Molière n'étoit pas incorrecte de son temps : on la trouve dans beaucoup d'autres écrivains de la même époque.

(1) *Je suis dans une colère, que je ne me sens pas.* — Gallicisme, ou plutôt phrase elliptique assez usitée dans la conversation. *Je suis dans une colère* (sous-entendu *telle* ou *si grande*) *que je ne me sens pas.*

SCÈNE VI.

PANCRACE.

En termes exprès.

SGANARELLE.

Vous avez raison. (*se tournant du côté par où Pancrace est entré.*) Oui, vous êtes un sot et un impudent, de vouloir disputer contre un docteur qui sait lire et écrire [1]. Voilà qui est fait : je vous prie de m'écouter. Je viens vous consulter sur une affaire qui m'embarrasse. J'ai dessein de prendre une femme, pour me tenir compagnie dans mon ménage. La personne est belle et bien faite ; elle me plaît beaucoup, et est ravie de m'épouser. Son père me l'a accordée ; mais je crains un peu ce que vous savez, la disgrace dont on ne plaint personne ; et je voudrois bien vous prier, comme philosophe, de me dire votre sentiment. Eh ! quel est votre avis là-dessus ? [2]

PANCRACE.

Plutôt que d'accorder qu'il faille dire la forme d'un chapeau, j'accorderois que *datur vacuum in rerum naturâ*, et que je ne suis qu'une bête. [3]

---

[1] Dancourt a emprunté cette plaisanterie à Molière. Dans le prologue de sa pièce intitulée *l'Opérateur Barry*, après que Barry a fait, en vrai charlatan, la pompeuse énumération de toutes les sciences dans lesquelles il est versé, et de toutes les langues qu'il possède, Jodelet, qui fait auprès de lui l'office de Paillasse, dit : « Et qui, outre cela, sait lire et écrire, « afin que vous le sachiez. »

[2] Vous croyez que Sganarelle qui, en prenant le parti de Pancrace, est parvenu à se faire écouter de lui, va obtenir une réponse. Point, il se tait, et le philosophe reprend sa colère. Voilà du vrai, de l'excellent comique.

[3] Cette manière de nier une chose est la plus énergique et la plus comique à la fois dont pût se servir un pédant convaincu de son infaillibilité. — *Datur vacuum in rerum naturâ*, signifie, le vide existe dans la nature. Les péripatéticiens nioient la possibilité du vide, ce qu'ils exprimoient par cet axiome : *Natura abhorret à vacuo* ; la nature a horreur du vide.

SGANARELLE, *à part.*

La peste soit de l'homme! (*à Pancrace.*) Eh! monsieur le docteur, écoutez un peu les gens. On vous parle une heure durant, et vous ne répondez point à ce qu'on vous dit.

PANCRACE.

Je vous demande pardon. Une juste colère m'occupe l'esprit.

SGANARELLE.

Eh! laissez tout cela, et prenez la peine de m'écouter.

PANCRACE.

Soit. Que voulez-vous me dire?

SGANARELLE.

Je veux vous parler de quelque chose.

PANCRACE.

Et de quelle langue voulez-vous vous servir avec moi?

SGANARELLE.

De quelle langue?

PANCRACE.

Oui.

SGANARELLE.

Parbleu! de la langue que j'ai dans la bouche*. Je crois que je n'irai pas emprunter celle de mon voisin.

PANCRACE.

Je vous dis, de quel idiôme, de quel langage?

SGANARELLE.

Ah! c'est une autre affaire.

PANCRACE.

Voulez-vous me parler italien?

VARIANTE. * *Que j'ai dans ma bouche.*

SCÈNE VI.

SGANARELLE.

Non.

PANCRACE.

Espagnol ?

SGANARELLE.

Non.

PANCRACE.

Allemand ?

SGANARELLE.

Non.

PANCRACE.

Anglois ?

SGANARELLE.

Non.

PANCRACE.

Latin ?

SGANARELLE.

Non.

PANCRACE.

Grec ?

SGANARELLE.

Non.

PANCRACE.

Hébreu ?

SGANARELLE.

Non.

PANCRACE.

Syriaque ?

SGANARELLE.

Non.

PANCRACE.

Turc ?

SGANARELLE.

Non.

PANCRACE.

Arabe?

SGANARELLE.

Non, non, françois, [françois, françois.]

PANCRACE.

Ah! françois.

SGANARELLE.

Fort bien.

PANCRACE.

Passez donc de l'autre côté; car cette oreille-ci est destinée pour les langues scientifiques [et étrangères], et l'autre est pour [la vulgaire et] la maternelle.

SGANARELLE, *à part.*

Il faut bien des cérémonies avec ces sortes de gens-ci.

PANCRACE.

Que voulez-vous?

SGANARELLE.

Vous consulter sur une petite difficulté.

PANCRACE.

[Ah! ah!] sur une difficulté de philosophie, sans doute!

SGANARELLE.

Pardonnez-moi. Je...

PANCRACE.

Vous voulez peut-être savoir si la substance et l'accident sont termes synonymes ou équivoques à l'égard de l'être? (1)

---

(1) C'étoit une des grandes questions discutées, encore il y a cinquante

SCÈNE VI.

SGANARELLE.

Point du tout. Je...

PANCRACE.

Si la logique est un art ou une science ? [1]

SGANARELLE.

Ce n'est pas cela. Je...

PANCRACE.

Si elle a pour objet les trois opérations de l'esprit, ou la troisième seulement ? [2]

SGANARELLE.

Non. Je...

---

ans, dans nos écoles. Seulement, au lieu du mot *synonymes*, on se servoit du mot *univoques*. La question étoit donc de savoir si l'accident et la substance, existant réellement l'un et l'autre, pouvoient dès-lors être regardés comme termes *synonymes* ou *univoques* à l'égard de l'*être*; ou s'ils étoient termes *équivoques*, à cet égard, par cela qu'ils diffèrent essentiellement entre eux. Rien assurément n'étoit plus frivole que de semblables questions; et il n'étoit pas indigne de Molière d'en faire ressortir le ridicule : pour cela il lui suffisoit de les énoncer.

[1] Grande question débattue aussi dans les écoles. La science est la connoissance des règles; l'art en est l'application : pour les appliquer sûrement, il importe de les bien connoître; et, comme la logique apprend à la fois à connoître les règles du raisonnement, et à en faire une juste application, il suit qu'on pouvoit très-bien soutenir qu'elle étoit à la fois *science* et *art*; mais on vouloit absolument qu'elle ne fût que l'une ou l'autre; et de là les disputes sans fin.

[2] Ces trois opérations sont la perception, le jugement, et le raisonnement. Il est certain qu'elles sont toutes les trois l'objet de la logique; mais, comme la troisième opération, le raisonnement, présuppose et renferme les deux autres, il en résultoit deux questions qui n'étoient qu'un jeu de mots, puisqu'elles rentroient l'une dans l'autre.

LE MARIAGE FORCÉ.

PANCRACE.

S'il y a dix catégories, ou s'il n'y en a qu'une. (1)

SGANARELLE.

Point. Je...

PANCRACE.

Si la conclusion est de l'essence du syllogisme ? (2)

SGANARELLE.

Nenni. Je...

PANCRACE.

Si l'essence du bien est mise dans l'appétibilité, ou dans la convenance ? (3)

---

(1) Par catégories on entendoit, en logique, diverses classes dans lesquelles on cherchoit à renfermer tous les objets de nos pensées. Aristote en comptoit dix, en comprenant tout ce qui est *substance* dans la première, et tout ce qui est *accident* dans les neuf autres. Descartes les a réduites à sept. Celles d'Aristote, ainsi que celles de Descartes, ont été exprimées par des vers techniques que je n'aurai garde de rapporter ici. Quant au fond de la question que propose Pancrace, quoique je ne sois point tenu de la résoudre, je dirai pourtant que rien n'empêchoit d'admettre les dix catégories d'Aristote; que rien aussi n'empêchoit de n'en admettre qu'une, désignée par le mot le plus universel, par le mot *être*. Il est vrai que, les catégories n'ayant été imaginées que pour classer, une seule catégorie, ne classant rien, ne sert par conséquent à rien. Mais les dix catégories servent-elles davantage? Non assurément, d'après les judicieuses remarques de la logique de Port-Royal; car elles n'offrent que des classifications très-arbitraires, et elles accoutument ainsi l'esprit à se payer de mots.

(2) La conclusion étant la troisième proposition de tout syllogisme, celle-là même pour laquelle tout le syllogisme est fait, il est clair qu'elle est *essentielle* au syllogisme, et que dès-lors on a droit de dire qu'elle est de son *essence*; à moins que, par une subtilité, bien fine sans doute, on ne veuille se refuser à voir en elle une partie intégrante du syllogisme, précisément parce qu'elle en est le but.

(3) Je ne sais si cette question étoit proposée réellement dans les

SCÈNE VI.

SGANARELLE.

Non. Je...

PANCRACE.

Si le bien se réciproque avec la fin ? [1]

SGANARELLE.

Hé ! non. Je...

PANCRACE.

Si la fin nous peut émouvoir par son être réel, ou par son être intentionnel ? [2]

SGANARELLE.

Non, non, non, non, non, de par tous les diables, non.

PANCRACE.

Expliquez donc votre pensée ; car je ne puis pas la deviner.

écoles, du temps de Molière ; mais elle a très-bien pu l'être, ainsi que tant d'autres qui n'étoient guère moins bizarres dans leur énoncé. Au reste, dépouillée de termes scolastiques, elle sembleroit se réduire à celle-ci : *si l'essence d'un bien se trouve dans ce qu'on desire, ou dans ce qui convient*. Présentée de la sorte, elle ne seroit pas difficile à résoudre.

(1) *Se réciproquer* est un mot qui ne se trouve pas dans le dictionnaire de l'Académie françoise. Il existe seulement dans le vocabulaire de la vieille école ; et il est au reste assez expressif. Il étoit employé pour toutes ces questions doubles qui naissoient du renversement des deux termes. Ici, par exemple, Pancrace demande si tout bien est une fin, et si toute fin est un bien. On n'exigera pas sans doute que je résolve cette petite et misérable question : il me suffit de l'avoir fait entendre. Je ne serai peut-être pas toujours aussi heureux.

(2) Ici, par exemple, je ne me flatte pas de concevoir, ni par conséquent de faire comprendre ce que c'est que l'*être intentionnel* d'une fin, opposé à son *être réel*. C'est là un de ces galimatias auxquels on

SGANARELLE.

Je vous la veux expliquer aussi; mais il faut m'écouter. (*Pendant que Sganarelle dit:*) L'affaire que j'ai à vous dire, c'est que j'ai envie de me marier avec une fille qui est jeune et belle. Je l'aime fort, et l'ai demandée à son père; mais, comme j'appréhende...

PANCRACE *dit en même temps sans écouter Sganarelle:*

La parole a été donnée à l'homme pour expliquer sa pensée *; et tout ainsi que les pensées sont les portraits des choses, de même nos paroles sont-elles les portraits de nos pensées.

(*Sganarelle, impatienté, ferme la bouche du docteur avec sa main à plusieurs reprises, et le docteur continue de parler d'abord que Sganarelle ôte sa main.*)

Mais ces portraits diffèrent des autres portraits en ce que les autres portraits sont distingués partout de leurs originaux, et que la parole enferme en soi son original, puisqu'elle n'est autre chose que la pensée expliquée par un signe extérieur; d'où vient que ceux qui pensent bien, sont aussi ceux qui parlent le mieux. Expliquez-

VARIANTE. * *Pour expliquer ses pensées.*

---

voudroit se persuader, de prime abord, qu'on entend quelque chose, et qui, examinés avec attention, n'offrent véritablement aucun sens. Qu'on dise d'une fin qu'elle a un *être réel*, c'est assez mal s'exprimer, et toutefois cela peut s'entendre. Cet *être réel* est, sans doute, la fin elle-même; mais que peut signifier l'*être intentionnel* d'une fin? L'intention n'est point dans la fin; elle est dans celui qui se la propose. On ne peut donc, en aucune manière, dire d'une fin, son *être intentionnel*, comme on a dit son *être réel*. La réalité est nécessairement d'une part, et l'intention de l'autre.

SCÈNE VI.

moi donc votre pensée par la parole, qui est le plus intelligible de tous les signes.

SGANARELLE *pousse le docteur dans sa maison, et tire la porte pour l'empêcher de sortir.* *

[Peste de l'homme!

PANCRACE, *au-dedans de sa maison.*

Oui, la parole est *animi index et speculum* [1]. C'est le truchement du cœur, c'est l'image de l'ame. (*Il monte à la fenêtre, et continue.*) C'est un miroir qui nous présente naïvement les secrets les plus arcanes de nos individus; et, puisque vous avez la faculté de ratiociner, et de parler tout ensemble, à quoi tient-il que vous ne vous serviez de la parole pour me faire entendre votre pensée?

SGANARELLE.

C'est ce que je veux faire; mais vous ne voulez pas m'écouter.

PANCRACE.

Je vous écoute, parlez.

SGANARELLE.

Je dis donc, monsieur le docteur, que...

PANCRACE.

Mais, surtout, soyez bref.

VARIANTE. * Tout le reste de la scène, à partir de cet endroit, n'existe pas dans l'édition originale de 1668, et s'est trouvé, pour la première fois, dans l'édition posthume de 1682.

---

[1] « L'indice et le miroir de l'ame. » C'est ce que Pancrace traduit encore mieux par les mots de *truchement* et d'*image*.

SGANARELLE.

Je le serai.

PANCRACE.

Évitez la prolixité.

SGANARELLE.

Hé! monsi...

PANCRACE.

Tranchez-moi votre discours d'un apophthegme à la laconienne. (1)

SGANARELLE.

Je vous...

PANCRACE.

Point d'ambages, de circonlocution.

(*Sganarelle, de dépit de ne point parler, ramasse des pierres pour en casser la tête du docteur.*)

PANCRACE.

Hé quoi! Vous vous emportez au lieu de vous expliquer? Allez, vous êtes plus impertinent que celui qui m'a voulu soutenir qu'il faut dire la forme d'un chapeau; et je vous prouverai, en toute rencontre, par raisons démonstratives et convaincantes, et par argumens *in Barbara*(2), que vous n'êtes et ne serez jamais qu'une

---

(1) *Tranchez-moi votre discours d'un apophthegme à la laconienne.* — Façon de parler bizarre et pédantesque, tout-à-fait digne de Pancrace. La concision énergique des Lacédémoniens est passée en proverbe, comme l'atteste le mot *laconisme*, qui exprime à lui seul cette précieuse qualité de l'esprit et du langage. Plutarque a recueilli les apophthegmes des Lacédémoniens, et même ceux des Lacédémoniennes : ils forment deux des traités qui composent ses OEuvres morales.

(2) Après ce que j'ai dit plus haut du syllogisme in *Balordo*, on voit

SCÈNE VI.

pécore, et que je suis et serai toujours, *in utroque jure*, le docteur Pancrace.

SGANARELLE.

Quel diable de babillard!

PANCRACE, *en rentrant sur le théâtre.*

Homme de lettres, homme d'érudition.

SGANARELLE.

Encore?

PANCRACE.

Homme de suffisance, homme de capacité. (*s'en allant.*) Homme consommé dans toutes les sciences, naturelles, morales et politiques. (*revenant.*) Homme savant, savantissime, *per omnes modos et casus* [1]. (*s'en allant.*) Homme qui possède, *superlativè*, fables, mythologies et histoires, (*revenant.*) grammaire, poésie, rhétorique, dialectique et sophistique, (*s'en allant.*) mathématique, arithmétique, optique, onirocritique [2], physique et mathématique, (*revenant.*) cosmométrie*, géométrie, architecture, spéculoire et spéculatoire [3], (*s'en allant.*) méde-

VARIANTE. * L'édition de 1682, qui est l'édition originale, en ce qui regarde cette fin de scène, porte *cosmimométrie*, qui est évidemment un barbarisme.

---

clairement ici qu'il s'agit de syllogismes dont les trois propositions, désignées par les trois *a* du mot *Barbara*, sont universelles affirmatives, et je n'ai pas envie d'en dire davantage.

(1) Pancrace a déja dit la même chose en françois, au commencement de la scène : « Par tous les cas et modes imaginables. »

(2) L'*onirocritique*, ou plutôt l'*onirocritie*, est l'art d'interpréter les songes.

(3) *Spéculoire et spéculatoire.* — La *spéculatoire* est l'art d'interpréter

cine, astronomie, astrologie, physionomie, métoposcopie, chiromancie, géomancie ⁽¹⁾, etc.] ⁽²⁾

---

les éclairs, le tonnerre, les comètes, et autres météores ou phénomènes semblables. — La *spéculoire* est la partie de l'art divinatoire, qui consiste à faire voir dans un miroir les personnes ou les choses que l'on desire connoître. Ce mot n'existe pas dans les dictionnaires; on n'y trouve que *spéculaire*, adjectif, s'appliquant à ce genre de divination ou à ceux qui le pratiquent.

(1) *Physionomie*. Art de connoître le caractère des hommes par l'inspection des traits de leur visage et de toutes les parties de leur corps. — *Métoposcopie*. Même signification restreinte aux traits du front et du visage. — *Chiromancie*. Divination par l'inspection des lignes de la main. — *Géomancie*. Art de deviner, soit par des lignes qu'on trace au hasard sur la terre, soit par les fentes naturelles qu'on remarque à sa surface.

(2) Cette scène n'est pas une pure bouffonnerie; c'étoit une satire, non pas contre Aristote, mais contre la manière barbare dont sa doctrine étoit enseignée et défigurée dans les écoles, surtout contre l'intolérance de ses modernes disciples qui se révoltoient à la moindre proposition d'un changement quelconque dans cet enseignement. On sait que, plusieurs années encore après, l'Université songeoit à obtenir du Parlement un arrêt contre ceux qui professeroient, dans les écoles de philosophie, d'autres principes que ceux d'Aristote, lorsque Boileau, dans son *Arrêt burlesque*, versa le ridicule à pleines mains sur ce projet, et en empêcha l'exécution. Molière, élève, avec Chapelle et Bernier, du fameux Gassendi, n'étoit nullement étranger aux matières philosophiques; il imitoit son maître à sa manière, en livrant à la risée publique les obscures chimères du moderne péripatétisme. Rien n'est donc plus solide et plus sensé que le but de la scène entre Sganarelle et Pancrace. Sous le rapport de la forme, il faut l'avouer, elle appartient au genre de la farce, et d'ailleurs, elle n'étoit rien moins que neuve au théâtre. Sans parler des auteurs de canevas italiens, en 1647, Gillet de la Tessonnerie, dans sa comédie du *Déniaisé*, avoit mis en scène un pédant nommé Pancrace, à qui Jodelet veut adresser une question, et qui lui ferme à chaque instant la bouche par son verbiage scientifique. Ce personnage avoit déja probablement fourni à Molière l'idée du rôle de Métaphraste du *Dépit amoureux*; et le Pancrace du *Mariage forcé* semble

SCÈNE VII.

SGANARELLE, seul.

Au diable les savans qui ne veulent point écouter les gens! On me l'avoit bien dit, que son maître Aristote n'étoit rien qu'un bavard. Il faut que j'aille trouver l'autre; il est plus posé *, et plus raisonnable. Holà!

SCÈNE VIII.

MARPHURIUS, SGANARELLE.

MARPHURIUS.

Que voulez-vous de moi, seigneur Sganarelle?

SGANARELLE.

Seigneur docteur, j'aurois besoin de votre conseil sur une petite affaire dont il s'agit, et je suis venu ici pour cela. (*à part.*) Ah! voilà qui va bien. Il écoute le monde, celui-ci.

MARPHURIUS.

Seigneur Sganarelle, changez, s'il vous plaît, cette façon de parler. Notre philosophie ordonne de ne point énoncer de proposition décisive, de parler de tout avec incertitude, de suspendre toujours son jugement; et,

---

VARIANTE. * *Peut-être qu'il sera plus posé.*

être une imitation de tous les deux. Regnard, à son tour, a imité de fort près Molière dans une scène de sa comédie de *l'Homme à bonnes fortunes*, jouée en 1690 au théâtre Italien.

par cette raison, vous ne devez pas dire, je suis venu, mais, il me semble que je suis venu.

SGANARELLE.

Il me semble?

MARPHURIUS.

Oui.

SGANARELLE.

Parbleu! il faut bien qu'il me semble, puisque cela est.

MARPHURIUS.

Ce n'est pas une conséquence; et il peut vous le sembler, sans que la chose soit véritable.

SGANARELLE.

Comment! il n'est pas vrai que je suis venu?

MARPHURIUS.

Cela est incertain, et nous devons douter de tout.

SGANARELLE.

Quoi! je ne suis pas ici, et vous ne me parlez pas?

MARPHURIUS.

Il m'apparoît que vous êtes là, et il me semble que je vous parle; mais il n'est pas assuré que cela soit.

SGANARELLE.

Hé! que diable! vous vous moquez. Me voilà, et vous voilà bien nettement, et il n'y a point de *me semble* à tout cela. Laissons ces subtilités, je vous prie, et parlons de mon affaire. Je viens vous dire que j'ai envie de me marier.

MARPHURIUS.

Je n'en sais rien.

SCÈNE VIII.

SGANARELLE.

Je vous le dis.

MARPHURIUS.

Il se peut faire.

SGANARELLE.

La fille que je veux prendre est fort jeune et fort belle.

MARPHURIUS.

Il n'est pas impossible.

SGANARELLE.

Ferai-je bien ou mal de l'épouser?

MARPHURIUS.

L'un ou l'autre.

SGANARELLE, *à part*.

Ah! ah! voici une autre musique. (*à Marphurius.*) Je vous demande si je ferai bien d'épouser la fille dont je vous parle.

MARPHURIUS.

Selon la rencontre.

SGANARELLE.

Ferai-je mal?

MARPHURIUS.

Par aventure.

SGANARELLE.

De grace, répondez-moi comme il faut.

MARPHURIUS.

C'est mon dessein.

SGANARELLE.

J'ai une grande inclination pour la fille.

MARPHURIUS.

Cela peut être.

SGANARELLE.

Le père me l'a accordée.

MARPHURIUS.

Il se pourroit.

SGANARELLE.

Mais, en l'épousant, je crains d'être cocu.

MARPHURIUS.

La chose est faisable.

SGANARELLE.

Qu'en pensez-vous?

MARPHURIUS.

Il n'y a pas d'impossibilité.

SGANARELLE.

Mais que feriez-vous, si vous étiez à ma place?

MARPHURIUS.

Je ne sais.

SGANARELLE.

Que me conseillez-vous de faire?

MARPHURIUS.

Ce qui vous plaira.

SGANARELLE.

J'enrage.

MARPHURIUS.

Je m'en lave les mains.

SGANARELLE.

Au diable soit le vieux rêveur! *

VARIANTE. * *Au diable soit le rêveur!*

SCÈNE VIII.

MARPHURIUS.

Il en sera ce qui pourra.

SGANARELLE, *à part.*

La peste du bourreau! Je te ferai changer de note, chien de philosophe enragé.

(*Il donne des coups de bâton à Marphurius.*)

MARPHURIUS.

Ah! ah! ah!

SGANARELLE.

Te voilà payé de ton galimatias, et me voilà content.

MARPHURIUS.

Comment! Quelle insolence! M'outrager de la sorte! Avoir eu l'audace de battre un philosophe comme moi!

SGANARELLE.

Corrigez, s'il vous plaît, cette manière de parler. Il faut douter de toutes choses; et vous ne devez pas dire que je vous ai battu, mais qu'il vous semble que je vous ai battu.

MARPHURIUS.

Ah! je m'en vais faire ma plainte au commissaire du quartier, des coups que j'ai reçus.

SGANARELLE.

Je m'en lave les mains.

MARPHURIUS.

J'en ai les marques sur ma personne.

SGANARELLE.

Il se peut faire.

MARPHURIUS.

C'est toi qui m'as traité ainsi.

SGANARELLE.

Il n'y a pas d'impossibilité.

MARPHURIUS.

J'aurai un décret contre toi.

SGANARELLE.

Je n'en sais rien.

MARPHURIUS.

Et tu seras condamné en justice.

SGANARELLE.

Il en sera ce qui pourra.

MARPHURIUS.

Laisse-moi faire. (1)

---

(1) La scène de Pancrace avoit un but satirique ; elle tournoit en ridicule l'enseignement de la philosophie, tel qu'il existoit dans l'Université de Paris du temps de Molière. Quant à la scène de Marphurius, elle n'étoit qu'un moyen d'exciter le rire, et n'attaquoit aucun travers contemporain ; car il n'est pas probable que Molière, qui de sa nature étoit peu dogmatique, voulût se moquer des sceptiques modernes, tels que Montaigne et La Motte-le-Vayer, qui se contentoient de professer l'incertitude de nos jugemens et de nos connoissances, sans révoquer en doute, comme quelques anciens disciples exagérés de Pyrrhon, l'existence de l'homme et celle des êtres divers avec lesquels il est en rapport. Du reste, la scène de Marphurius est entièrement imitée du chapitre de *Pantagruel,* dans lequel Panurge consulte Trouillogan, philosophe pyrrhonien, sur le mariage qu'il a projeté. On va juger, par le passage suivant, combien Molière a mis Rabelais à contribution. « PANURGE. Donc-« ques me marieray-je ? TROUILLOGAN. Par adventure. PAN. M'en trouve-« ray-je bien ? TR. Selon la rencontre. PAN. Aussi si je rencontre bien, « comme j'espère, seray-je heureux ? TR. Assez. PAN. Tournons à con-« trepoil. Et si je rencontre mal ? TR. Je m'en excuse. PAN. Mais, con-« seillez-moi, de grace : que doibs-je faire ? TR. Ce que vous voudrez... « PAN. Que m'en conseillez-vous ? TR. Rien. PAN. Me doibs-je marier ? « TR. Je n'y estois pas. PAN. Je ne me marieray donc point. TR. Je

SCÈNE IX.

SGANARELLE, seul.

Comment! on ne sauroit tirer une parole positive de ce chien d'homme-là *, et l'on est aussi savant à la fin qu'au commencement. Que dois-je faire dans l'incertitude des suites de mon mariage? Jamais homme ne fut plus embarrassé que je suis. Ah! voici des Égyptiennes; il faut que je me fasse dire par elles ma bonne aventure.

VARIANTE. * *Une parole de ce chien d'homme-là.*

« n'en peulx mais. Pan. Si je suis marié, je ne seray jamais coquu? « Tr. Je y pensois... Pan. Prenez le cas que marié je sois. Tr. Je suis « d'ailleurs empêché... Pan. Et doncques, si je suis marié, je seray co- « quu? Tr. On le diroit. Pan. Si ma femme est preude et chaste, je ne « seray jamais coquu? Tr. Vous me semblez parler correct... Pan. Sera « elle preude et chaste? Reste seullement ce poinct. Tr. J'en doubte. « Pan. Vous ne la veistes jamais? Tr. Que je sçaiche. Pan. Pourquoi « doncques doubtez-vous d'une chose que ne congnoissez? Tr. Pour « cause. Pan. Et si la congnoissez? Tr. Encores plus... Pan. Mais qui « me fera coquu? Tr. Quelcqu'un. Pan. Par la ventre bœuf de bois, « je vous frotteray bien, monsieur le quelcqu'un. Tr. Vous le dites, etc. » Comme Molière perfectionne toujours ce qu'il imite, il a très-heureusement imaginé de faire donner, par Sganarelle, à Marphurius, des coups de bâton, qui forcent celui-ci à sortir de son doute, à reconnoître une certitude; enfin, à énoncer des propositions affirmatives, auxquelles Sganarelle répond, en lui rétorquant ses propres formules dubitatives.

SCÈNE X.

DEUX ÉGYPTIENNES, SGANARELLE. [1]

(Les Égyptiennes avec leurs tambours de basque, entrent en chantant et en dansant.)

SGANARELLE.

Elles sont gaillardes. Écoutez, vous autres, y a-t-il moyen de me dire ma bonne fortune ?

PREMIÈRE ÉGYPTIENNE.

Oui, mon beau monsieur, nous voici deux qui te la dirons.

DEUXIÈME ÉGYPTIENNE.

Tu n'as seulement qu'à nous donner ta main, avec la croix dedans [2], et nous te dirons quelque chose pour ton bon profit.

---

(1) Il y avoit ici, dans la comédie-ballet, une entrée d'Égyptiens et d'Égyptiennes. Louis XIV y dansoit.

(2) *Tu n'as seulement qu'à nous donner ta main avec la croix dedans.* — Dans plusieurs pays de l'Europe, il a existé, il existe encore, des monnoies qui portoient l'empreinte d'une croix sur une de leurs faces, et qui en tirent leur nom. Les Allemands ont toujours leurs *kreuzers*; les Anglais ont eu leurs *cross*; nous avons eu de même nos pièces à la croix; et c'est de là que sont venus les deux proverbes : *jouer à croix ou pile*, et *n'avoir ni croix ni pile*. Lors donc que les Bohémiennes demandent à Sganarelle de leur donner la main, *avec la croix dedans*, elles veulent dire, avec une des pièces appelées *croix*. Comme un peu de superstition religieuse se mêle toujours à cette autre superstition qui croit à la possibilité de pénétrer l'avenir, elles vouloient faire croire à leurs dupes qu'une *croix* étoit chose nécessaire pour le succès de leur opéra-

SCÈNE X.

SGANARELLE.

Tenez, les voilà toutes deux avec ce que vous demandez.

PREMIÈRE ÉGYPTIENNE.

Tu as une bonne physionomie, mon bon monsieur, une bonne physionomie.

DEUXIÈME ÉGYPTIENNE.

Oui, une bonne physionomie; physionomie d'un homme qui sera un jour quelque chose.

PREMIÈRE ÉGYPTIENNE.

Tu seras marié avant qu'il soit peu, mon bon monsieur, tu seras marié avant qu'il soit peu.

DEUXIÈME ÉGYPTIENNE.

Tu épouseras une femme gentille, une femme gentille. [1]

---

tion divinatoire; et, d'ailleurs, c'étoit pour elles un moyen de se faire payer d'avance. — Dans *la Comédie des Proverbes*, d'Adrien de Montluc, une Bohémienne dit à un personnage qui lui demande si elle veut lui dire sa bonne aventure : « Oui déà, mon seigneur; mais donnez-moi donc « la pièce blanche, ou bien je ne dirai rien. » Un Bohémien dit : « Avei-« gnez donc la *croix*, mon bon seigneur; elle chasse celui qui n'a point « de blanc en l'œil (c'est-à-dire le diable); » et, plus loin, le même Bohémien s'explique encore plus clairement, en demandant *une croix marquée en un beau quart d'écu, pour être mise sur la ligne de vie, parce que ce métal porte médecine*.

[1] Il paroît que les Bohémiennes avoient l'habitude constante de répéter leurs phrases. Comme on les payoit pour parler, et qu'elles n'avoient pas grand'chose à dire, elles multiplioient les paroles, pour avoir l'air de multiplier les choses.

PREMIÈRE ÉGYPTIENNE.

Oui, une femme qui sera chérie et aimée de tout le monde.

DEUXIÈME ÉGYPTIENNE.

Une femme qui te fera beaucoup d'amis, mon bon monsieur, qui te fera beaucoup d'amis.

PREMIÈRE ÉGYPTIENNE.

Une femme qui fera venir l'abondance chez toi.

DEUXIÈME ÉGYPTIENNE.

Une femme qui te donnera une grande réputation.

PREMIÈRE ÉGYPTIENNE.

Tu seras considéré par elle, mon bon monsieur, tu seras considéré par elle.

SGANARELLE.

Voilà qui est bien. Mais dites-moi un peu, suis-je menacé d'être cocu? [1]

DEUXIÈME ÉGYPTIENNE.

Cocu?

SGANARELLE.

Oui.

PREMIÈRE ÉGYPTIENNE.

Cocu?

---

[1] Il semble que les quatre ou cinq dernières prédictions des Bohémiennes ont d'avance répondu assez nettement à cette question; mais Sganarelle est peu pénétrant; et, ce qui le prouve, c'est qu'il doute encore de quelque chose, connoissant l'humeur de Dorimène, les motifs qui lui font desirer le mariage, et la conduite qu'elle se propose de tenir lorsqu'elle sera mariée.

SCÈNE X.

SGANARELLE.

Oui, si je suis menacé d'être cocu?

(*Les deux Égyptiennes dansent et chantent.*)

SGANARELLE.

Que diable, ce n'est pas là me répondre! Venez çà. Je vous demande à toutes deux si je serai cocu?

DEUXIÈME ÉGYPTIENNE.

Cocu? vous?

SGANARELLE.

Oui, si je serai cocu?

PREMIÈRE ÉGYPTIENNE.

Vous? cocu?

SGANARELLE.

Oui, si je le serai ou non? [1]

(*Les deux Égyptiennes sortent en chantant et en dansant.*)

---

[1] La scène est ce qu'elle doit être. Les Bohémiennes ont fait leur métier: elles se sont fait payer par Sganarelle, et elles ne lui ont donné pour son argent que des balivernes. Cela est sans doute moins plaisant que les deux philosophes; mais n'oublions pas que la pièce étoit une comédie-ballet, et que les Bohémiennes n'y jouoient un rôle que pour amener cette entrée dont j'ai parlé dans une note précédente.

SCÈNE XI.

SGANARELLE, *seul*.

Peste soit des carognes qui me laissent dans l'inquiétude ⁽¹⁾! Il faut absolument que je sache la destinée de mon mariage; et, pour cela, je veux aller trouver ce grand magicien dont tout le monde parle tant, et qui, par son art admirable, fait voir tout ce que l'on souhaite. Ma foi, je crois que je n'ai que faire d'aller au magicien, et voici qui me montre tout ce que je puis demander. ⁽²⁾

---

(1) Suivant un vieux livre que cite Pasquier, dans ses *Recherches de la France*, les Bohémiennes ne laissoient pas ordinairement les maris ou ceux qui vouloient le devenir, dans la même incertitude où Sganarelle se plaint d'avoir été laissé par elles. Voici le passage : « Ces sor-« cières regardoient ès mains des gens, et disoient ce qu'advenu leur « étoit ou à l'advenir, et meirent contents (disputes, querelles) en plu-« sieurs mariages; car elles disoient : Ta femme t'a fait coup (cocu). »

(2) Dans la comédie-ballet, Sganarelle réalisoit son projet de consulter le magicien. Il y avoit une scène de chant et de danse, dans laquelle le magicien évoquoit des démons qui, par certains signes, faisoient entendre à Sganarelle que le mariage auroit des suites fâcheuses pour son honneur. Cette scène terminoit le second acte. Molière la remplaça par celle de Dorimène et de Lycaste, qui est fort préférable.

SCENE XII.

DORIMÈNE, LYCASTE, SGANARELLE, *retiré dans un coin du théâtre sans être vu.*

LYCASTE.

Quoi! belle Dorimène, c'est sans raillerie que vous parlez?

DORIMÈNE.

Sans raillerie.

LYCASTE.

Vous vous mariez tout de bon?

DORIMÈNE.

Tout de bon.

LYCASTE.

Et vos noces se feront dès ce soir?

DORIMÈNE.

Dès ce soir.

LYCASTE.

Et vous pouvez, cruelle que vous êtes, oublier de la sorte l'amour que j'ai pour vous, et les obligeantes paroles que vous m'aviez données?

DORIMÈNE.

Moi? Point du tout. Je vous considère toujours de même, et ce mariage ne doit point vous inquiéter; c'est un homme que je n'épouse point par amour, et sa seule richesse me fait résoudre à l'accepter. Je n'ai point de bien, vous n'en avez point aussi [1], et vous savez que

---

(1) *Je n'ai point de bien; vous n'en avez point aussi.* — Les phrases

sans cela, on passe mal le temps au monde; et qu'à quelque prix que ce soit, il faut tâcher d'en avoir. J'ai embrassé cette occasion-ci de me mettre à mon aise; et je l'ai fait sur l'espérance de me voir bientôt délivrée du barbon que je prends. C'est un homme qui mourra avant qu'il soit peu, et qui n'a tout au plus que six mois dans le ventre. Je vous le garantis défunt dans le temps que je dis; et je n'aurai pas longuement à demander pour moi au ciel l'heureux état de veuve [1]. (*à Sganarelle qu'elle aperçoit.*) Ah! nous parlions de vous, et nous en disions tout le bien qu'on en sauroit dire.

LYCASTE.

Est-ce là, monsieur?...

DORIMÈNE.

Oui, c'est monsieur qui me prend pour femme.

LYCASTE.

Agréez, monsieur, que je vous félicite de votre mariage, et vous présente en même temps mes très-humbles services. Je vous assure que vous épousez là une

---

négatives n'admettent plus, comme autrefois, l'adverbe *aussi*, dans le sens de, pareillement : on diroit aujourd'hui, *vous n'en avez pas non plus.*

[1] La hardiesse des mœurs et du langage ne peut aller plus loin au théâtre. On n'y supporteroit pas aujourd'hui une femme disant crûment qu'il faut avoir du bien, à quelque prix que ce soit; qu'elle ne prend un mari que pour sa richesse, et qu'elle espère bien être délivrée de lui avant qu'il soit six mois. Molière entendoit ainsi la comédie : pour donner une bonne leçon aux Sganarelles, il croyoit devoir peindre au naturel les Dorimènes; en un mot, ne pouvant rien sur le vice, il s'en servoit du moins comme d'un instrument pour châtier le ridicule. Il n'est pas certain que ce fût là un mauvais système.

très-honnête personne : et vous, mademoiselle, je me réjouis avec vous aussi de l'heureux choix que vous avez fait. Vous ne pouviez pas mieux trouver, et monsieur a toute la mine d'être un fort bon mari. Oui, monsieur, je veux faire amitié avec vous, et lier ensemble un petit commerce de visites et de divertissemens. (1)

DORIMÈNE.

C'est trop d'honneur que vous nous faites à tous deux. Mais allons, le temps me presse, et nous aurons tout le loisir de nous entretenir ensemble.

SCÈNE XIII.

SGANARELLE, *seul.*

Me voilà tout-à-fait dégoûté de mon mariage; et je crois que je ne ferai pas mal de m'aller dégager de ma parole. Il m'en a coûté quelque argent; mais il vaut mieux encore perdre cela que de m'exposer à quelque chose de pis. Tâchons adroitement de nous débarrasser de cette affaire. Holà!

(*Il frappe à la porte de la maison d'Alcantor.*)

---

(1) Après ce que Sganarelle vient d'entendre, Lycaste le félicitant sur son mariage, l'assurant de l'honnêteté de Dorimène, et lui proposant de lier avec lui un petit commerce de visites et de divertissemens, est tout ce qu'on pouvoit imaginer de plus mortifiant pour le personnage, de plus divertissant pour le spectateur, et, par conséquent, de plus comique.

SCÈNE XIV.

ALCANTOR, SGANARELLE.

ALCANTOR.

Ah! mon gendre, soyez le bien venu!

SGANARELLE.

Monsieur, votre serviteur.

ALCANTOR.

Vous venez pour conclure le mariage?

SGANARELLE.

Excusez-moi.

ALCANTOR.

Je vous promets que j'en ai autant d'impatience que vous.

SGANARELLE.

Je viens ici pour autre sujet.*

ALCANTOR.

J'ai donné ordre à toutes les choses nécessaires pour cette fête.

SGANARELLE.

Il n'est pas question de cela.

ALCANTOR.

Les violons sont retenus, le festin est commandé, et ma fille est parée pour vous recevoir.

SGANARELLE.

Ce n'est pas ce qui m'amène.

VARIANTE. * *Pour un autre sujet.*

SCÈNE XIV.

ALCANTOR.

Enfin, vous allez être satisfait; et rien ne peut retarder votre contentement.

SGANARELLE.

Mon dieu! c'est autre chose.

ALCANTOR.

Allons. Entrez donc, mon gendre.

SGANARELLE.

J'ai un petit mot à vous dire.

ALCANTOR.

Ah! mon dieu, ne faisons point de cérémonie! Entrez vîte, s'il vous plaît.

SGANARELLE.

Non, vous dis-je. Je vous veux parler auparavant.

ALCANTOR.

Vous voulez me dire quelque chose?

SGANARELLE.

Oui.

ALCANTOR.

Et quoi?

SGANARELLE.

Seigneur Alcantor, j'ai demandé votre fille en mariage, il est vrai, et vous me l'avez accordée; mais je me trouve un peu avancé en âge pour elle, et je considère que je ne suis point du tout son fait.

ALCANTOR.

Pardonnez-moi, ma fille vous trouve bien comme vous êtes; et je suis sûr qu'elle vivra fort contente avec vous.

SGANARELLE.

Point. J'ai par fois des bizarreries épouvantables, et elle auroit trop à souffrir de ma mauvaise humeur.

ALCANTOR.

Ma fille a de la complaisance, et vous verrez qu'elle s'accommodera entièrement à vous.

SGANARELLE.

J'ai quelques infirmités sur mon corps qui pourroient la dégoûter. (1)

ALCANTOR.

Cela n'est rien. Une honnête femme ne se dégoûte jamais de son mari.

SGANARELLE.

Enfin, voulez-vous que je vous dise? Je ne vous conseille pas de me la donner.

ALCANTOR.

Vous moquez-vous? J'aimerois mieux mourir que d'avoir manqué à ma parole.

SGANARELLE.

Mon dieu, je vous en dispense, et je...

ALCANTOR.

Point du tout. Je vous l'ai promise; et vous l'aurez en dépit de tous ceux qui y prétendent.

---

(1) Tantôt Sganarelle se portoit le mieux du monde; actuellement il a des *infirmités*. Quel changement s'est donc opéré en lui? un seul : il a cessé d'être amoureux, ou plutôt d'avoir des *démangeaisons de se marier*. Les maux que sa folle passion lui faisoit oublier ou dissimuler, maintenant qu'il est rendu à la raison, il les sent, il les avoue, et peut-être il les exagère. Que d'hommes sur le retour ont pu observer en eux la même métamorphose!

SCÈNE XIV.

SGANARELLE, *à part.*

Que diable !

ALCANTOR.

Voyez-vous ? J'ai une estime et une amitié pour vous toute particulière ; et je refuserois ma fille à un prince pour vous la donner.

SGANARELLE.

Seigneur Alcantor, je vous suis obligé de l'honneur que vous me faites, mais je vous déclare que je ne me veux point marier.

ALCANTOR.

Qui, vous ?

SGANARELLE.

Oui, moi.

ALCANTOR.

Et la raison ?

SGANARELLE.

La raison ? C'est que je ne me sens point propre pour le mariage, et que je veux imiter mon père, et tous ceux de ma race, qui ne se sont jamais voulu marier. (1)

ALCANTOR.

Écoutez. Les volontés sont libres ; et je suis homme à ne contraindre jamais personne. Vous vous êtes en-

---

(1) Ménage prétend que Molière a imité en cet endroit la pointe d'une épigramme de Malleville, contre un homme indécis entre le mariage et le célibat :

    Mais sais-tu ce que tu dois faire
    Pour mettre ton esprit en paix ?
    Résous-toi d'imiter ton père ;
    Tu ne te mariras jamais.

gagé avec moi pour épouser ma fille, et tout est préparé pour cela; mais, puisque vous voulez retirer votre parole, je vais voir ce qu'il y a à faire; et vous aurez bientôt de mes nouvelles. (1)

SCÈNE XV.

SGANARELLE, seul.

Encore est-il plus raisonnable que je ne pensois, et je croyois avoir bien plus de peine à m'en dégager. Ma foi, quand j'y songe, j'ai fait fort sagement de me tirer de cette affaire; et j'allois faire un pas dont je me serois peut-être long-temps repenti. Mais voici le fils qui me vient rendre réponse.

SCÈNE XVI.

ALCIDAS, SGANARELLE.

ALCIDAS, *parlant d'un ton doucereux*.

Monsieur, je suis votre serviteur très-humble.

SGANARELLE.

Monsieur, je suis le vôtre de tout mon cœur.

ALCIDAS, *toujours avec le même ton*.

Mon père m'a dit, monsieur, que vous vous étiez venu dégager de la parole que vous aviez donnée.

---

(1) On est doux et poli dans cette famille d'Alcantor. Le fils va tout à l'heure se montrer digne de la civilité du père.

SCÈNE XVI.

SGANARELLE.

Oui, monsieur, c'est avec regret; mais...

ALCIDAS.

Oh! monsieur, il n'y a pas de mal à cela.

SGANARELLE.

J'en suis fâché, je vous assure; et je souhaiterois...

ALCIDAS.

Cela n'est rien, vous dis-je. (*Alcidas présente à Sganarelle deux épées.*) Monsieur, prenez la peine de choisir, de ces deux épées, laquelle vous voulez.

SGANARELLE.

De ces deux épées?

ALCIDAS.

Oui, s'il vous plaît.

SGANARELLE.

A quoi bon?

ALCIDAS.

Monsieur, comme vous refusez d'épouser ma sœur après la parole donnée, je crois que vous ne trouverez pas mauvais le petit compliment que je viens vous faire.

SGANARELLE.

Comment?

ALCIDAS.

D'autres gens feroient du bruit*, et s'emporteroient contre vous; mais nous sommes personnes à traiter les choses dans la douceur; et je viens vous dire civilement

---

VARIANTE. * *Feroient plus de bruit.*

qu'il faut, si vous le trouvez bon, que nous nous coupions la gorge ensemble. (1)

SGANARELLE.

Voilà un compliment fort mal tourné.

ALCIDAS.

Allons, monsieur, choisissez, je vous prie.

SGANARELLE.

Je suis votre valet, je n'ai point de gorge à me couper. (*à part.*) La vilaine façon de parler que voilà !

ALCIDAS.

Monsieur, il faut que cela soit, s'il vous plaît.

SGANARELLE.

Hé ! monsieur, rengaînez ce compliment, je vous prie.

ALCIDAS.

Dépêchons vîte, monsieur. J'ai une petite affaire qui m'attend.

SGANARELLE.

Je ne veux point de cela, vous dis-je.

ALCIDAS.

Vous ne voulez pas vous battre ?

SGANARELLE.

Nenni, ma foi.

---

(1) Le doucereux Alcidas est incontestablement le type de Philinte, du *Glorieux*, de l'homme aux révérences, qui vient humblement prier le comte de Tufière de lui faire *le plaisir et l'honneur de se couper la gorge avec lui.*

SCÈNE XVI.

ALCIDAS.

Tout de bon?

SGANARELLE.

Tout de bon.

ALCIDAS, *après lui avoir donné des coups de bâton.*

Au moins, monsieur, vous n'avez pas lieu de vous plaindre; vous voyez que je fais les choses dans l'ordre. Vous nous manquez de parole, je me veux battre contre vous; vous refusez de vous battre, je vous donne des coups de bâton: tout cela est dans les formes; et vous êtes trop honnête homme, pour ne pas approuver mon procédé. (1)

SGANARELLE, *à part.*

Quel diable d'homme est-ce-ci?

ALCIDAS *lui présente encore les deux épées.*

Allons, monsieur, faites les choses galamment, et sans vous faire tirer l'oreille.

SGANARELLE.

Encore?

ALCIDAS.

Monsieur, je ne contrains personne; mais il faut que vous vous battiez, ou que vous épousiez ma sœur.

---

(1) Ce trait est fort plaisant, et l'est d'autant plus qu'il est vrai, c'est-à-dire conforme aux mœurs de ce temps-là et même du nôtre. Il est certain qu'Alcidas a suivi exactement la ligne des procédés, et qu'il n'y a pas un mot à lui dire. Seulement il pousse loin la confiance, en comptant sur l'approbation de Sganarelle; et c'est là surtout qu'est le comique.

SGANARELLE.

Monsieur, je ne puis faire ni l'un ni l'autre, je vous assure.

ALCIDAS.

Assurément?

SGANARELLE.

Assurément.

ALCIDAS.

Avec votre permission donc... (1)

(*Alcidas lui donne encore des coups de bâton.*)

SGANARELLE.

Ah! ah! ah!

ALCIDAS.

Monsieur, j'ai tous les regrets du monde d'être obligé d'en user ainsi avec vous; mais je ne cesserai point, s'il vous plaît, que vous n'ayez promis de vous battre, ou d'épouser ma sœur.

(*Alcidas lève le bâton.*)

SGANARELLE.

Hé bién! j'épouserai, j'épouserai.

---

(1) Voilà bien des coups de bâton. Sganarelle en a déja donné à Marphurius; et Alcidas en donne ici pour la seconde fois à Sganarelle. Ils étoient fort prodigués dans notre vieille comédie; et Molière, en particulier, les a employés très-souvent. C'étoit une imitation de la farce italienne, ou plutôt une espèce de tradition du théâtre antique, où les Daves, éternels machinateurs d'intrigues, étoient fustigés tantôt par les pères dont ils trompoient la confiance, tantôt par les fils dont ils ne servoient pas toujours assez bien les passions.

SCÈNE XVII.

ALCIDAS.

Ah! monsieur, je suis ravi que vous vous mettiez à la raison, et que les choses se passent doucement. Car enfin, vous êtes l'homme du monde que j'estime le plus, je vous jure; et j'aurois été au désespoir que vous m'eussiez contraint à vous maltraiter [1]. Je vais appeler mon père, pour lui dire que tout est d'accord.

(*Il va frapper à la porte d'Alcantor.*)

SCÈNE XVII.

ALCANTOR, DORIMÈNE, ALCIDAS, SGANARELLE.

ALCIDAS.

Mon père, voilà monsieur qui est tout-à-fait raisonnable. Il a voulu faire les choses de bonne grace, et vous pouvez lui donner ma sœur.

ALCANTOR.

Monsieur, voilà sa main, vous n'avez qu'à donner la vôtre. Loué soit le ciel! M'en voilà déchargé, et c'est

---

(1) Le mot n'est pas proprement comique, car il n'est pas, il ne peut pas être dit de bonne foi; mais il est bien plaisant, et je ne vois guère que Sganarelle qui n'en doive pas rire. Il en est de même de presque tous les autres mots d'Alcidas : ils sont d'un railleur sans pitié qui, abusant de ses avantages, crible d'épigrammes l'homme qu'il vient d'assommer de coups. Il est difficile de trouver un autre genre de vérité dans tout ce qu'il dit de la *douceur* avec laquelle les choses se sont passées, et de la *bonne grace* que Sganarelle y a mise.

vous désormais que regarde le soin de sa conduite. Allons nous réjouir, et célébrer cet heureux mariage. (1)

---

(1) Dénouement bien simple, mais excellent dans son genre. Alcantor ne peut s'empêcher de faire éclater la joie qu'il a d'être débarrassé d'une fille d'aussi difficile garde que Dorimène. *Loué soit le ciel!* s'écrie-t-il, *m'en voilà déchargé;* et, quand il ajoute : *Allons nous réjouir, et célébrer cet heureux mariage*, il dit un mot fort comique, car il continue de se féliciter lui-même, tout en ayant l'air d'adresser à Sganarelle une félicitation qu'il ne tient qu'à celui-ci de prendre pour une mauvaise plaisanterie. Le pauvre Sganarelle ne dit mot, et c'est tout ce qu'il a de mieux à faire. « Ce silence est un coup de maître, dit Riccoboni; et
« c'est cette espèce de dénouement que j'avois en vue, lorsque j'ai
« dit que le froid d'une situation pouvoit quelquefois servir à dénouer
« une pièce; autant que le feu et la vivacité d'une action. »

FIN DU MARIAGE FORCÉ.

LE MARIAGE FORCÉ,

BALLET DU ROI,

Dansé par Sa Majesté, le 29ᵉ jour de Janvier 1664.

AVERTISSEMENT
DU COMMENTATEUR.

L'éditeur de 1734 est le premier qui ait eu l'idée de donner le *livret* du *Mariage forcé*, ballet, tel qu'il fut imprimé, en 1664, chez Robert Ballard; mais il ne l'a point donné en entier: il a supprimé les argumens des scènes de la comédie, comme étant *inutiles, peu exacts et mal faits*. *Peu exacts*, ils ne le sont que relativement à la comédie, qui diffère du ballet en quelques points, et ils nous font connoître ces différences. *Inutiles*, je viens de prouver qu'ils ne le sont pas entièrement. Pour *mal faits*, les lecteurs en jugeront, et peut-être seront-ils surpris de la sévérité de l'éditeur. Je les publie, ces argumens, parce qu'il y a toute apparence qu'ils sont de Molière: il est, en effet, peu présumable qu'il ait laissé à un autre le soin de faire l'abrégé des scènes de sa pièce, pour un livret qui devoit être distribué à la famille royale et aux personnes de la cour. Le style de ces sommaires, quoi qu'on en ait dit, n'est pas indigne de Molière; il est vif, précis, et il a la couleur comique.

ACTEURS DE LA COMÉDIE.

SGANARELLE.   Molière.
GÉRONIMO.   La Thorillière.
DORIMÈNE.   Mlle Du Parc.
ALCANTOR.   Béjart.
LYCANTE.(1)   La Grange.
PREMIÈRE BOHÉMIENNE.   Mlle Béjart.
SECONDE BOHÉMIENNE.   Mlle De Brie.
PREMIER DOCTEUR.   Brécourt.
SECOND DOCTEUR.   Du Croisy.

---

(1) *Lycante* est le même personnage qui est appelé *Alcidas* dans la comédie : c'est le fils d'Alcantor et le frère de Dorimène.

LE MARIAGE FORCÉ,

BALLET.

ARGUMENT.

Comme il n'y a rien au monde qui soit si commun que le mariage, et que c'est une chose sur laquelle les hommes ordinairement se tournent le plus en ridicules, il n'est pas merveilleux que ce soit toujours la matière de la plupart des comédies, aussi-bien que des ballets, qui sont des comédies muettes; et c'est par là qu'on a pris l'idée de cette comédie-mascarade.

ACTE PREMIER.

SCÈNE PREMIÈRE.

Sganarelle demande conseil au seigneur Géronimo s'il se doit marier ou non : cet ami lui dit franchement que le mariage n'est guère le fait d'un homme de cinquante ans; mais Sganarelle lui répond qu'il est résolu au mariage; et l'autre, voyant cette extravagance de demander conseil après une résolution prise, lui conseille hautement de se marier, et le quitte en riant.

SCÈNE II.

La maîtresse de Sganarelle arrive, qui lui dit qu'elle est ravie de se marier avec lui, pour pouvoir sortir promptement de la sujétion de son père, et avoir désormais toutes ses coudées franches; et là-dessus elle lui conte la manière dont elle prétend vivre avec lui, qui sera proprement la naïve peinture d'une coquette achevée. Sganarelle reste seul assez étonné; il se plaint, après ce discours, d'une pesanteur de tête épouvantable; et, se mettant en un coin du théâtre pour dormir, il voit en songe une femme représentée par mademoiselle Hilaire, qui chante ce récit :

RÉCIT DE LA BEAUTÉ.

Si l'Amour vous soumet à ses lois inhumaines,
Choisissez, en aimant, un objet plein d'appas :
    Portez au moins de belles chaînes ;
Et, puisqu'il faut mourir, mourez d'un beau trépas.
Si l'objet de vos feux ne mérite vos peines,
Sous l'empire d'Amour ne vous engagez pas :
    Portez au moins de belles chaînes ;
Et, puisqu'il faut mourir, mourez d'un beau trépas.

PREMIÈRE ENTRÉE.

LA JALOUSIE, LES CHAGRINS, ET LES SOUPÇONS.

La Jalousie, le sieur Dolivet.
Les Chagrins, les sieurs Saint-André et Desbrosses.
Les Soupçons, les sieurs De Lorge et Le Chantre.

SECONDE ENTRÉE.

QUATRE PLAISANS, ou GOGUENARDS.

Le comte d'Armagnac, messieurs d'Heureux, Beauchamp, et Des-Airs le jeune.

ACTE II.

SCÈNE PREMIÈRE.

Le seigneur Géronimo éveille Sganarelle, qui lui veut conter le songe qu'il vient de faire ; mais il lui répond qu'il n'entend rien aux songes, et que, sur le sujet du mariage, il peut consulter deux savans qui sont contens de lui [1], dont l'un suit la philosophie d'Aristote, et l'autre est pyrrhonien.

SCÈNE II.

Il trouve le premier, qui l'étourdit de son caquet, et ne le laisse point parler ; ce qui l'oblige à le maltraiter.

SCÈNE III.

Ensuite il rencontre l'autre, qui ne lui répond, suivant sa doctrine, qu'en termes qui ne décident rien ; il le chasse avec colère, et là-dessus arrivent deux Égyptiens et quatre Égyptiennes.

---

[1] *Qui sont contens de lui* ne forme aucun sens raisonnable. Le passage a été certainement altéré par l'impression, et je ne vois pas comment on pourroit le restituer. Il y a dans la comédie : « Vous avez deux « savans, deux philosophes, vos voisins, qui sont gens à vous débiter « tout ce qu'on peut dire sur ce sujet. »

TROISIÈME ENTRÉE.

DEUX ÉGYPTIENS, QUATRE ÉGYPTIENNES.

Deux Égyptiens, le ROI, le marquis de Villeroy.
Égyptiennes, le marquis de Rassan, les sieurs Raynal, Noblet, et La Pierre. [1]

Il prend fantaisie à Sganarelle de se faire dire sa bonne aventure, et, rencontrant deux Bohémiennes, il leur demande s'il sera heureux en son mariage : pour réponse, ils se mettent à danser, en se moquant de lui, ce qui l'oblige d'aller trouver un magicien.

RÉCIT D'UN MAGICIEN,
Chanté par M. Destival.

Holà!
Qui va là?
Dis-moi vîte quel souci
Te peut amener ici?

Mariage. [2]

---

[1] Il ne faut pas s'étonner de voir les personnages d'Égyptiennes remplis par des hommes : à cette époque, les femmes ne dansoient pas encore sur le théâtre. Elles parurent, pour la première fois, sur celui de l'Opéra, en 1681, dans le ballet du *Triomphe de l'Amour.*

[2] Molière ayant supprimé la scène de Sganarelle avec le magicien, quand il fit de sa comédie-ballet une simple comédie, on ignore ce que disoit Sganarelle. Il n'en reste que les derniers mots, ce qu'au théâtre on appelle les *répliques.* Elles suffisent pour faire deviner le sens des phrases qu'elles terminoient.

Ce sont de grands mystères
Que ces sortes d'affaires.

Destinée.

Je te vais, pour cela, par mes charmes profonds,
Faire venir quatre démons.

Ces gens-là.

Non, non, n'ayez aucune peur,
Je leur ôterai la laideur.

N'effrayez pas.

Des puissances invincibles
Rendent depuis long-temps tous les démons muets;
Mais par signes intelligibles,
Ils répondront à tes souhaits.

QUATRIÈME ENTRÉE.

UN MAGICIEN, *qui fait sortir quatre* DÉMONS.

Le Magicien, M. Beauchamp.
Quatre Démons, MM. d'Heureux, De Lorge, Des-Airs l'aîné, et Le Mercier.

Sganarelle les interroge; ils répondent par signes, et sortent en lui faisant les cornes.

ACTE III.

SCÈNE PREMIÈRE.

SGANARELLE, effrayé de ce présage, veut s'aller dégager au père, qui, ayant ouï la proposition, lui répond qu'il n'a rien à lui dire, et qu'il lui va tout à l'heure envoyer sa réponse.

SCENE II.

Cette réponse est un brave doucereux, son fils, qui vient avec civilité à Sganarelle, et lui fait un petit compliment pour se couper la gorge ensemble. Sganarelle l'ayant refusé, il lui donne quelques coups de bâton, le plus civilement du monde; et ces coups de bâton le portent à demeurer d'accord d'épouser la fille.

SCÈNE III.

Sganarelle touche les mains à la fille.

CINQUIÈME ENTRÉE.

Un maître à danser, représenté par M. Dolivet, qui vient enseigner une courante à Sganarelle.

SCÈNE IV.

Le seigneur Géronimo vient se réjouir avec son ami et lui dit que les jeunes gens de la ville ont préparé une mascarade pour honorer ses noces.

CONCERT ESPAGNOL,

Chanté par la signora Anna Bergerotti, Bordigoni, Chiarini, Jon Agustin, Taillavaca, Angelo Michaël.

Ciego me tienes, Belisa,
Mas bien tus rigores veo,
Porque és tu desden tan claro,
Que pueden verle los ciegos.

Aunque mi amor es tan grande,
Como mi dolor no és menos,
Si calla el uno dormido,
Sé que ya és el otro despierto.

Favores tuyos, Belisa,
Tuvieralos yo secretos;
Mas ya de dolores mios
No puedo hacer lo que quiero. (1)

---

(1) Il est possible que Molière ait pris ces couplets dans quelque recueil de poésies espagnoles. C'est une plainte amoureuse où il y a beaucoup de recherche et d'affectation. J'en donne une traduction pour ceux qui veulent tout connoître.

« Tu prétends, Bélise, que je suis aveugle; cependant je vois bien

BALLET.

SIXIÈME ENTRÉE.

DEUX ESPAGNOLS, et DEUX ESPAGNOLES.

MM. du Pille, et Tartas, Espagnols.
MM. de La Lanne, et de Saint-André, Espagnoles.

SEPTIÈME ENTRÉE.

Un charivari grotesque.

M. Lulli, les sieurs Balthasard, Vagnac, Bonnard, la Pierre, Descousteaux, et les trois Opterres, frères.

HUITIÈME ET DERNIÈRE ENTRÉE.

QUATRE GALANS, *cajolant la femme de Sganarelle.*

M. le Duc, M. le duc de Saint-Aignan, MM. Beauchamp, et Raynal.

« tes rigueurs. Ton dédain est si sensible qu'il ne faut pas d'yeux pour « l'apercevoir.

« Mon amour est bien grand; mais ma douleur n'est pas moindre. Le « sommeil calme celle-ci; rien ne peut assoupir l'autre.

« Je saurois, Bélise, garder le secret de tes faveurs; mais je ne suis « pas le maître d'empêcher mes douleurs d'éclater. »

FIN DU BALLET.

NOTICE
HISTORIQUE ET LITTÉRAIRE
SUR LE MARIAGE FORCÉ.

Le Mariage forcé n'est point une production spontanée du génie de Molière; c'est ce qu'on est convenu d'appeler un ouvrage de commande. Louis XIV, alors âgé de vingt-six ans, aimoit à déployer les graces majestueuses de sa personne, dans des ballets où figuroit avec lui l'élite de ses courtisans, mêlée à celle des danseurs de profession. Molière avoit donné, dans *les Fâcheux*, le premier modèle d'un genre de comédie, où la danse est liée à l'action, et où les entrées de ballet prennent place parmi les scènes de la pièce. A la demande du roi, il composa, dans ce goût, la comédie du *Mariage forcé*, qui fut représentée, pour la première fois, au Louvre, le 29 janvier 1664 : le roi dansa dans une des entrées. Molière, supprimant les divertissemens, et resserrant en un seul acte sa pièce qui en avoit trois originairement, la donna sur le théâtre du Palais-Royal, le 15 février suivant; elle y eut douze représentations de suite, et ne fut imprimée que quatre ans après, en 1668.

Le fameux comte de Grammont, le héros des mémoires dont Hamilton, son beau-frère, est l'auteur, avoit, pendant son séjour en Angleterre, fait une cour assidue à la sœur de son futur historiographe, et pris avec elle des engagemens plus sérieux qu'il ne convenoit à son humeur fort changeante. Rappelé de son exil, il perdit le souvenir de sa promesse, ou plutôt l'envie d'y être fidèle; et déja il avoit repris le chemin de la France. Les deux frères de mademoiselle Hamilton se mirent à sa poursuite, et l'atteignirent à Douvres: *Chevalier de Grammont,* lui crièrent-ils du plus loin qu'ils l'aperçurent, *n'avez-vous rien oublié à Londres? Pardonnez-moi, messieurs,* leur répondit-il, *j'ai oublié d'épouser votre sœur, et je retourne avec vous pour finir cette affaire.* Telle est l'anecdote, peut-être apocryphe, que l'on cite dans vingt ouvrages, comme ayant fourni à Molière le sujet du *Mariage forcé.* Il est vrai que la date de l'aventure et celle de la pièce s'accordent assez bien (1); et, quelque différence qu'il y ait entre le héros de l'une et celui de l'autre, on peut reconnoître un certain rapport de situation entre Sganarelle contraint au mariage par des coups de bâton qu'avoit précédés une proposition de duel, et Grammont se résignant au même parti pour échapper à la même proposition; mais ce qui empêche de croire que Molière, quand il a mis le premier sur la scène, ait eu l'autre en vue, c'est que l'idée n'étoit pas nouvelle, et que, dans un de ces canevas italiens

---

(1) La date précise du mariage du comte de Grammont a échappé à mes recherches; mais, dans les vers du ballet de *la Naissance de Vénus,* dansé le 26 janvier 1665, Benserade fait dire à madame de Grammont, qui dansoit dans ce ballet, qu'elle *arrive fraîchement* des rives de la Tamise.

où il ne dédaignoit pas de puiser, on avoit déja montré un personnage ridicule, contraint par la violence à contracter un mariage dont il étoit détourné par les plus justes motifs de répugnance.

Au reste, Molière n'a dû, soit au chevalier de Grammont, soit au théâtre italien, que le dénouement de sa pièce : la pièce elle-même est dans Rabelais, dont, ainsi que La Fontaine, il faisoit ses délices et son profit. Panurge, consultant tout le monde pour savoir s'il doit se marier et s'il sera cocu (ce sont les propres termes dont se sert Rabelais, et que Molière répète), Panurge est l'original de Sganarelle. Trouillogan, philosophe pyrrhonien, répondant aux questions de Panurge avec cette horreur de l'affirmation, qui est particulière à sa secte, est l'original de Marphurius.

Le génie de Molière n'a donc à revendiquer, dans le *Mariage forcé*, que le mérite de l'exécution. Ce mérite est foible, en ce qui regarde l'action, la conduite de la pièce, et l'on en doit être peu surpris. *Le Mariage forcé* fut fait avec cette promptitude qui, suivant Molière lui-même, est la première loi et la première gloire de ceux qui travaillent d'après les ordres d'un roi. Cette comédie, d'ailleurs, pour répondre à sa destination primitive, devoit être arrangée de manière à recevoir des récits de musique et des entrées de ballet; et les conditions de l'art dramatique furent en plus d'un endroit sacrifiées à cette obligation. Lorsque ensuite Molière retrancha la musique et la danse, en laissant subsister toutefois les moyens dont il s'étoit servi pour les amener, le défaut se montra seul, sans ce qui pouvoit le faire excuser; et l'on parut avoir raison contre l'ouvrage, quoiqu'on fût injuste envers l'auteur, lorsqu'on dit que la conduite en étoit irrégulière, et que les personnages y venoient presque tous au hasard.

« On y remarque, dit Voltaire, plus de bouffonnerie que « d'art et d'agrément. » Le jugement est rigoureux. La bouffonnerie entroit dans le plan de Molière, qui vouloit amuser une jeune cour dans cette saison de l'année où le plaisir ressemble à la folie; et ce n'est sûrement pas de la bouffonnerie sans agrément, que la scène où Sganarelle fait sortir, à coups de bâton, Marphurius de son scepticisme obstiné, le force à reconnoître une certitude, celle de la douleur, et, changeant avec lui de rôle, lui conseille à son tour de substituer le langage du doute à celui de l'affirmation : cette revanche si comique n'appartient pas à Rabelais, et Molière ici, comme à son ordinaire, s'approprie ce qu'il emprunte, en le perfectionnant. Ce n'est pas non plus de la bouffonnerie sans agrément, ni même sans utilité, que cette autre scène où Pancrace, furieux qu'on ait osé, à propos de chapeau, prendre la forme pour la figure, expose naïvement à la risée publique les inintelligibles absurdités du moderne péripatétisme, dont beaucoup d'esprits étoient encore infatués au point que l'Université songeoit à solliciter un arrêt contre ceux qui enseigneroient une doctrine contraire à celle d'Aristote, et que, plusieurs années après *le Mariage forcé*, le pédantisme auroit remporté cette victoire sur la raison, sans l'*Arrêt burlesque*, de Boileau, à qui il fut donné d'achever l'ouvrage commencé par Molière.

Ce qui n'est pas une bouffonnerie plus ou moins agréable, mais un chef-d'œuvre de vérité comique, c'est la première scène de la pièce, celle où Sganarelle demande à Géronimo son avis sur un mariage auquel il s'est résolu d'avance; lui fait jurer d'en dire franchement sa pensée, tandis que lui-même il a déja juré de conclure l'affaire; et, quand ce sage ami finit par approuver en riant une sottise qu'il ne voit pas moyen d'empêcher, le remercie bien sérieusement de son excellent conseil, et lui promet de le suivre avec docilité. On ne peut guère lire la scène entre Sganarelle et Géronimo, sans penser à une autre scène de Molière, qui est un autre chef-d'œuvre, celle où un autre Sganarelle, consultant ses parens et ses amis au sujet de sa fille, ne reçoit d'eux que des avis intéressés. On peut dire que, dans la vaste galerie où Molière a peint les folies humaines, la scène du *Mariage forcé*, et celle de *l'Amour médecin*, sont deux pendans admirables, où se trouve retracée l'histoire entière des demandeurs et des donneurs de conseils.

Molière, dont le but étoit de faire rire aux dépens des personnages ridicules, et de les corriger, s'il se pouvoit, ne craignoit pas d'employer pour cette fin des personnages vicieux. C'est ainsi, par exemple, qu'un homme, possédé de la manie de se croire malade, et livré, par une suite de cette triste foiblesse, aux artificieuses caresses d'une marâtre qu'il a donnée à ses enfans, entend cette femme cupide se réjouir inhumainement à la fausse nouvelle de sa mort; c'est ainsi qu'un petit bourgeois, qui a la sotte vanité de passer pour gentilhomme, est berné, dupé, volé par un escroc de qualité; c'est ainsi, enfin, qu'un riche paysan, qui a fait la folie d'épouser une demoiselle, est témoin des rendez-vous nocturnes qu'elle donne à son amant. La Dorimène du

Mariage forcé est, à la position près, le même personnage que l'Angélique, femme de George Dandin. Ce que fait celle-ci, étant mariée, l'autre se promet de le faire, quand elle le sera; et, de plus, elle se flatte de ne l'être pas long-temps. Ce sont là de ces mœurs libres et hardies qu'on n'oseroit plus mettre aujourd'hui sur le théâtre. L'honnêteté publique a-t-elle gagné à cette réserve? Cela est fort douteux. L'art de la comédie y a-t-il perdu? Les faits ne répondent que trop clairement à cette seconde question.

FIN DU TOME TROISIÈME.

TABLE

DES PIÈCES CONTENUES DANS LE TOME TROISIÈME.

L'École des Femmes, comédie.

 Épître dédicatoire.

 Notice historique et littéraire sur l'École des Femmes.

La Critique de l'École des Femmes, comédie.

 Épître dédicatoire.

 Notice historique et littéraire sur la Critique de l'École des Femmes.

L'Impromptu de Versailles, comédie.

 Détails biographiques sur les acteurs de l'Impromptu de Versailles.

 Notice historique et littéraire sur l'Impromptu de Versailles.

Le Mariage forcé, comédie.

Le Mariage forcé, ballet.

 Notice historique et littéraire sur le Mariage forcé.

www.ingramcontent.com/pod-product-compliance
Lightning Source LLC
Chambersburg PA
CBHW050902230426
43666CB00010B/1996